Peña, Ramos Jorge
    Fácil dibujar. Expresión artística: desarrollo de competencias y creatividad / Jorge  Peña Ramos. — Bogotá: Cooperativa Editorial Magisterio, 2000.
    166 p. ; 24 cm. — (Colección Artísticamente)
    1. Dibujo artístico 2. Figura humana en el arte 3. Aptitud creadora 4. Creación literaria, artística, etc. 5. Desarrollo de la creatividad I. Tít.  II. Serie   741 cd 20 ed.
    AGX4903

*CEP-Biblioteca Luis-Angel Arango*

Jorge Peña Ramos

# Fácil dibujar
# Expresión
# artística

## Desarrollo de competencias y creatividad

artísticamente
MAGISTERIO

artística**mente**
**MAGISTERIO**

Fácil dibujar. Expresión artística
Desarrollo de competencias y creatividad

Autor
© Jorge Peña Ramos

Isbn: 978-958-20-0551-1

1999. Primera edición
2006. Segunda edición
2016. Tercera edición
2018. Reimpresión

© Cooperativa Editorial Magisterio

Diagonal 36 bis # 20-70 (Parkway la Soledad)
PBX: 338-3605
Bogotá, D.C. Colombia
www.magisterio.com.co
info@magisterio.com.co

# Contenido

# Presentación

Dibujar es una facultad natural y común que todos poseemos. Así como aprendimos a escribir y a leer, debemos aprender a dibujar, ya que es un medio para expresarnos y comunicarnos universalmente, sin barreras culturales o idiomáticas, mediante la utilización de líneas y formas.

Las pinturas y dibujos prehistóricos encontrados en cavernas como la de Altamira, nos dan una idea clara de que primero fue el dibujo y luego la escritura, dado que el hombre piensa y sueña en imágenes. Gracias a los dibujos dejados por estos hombres prehistóricos, comprendemos hoy su afán de querer comunicar visualmente lo que sucedía en su entorno, entendiéndolo como un legado, y así mismo, el inicio de la historia de la cultura del hombre.

Cuando nos enseñaron a escribir, ya implícitamente estábamos haciendo las primeras rayas o líneas para el inicio de un dibujo, en este caso, el dibujo de una letra. En la enseñanza es tan constante esta disciplina de la escritura, que los trazos los hacemos muy fluidos y seguros.

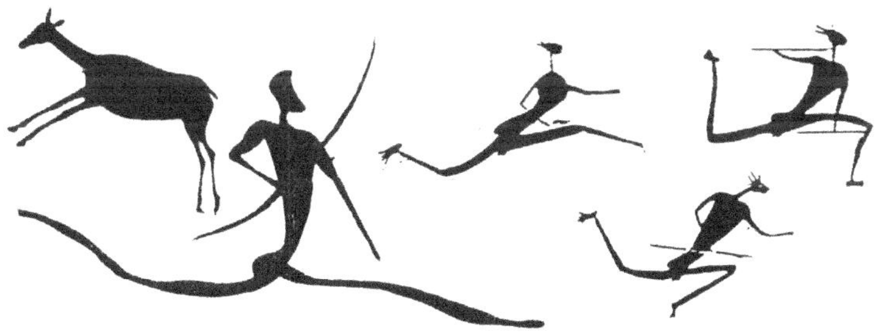

Dibuje tan despreocupadamente como escribe, así logrará una mejor expresión en todo lo referente a las imágenes que desea plasmar. Antes de dibujar observe y analice cuidadosamente los objetos o figuras hasta que logre gravar bien sus formas. En el dibujo no solamente hay que tener en cuenta la habilidad de la mano para trazar líneas, sino también, la parte mental que nos permite determinar el peso, la textura, el equilibrio y la perspectiva de las imágenes.

Practicando el dibujo elevamos el nivel de sensibilidad, el análisis y la observación. Por ello recomiendo que dibuje todo lo que piense y todo lo que vea.

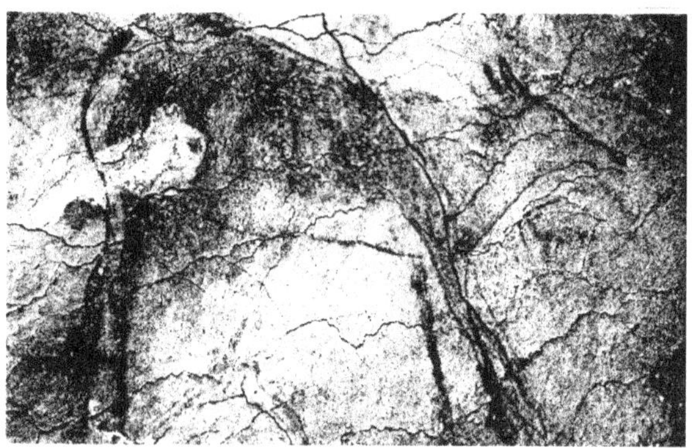

Esta iniciación al dibujo y sus siguientes lecciones, le brindarán la oportunidad de conocer y de sumergirse en este fascinante mundo de la expresión gráfica. La única condición es ser constante para lograr comprender cada una de las enseñanzas y ejercicios aquí desarrollados. No debe continuar con una nueva lección, sin estar plenamente seguro de dominar la que está estudiando y practicando.

En principio, no se preocupe por los errores cometidos; eso le hará comprender que todo inicio requiere de una buena observación y de una práctica constante.

Este curso le enseñará el camino más corto para alcanzar el conocimiento y dominio necesarios del dibujo en todas sus formas. El deseo y la voluntad deben estar siempre presentes para conseguir esta meta.

# Capítulo primero

# Generalidades

## Materiales de trabajo

Los materiales de trabajo que vamos a utilizar en este curso son muy comunes, dado que los instrumentos elegidos como lápices, carboncillo, pincel y plumilla, condiciona el papel sobre el que se va a dibujar y determina, a la vez, las cualidades de la técnica.

Entre las varias posibilidades técnicas ninguna debe ser calificada como buena ni mala. Puede dibujarse un zapato con muy pocas líneas de lápiz, pero también puede lograrse un trabajo igualmente perfecto con tinta china y pincel. Comunican lo mismo.

## Papeles

Para estas primeras prácticas de dibujo, se pueden utilizar papeles de calidades corrientes como papel bond, periódico o edad media, ya que se adaptan bien al lápiz, al carboncillo o al pincel.

Los papeles demasiado lisos y brillantes no admiten el carboncillo porque este no se adhiere muy bien a la superficie. Todo papel de grano fino, como el durex, es bueno para el lápiz y para el carboncillo, ya que resiste cuando se frota para realizar algún tipo de sombra. Así mismo, es el más adecuado para dibujos que han de ser resueltos con tinta china, bien sea con plumilla o con pincel.

## Lápices:

Ese lápiz que utilizamos a diario para toda clase de notas, también sirve para dibujar todo lo que nosotros queramos. Los lápices de grafito se distinguen por los números: 1, 2, 3, 4, 5 y 6; y por las letras H y B. En este orden, el grado más blando es el 6B, y el más duro, el 6H. Los lápices HB son de trazo intermedio.

Los lápices 5B y 6B son de mina muy blanda y se utilizan para el ennegrecimiento intenso, lo mismo que para el sombreado de las figuras. Los números 1B, 2B, 3B, 4B y HB se utilizan para los bocetos preliminares así como para los primeros trazos en la iniciación de un dibujo. Los lápices 1H, 2H, 3H, 4H, 5H y 6H, en su orden, son de mina dura o muy dura y su punta se conserva afilada por más tiempo. Son ideales para hacer trazos muy finos y precisos. Se utilizan especialmente para el dibujo técnico y para hacer calcos.

## Carboncillo:

Es una barrita de madera carbonizada de sauce o tilo; tiene diferentes grados de grosor y dureza. Su trazo es de gran sensibilidad, mediante líneas tenues y anchas. El papel ideal para dibujar al carboncillo, es el edad media y el papel periódico.

## Lápiz carboncillo:

Produce una línea más exacta y negra que el carboncillo. Se utiliza para sombreados intensos.

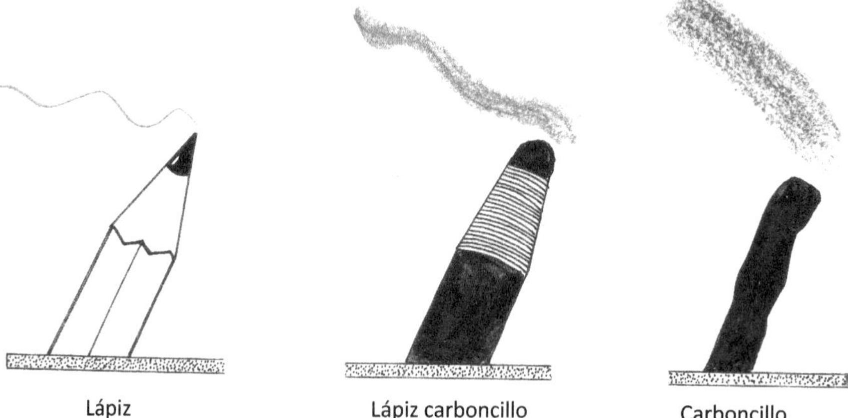

## Plumillas:

Para dibujos elaborados con tinta china negra de trazos finos y de mucho detalle, se utilizan plumillas que vienen desde semiblandas hasta duras.

## Pinceles:

La utilización de los pinceles produce toda clase líneas posibles sobre un dibujo: finas, anchas y ásperas. Para su buen manejo, se requiere de una práctica constante. Un pincel redondo de pelo de marta No. 6 sirve para hacer fondos amplios y oscuros; un pincel No. 2 sirve para hacer líneas finas y detalles en los dibujos.

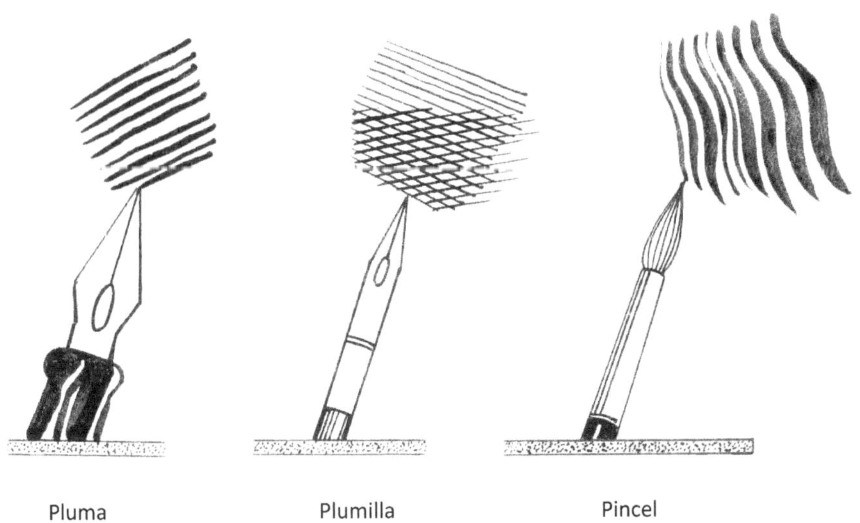

## Posición del cuerpo y de la mano

Se debe adoptar siempre una posición cómoda para dibujar placenteramente. Académicamente se enseña que al dibujar de pie frente al caballete, se dispone de mayor movilidad y visión para observar el modelo. *Figura A.*

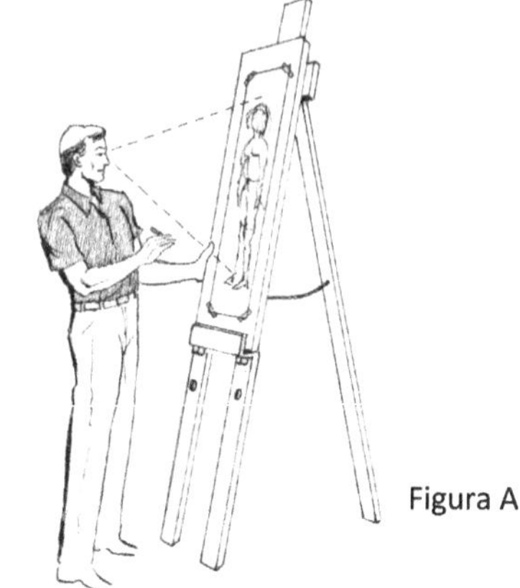

Figura A

También desde sentados y manteniendo un tablero de aproximadamente 35 X 50 cms. en posición oblicua sobre las rodillas, se logra visualizar y dibujar muy bien. *Figura B.*

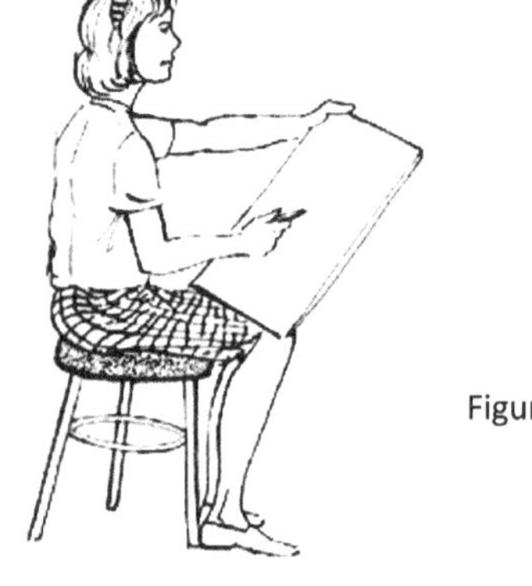

Figura B

Trabajar sobre una mesa de dibujo permite, que toda la superficie del papel se visualice en un mismo plano. *Figura C.* No es conveniente dibujar sobre una mesa fija horizontal, pues, por ser plana dificulta la visión óptima. Dibuje siempre sobre una superficie inclinada, para que su ángulo visual abarque toda la extensión del papel. *Figura D.* Si el dibujo que va a hacerse es grande, se debe trabajar de pie para visualizarse mejor. *Figura E.*

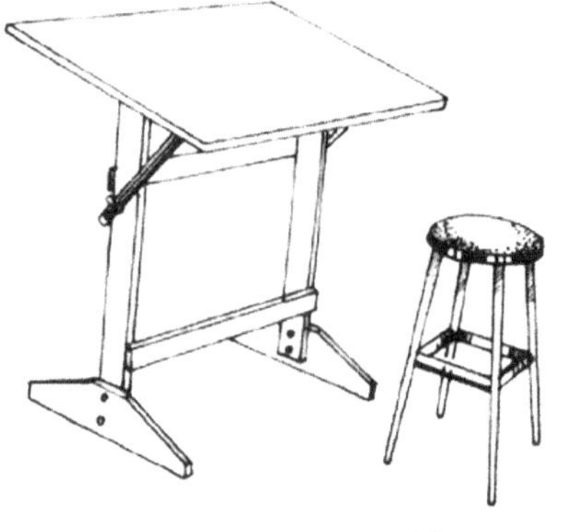

Figura C

Con referencia al manejo del lápiz para hacer los primeros trazos sueltos y seguros de cualquier dibujo, éste no debe sostenerse en la mano tal como se acostumbra para escribir. No debe apoyarse la muñeca ni el codo; así, el trazo queda más libre y espontáneo. Lo ideal, y con una práctica constante, es poder llegar a la posición correcta de tomar el lápiz. *Figura F.* Para dibujar detalles exactos y pequeños, sí es necesario adoptar la posición de la mano en la misma forma en que se escribe, pero sin apretar demasiado el lápiz. *Figura G.*

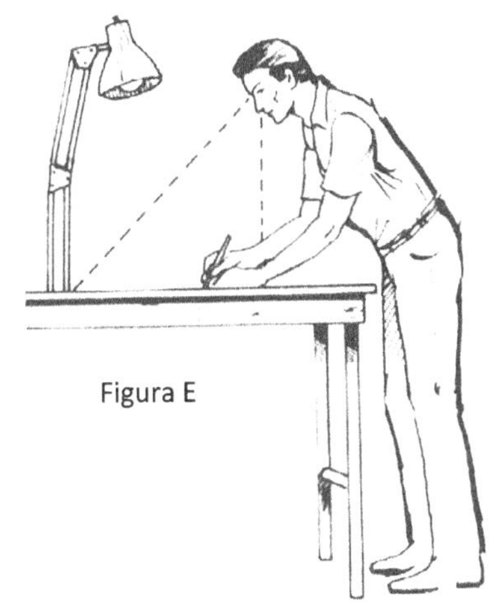

Figura E

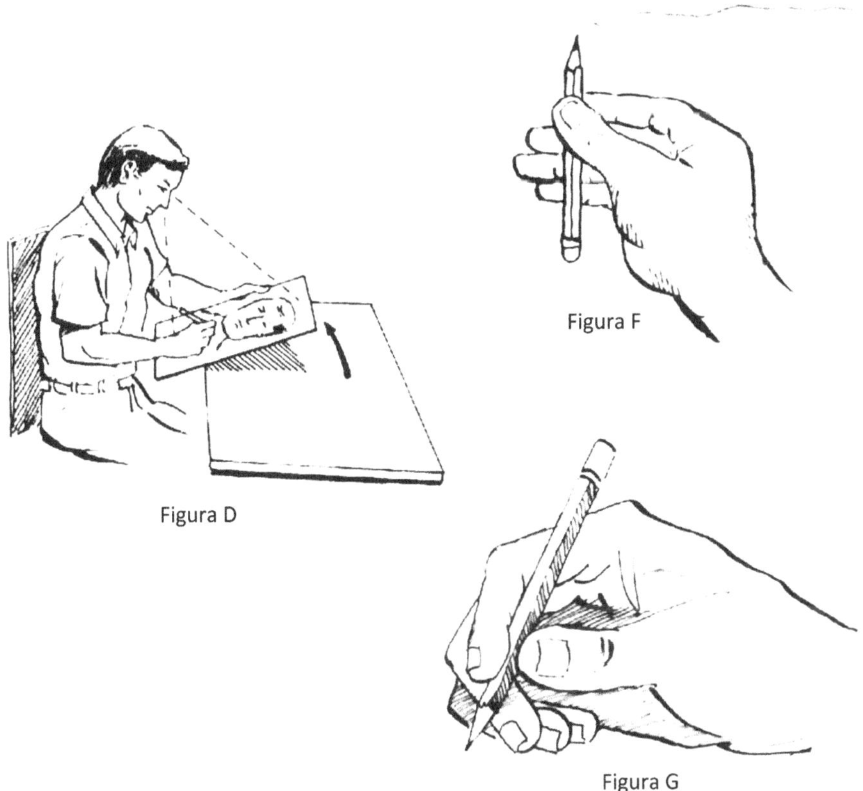

Figura D

Figura F

Figura G

## Ejercicios preliminares

Para soltar la mano, vamos a empezar rayando papel. No se preocupe qué va a dibujar. Líneas gruesas, delgadas, redondas, pequeñas, grandes. Simplemente, dibújelas buscando en cada práctica mayor seguridad en el trazo.Los ejercicios que aparecen a continuación, han sido hechos con lápiz de mina blanda. Para sus prácticas, utilice en principio cualquier tipo de papel. Hay que ser constante y rayar mucho papel.

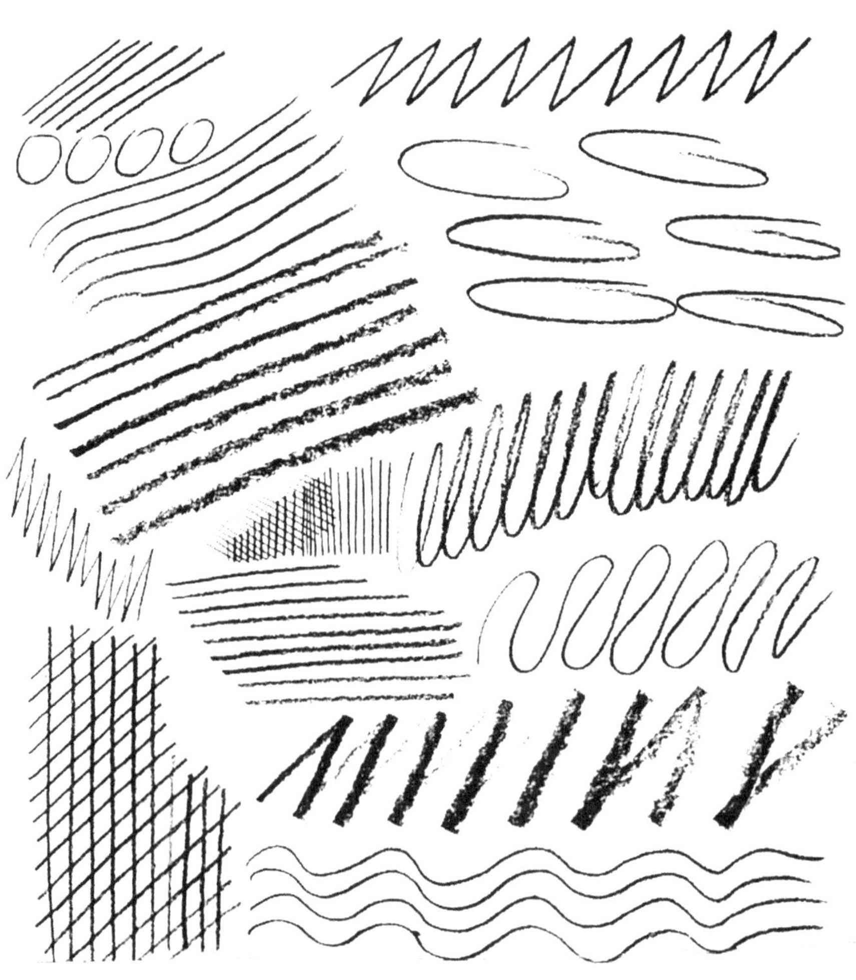

## Ejercicios con mayor exactitud

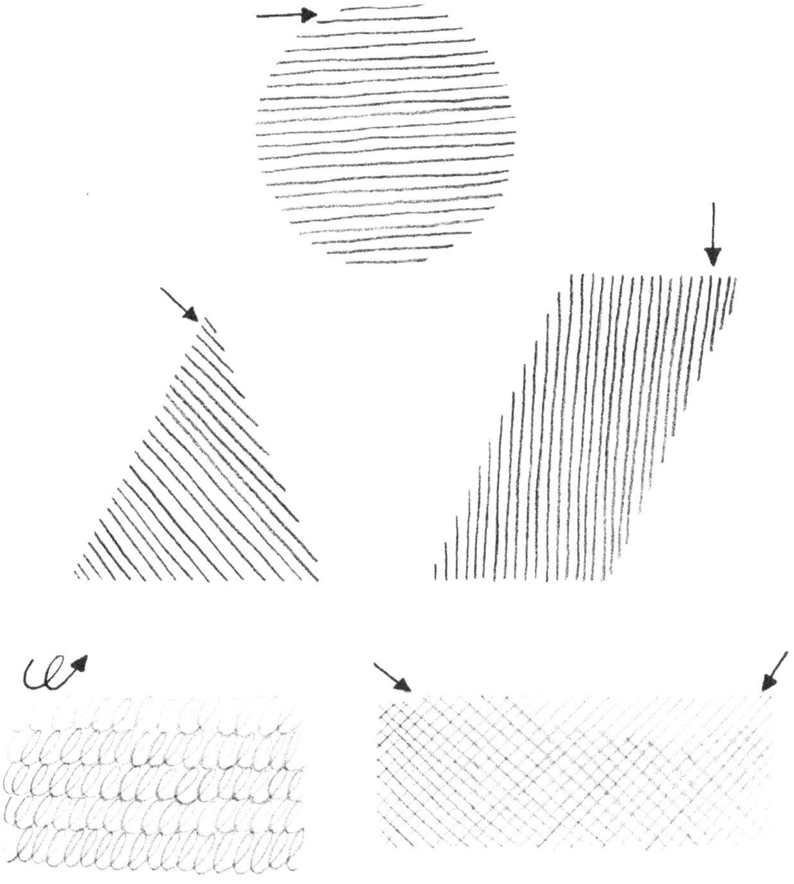

Aquí la disciplina del trazo de las líneas es más riguroso; se debe tratar de cumplir visualmente hasta donde sea posible, que los trazos sean firmes y exactos dentro de espacios definidos. Estos ejercicios permiten adquirir, con la práctica, mayor seguridad y fluidez para el manejo de la línea cuando se requiere complementar o definir un dibujo. En los siguientes ejemplos de líneas que vemos a continuación, se han hecho siguiendo la dirección que indican las flechas. Si queremos dominar estos ejercicios, debemos ser constantes con las prácticas.

## El manejo de la línea

La línea en el dibujo es el inicio del proceso para la creación de una obra de arte. Todo dibujo se resuelve por el contorno, que es el conjunto de líneas que limitan exteriormente las figuras, también, se define lo alto lo ancho y lo profundo de cada dibujo. *Figura A*. Cuando uno se encuentra muy cerca de un objeto, la línea del contorno se representará gruesa, pero si el objeto se ubica más lejos, la línea del contorno será muy fina o delgada, para producir así esa sensación de lejanía. *Figura B*. Para que los dibujos no queden completamente planos a partir del contorno, es decir, sin ninguna sensación de volumen, debemos "meter" las figuras inicialmente dentro de un bloque. Al "emblocar" las figuras, y con la ayuda del trazado de varias líneas, lograremos darle valores de luz y sombra. *Figura C*.

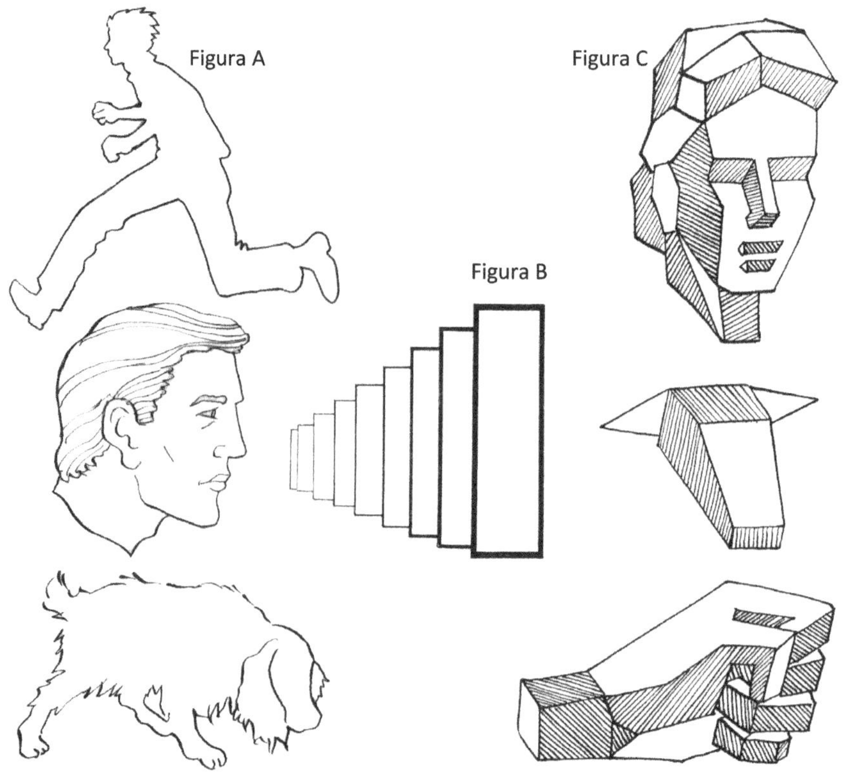

## Valores de tonos

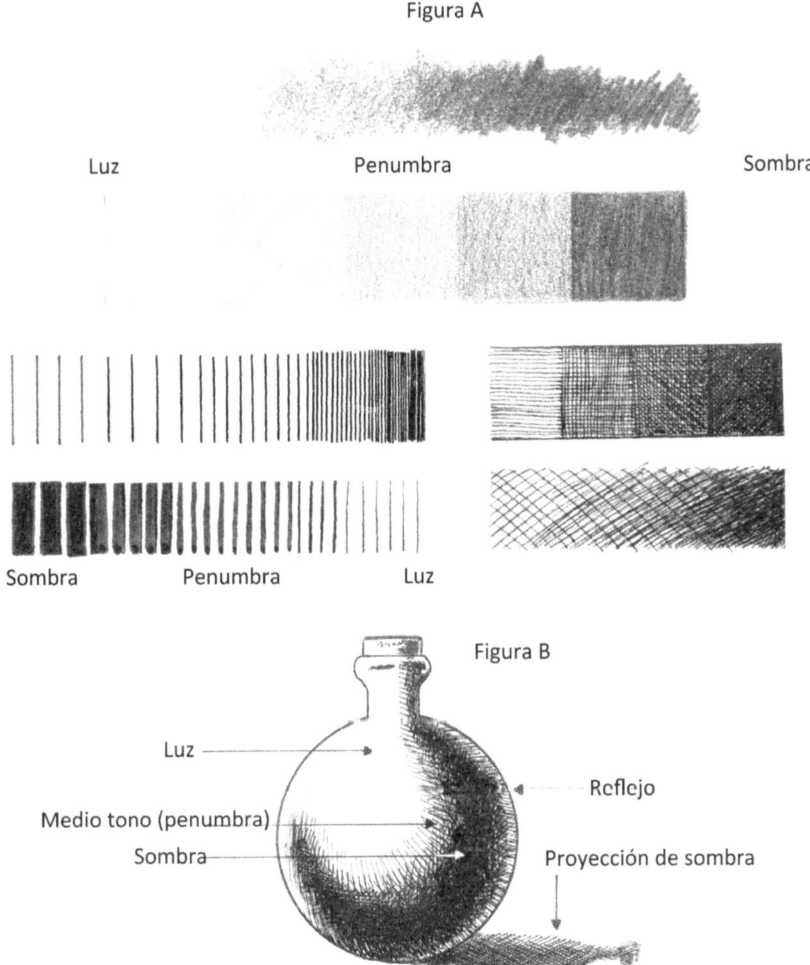



Teniendo conocimiento de los diferentes trazos de líneas, ya podemos hacer prácticas de valores tonales utilizando el lápiz o la plumilla con tinta china negra para comprender el volumen de los cuerpos. *Figura A*. El tono es la diferencia de intensidad entre lo claro y oscuro que se logra al dibujar un objeto. Los valores del tono se distribuyen así: la parte más iluminada del objeto se denomina *luz*. El valor intermedio entre la luz y la sombra es *penumbra* o *medio tono*. El espacio de un objeto donde no llega la luz es *sombra*. Parte de la sombra que recibe luz indirecta es *reflejo*. El objeto que aparece dibujado en sombra sobre el piso que le sirve de soporte se denomina *proyección de sombra*. *Figura B*.

Para entender mejor el ejercicio de los tonos, es importante hacer prácticas iniciales con figuras geométricas sólidas; ya que por medio del componente de sus planos y su forma de bloque, facilitan ubicar mejor los tonos para lograr la sensación de volumen en cada una de ellas. La dirección del trazo es esencial en la definición de todo plano.

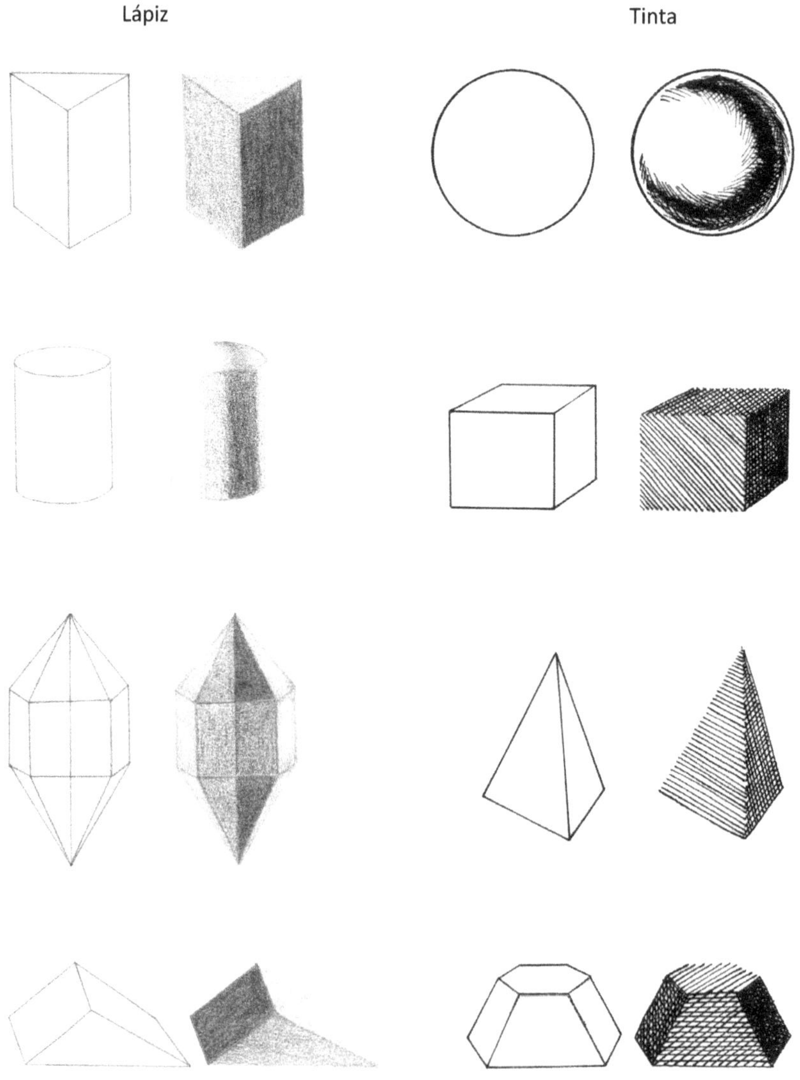

# Ejercicios con plumilla

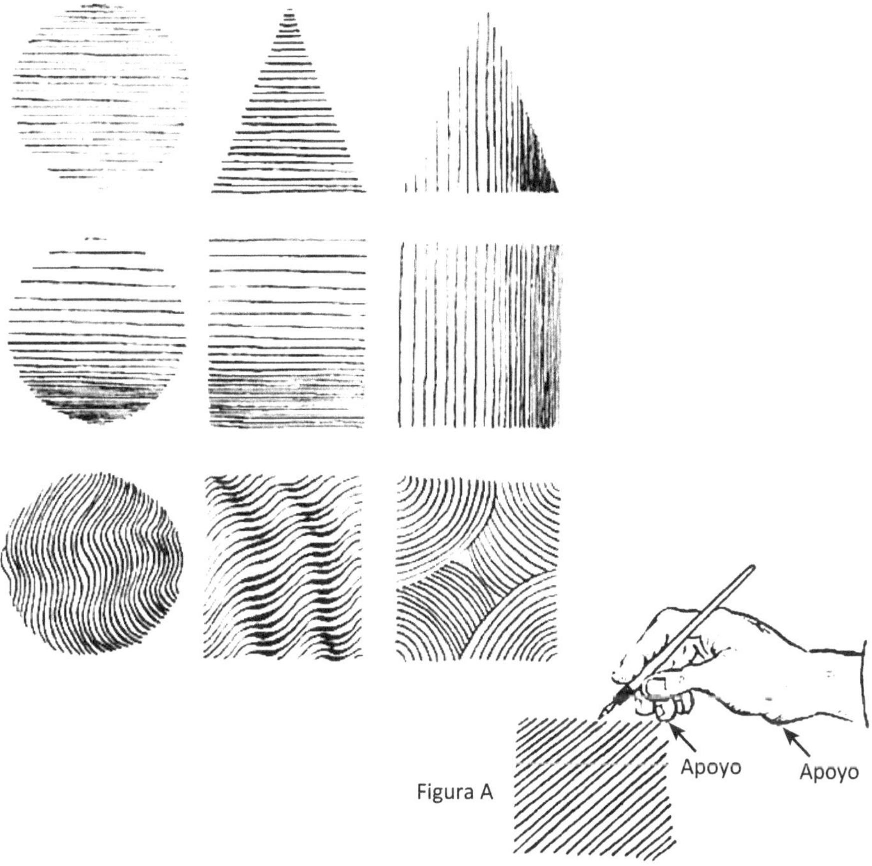



Con la plumilla y la tinta china negra, pueden dibujarse trazos muy finos y otros relativamente gruesos. Sólo depende de la presión que se aplique a la plumilla. No obstante, el lograr un buen trazo con la plumilla, es producto de una práctica constante. Para expresar emotividad, atracción y ritmo, el rasgo debe hacerse teniendo en cuenta la dirección a seguir, bien sea horizontal, vertical o diagonal, y también, tener en cuenta el movimiento de la muñeca para producir la variedad que está en cada una de las líneas, ya sean éstas gruesas, delgadas, curvas o combinadas entre sí. En estos primeros ejercicios es conveniente que los trazos se ejecuten cortos para evitar que la mano no cambie de apoyo durante la realización del trazo. Observe la forma correcta de apoyar la mano sobre el papel en el manejo de la pluma. *Figura A.*

## Ejercicios con pincel

El pincel requiere de un manejo especial debido a no ser firme en su punta, cualquier presión que se ejerza, si ésta no es constante, altera el trazo. Al cargarlo de tinta china negra, ésta no debe ser abundante, para evitar manchar el dibujo. Un buen pincel es aquel que es elástico y, en lo posible, no se dobla fácilmente al emplearlo, y que por su extraordinaria ductilidad (en este caso, el pincel redondo de pelo de marta No.2), se desliza muy suavemente sobre el papel; de ahí que la práctica en estos ejercicios tiene que ser constante, si se quiere llegar a dominarlo. Observe la forma correcta de apoyar la mano sobre el papel en el manejo del pincel. *Figura A.*

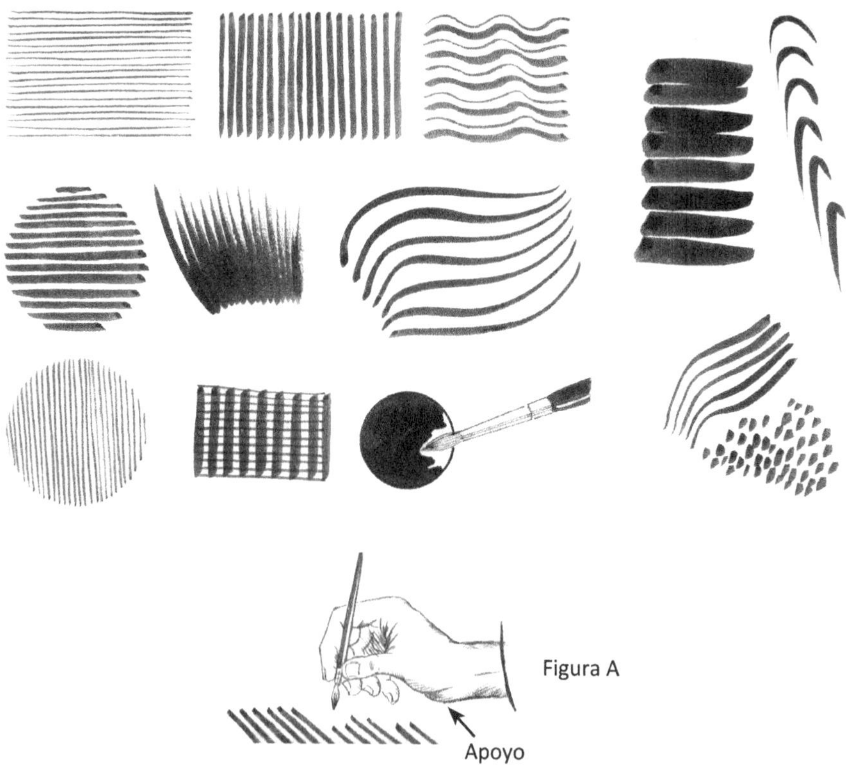

## Dibujo de bocetos rápidos

Nada tan importante para desarrollar el
sentido perceptivo, el poder de observación y la desenvoltura de la mano, como
el dibujo de bocetos rápidos. Procure
llevar siempre una libreta de papel y un
lápiz para tomar apuntes. Aquí en estos
primeros trazos, no utilice el borrador;
toda línea es válida. Dibuje todo cuanto
vea; no importan los valores bien definidos, basta con analizar el objeto antes
de dibujarlo. En el dibujo de bocetos no
es importante detenerse en detalles muy
precisos de luz y sombra.

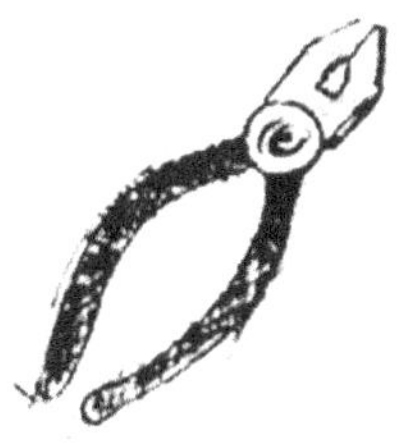

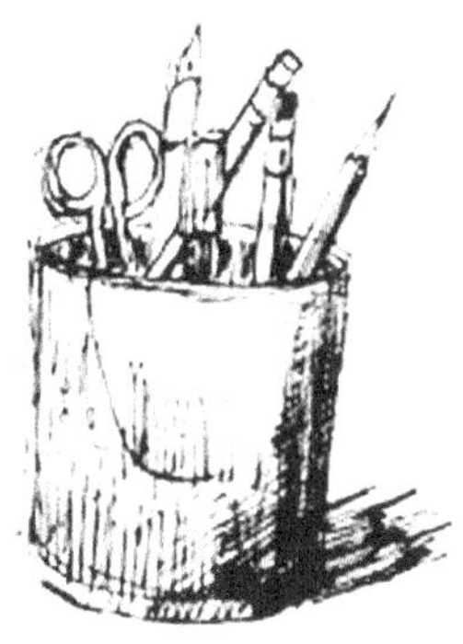

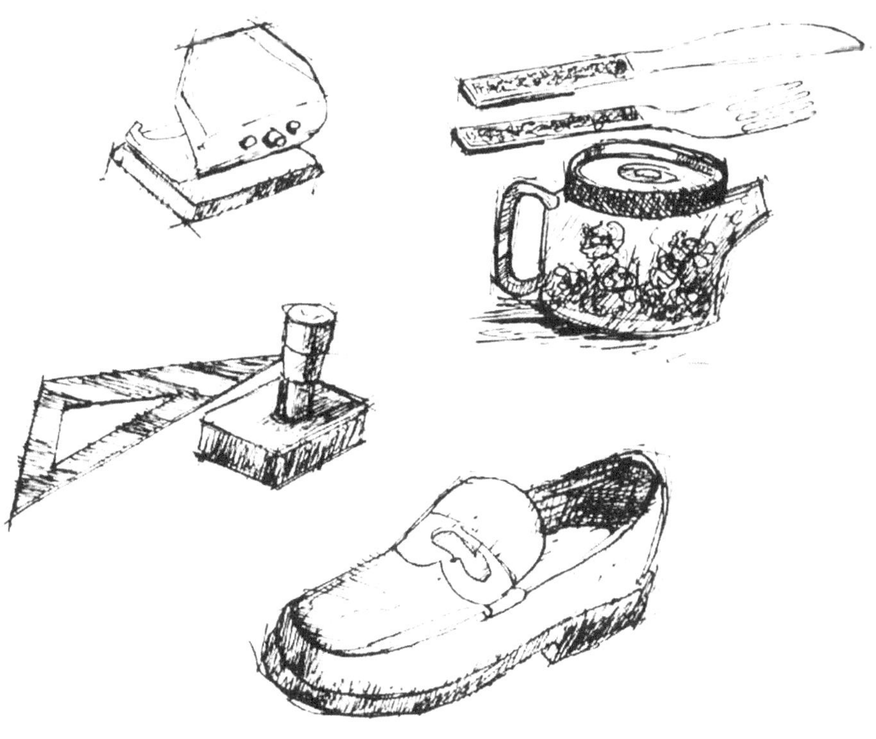

## Tratamiento de fondos

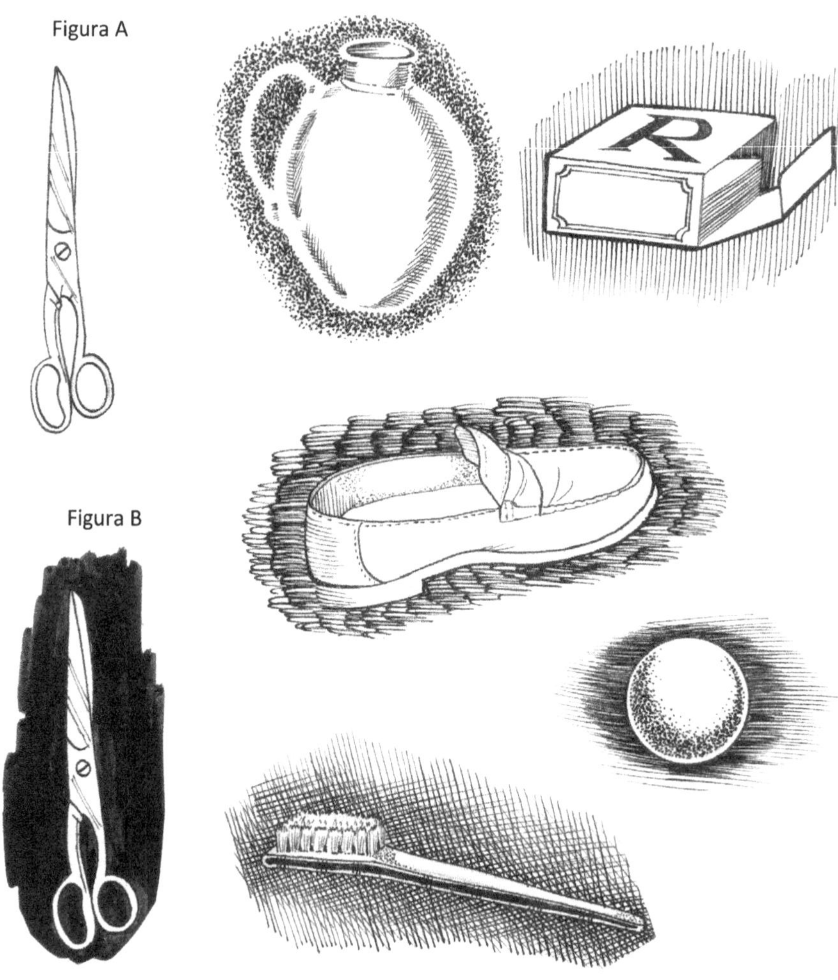



Por lo general cuando dibujamos nos recreamos en los objetos que vemos, sin pensar sobre qué fondo pueden estar. Si usted lo desea, puede aplicar fondos a sus dibujos con líneas, puntos, manchas, etc. En los ejemplos siguientes, usted se dará cuenta de cómo el fondo ayuda a destacar más las figuras del papel. Para entender el ejercicio, observe las *figuras A y B*.

## Bocetos de personas

Antes de hacer bocetos o apuntes rápidos de personas, es importante tener cierta noción de sus principales características anatómicas: grosor,altura,etc. Observe bien antes de dibujar.

En estos primeros trazos no se necesita proceder con un cuidado extremo. Los valores de tonos se indican rápidamente por un rayado o sombreado muy suelto, según la intensidad de lo claro u oscuro que puedan presentar las personas en sus ropajes o en su cuerpo como tal. No se preocupe si al principio no logra definir bien la figura; ésto lo conseguirá con la práctica y la observación constante.

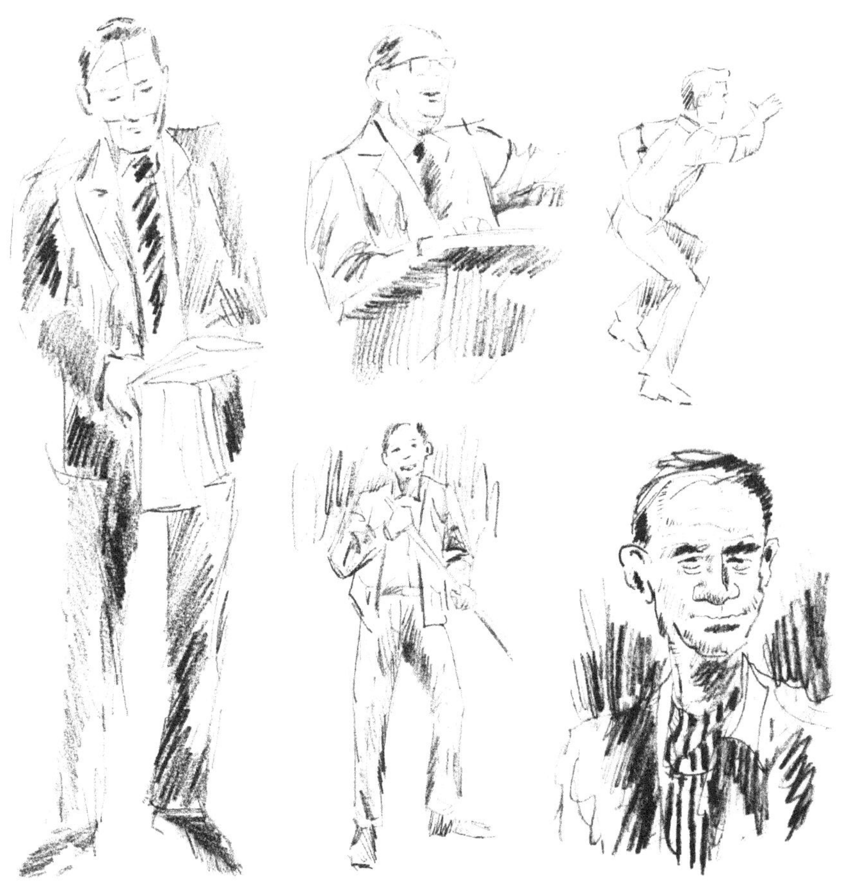

## Bocetos de paisajes

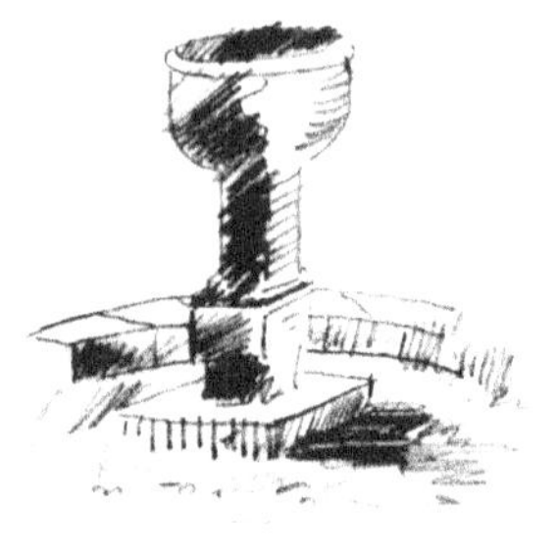

El paisaje nos permite recrearnos ampliamente por su gran riqueza visual. Cuando salgamos de paseo al campo, no olvidemos llevar la libreta de papel y mínimo dos lápices de mina negra blanda para tomar apuntes rápidos. Se empieza dibujando elementos sueltos como la piedra, el árbol, la cerca, la flor, para luego dibujar todo el paisaje en su conjunto teniendo en cuenta sus valores tonales de luz y sombra.

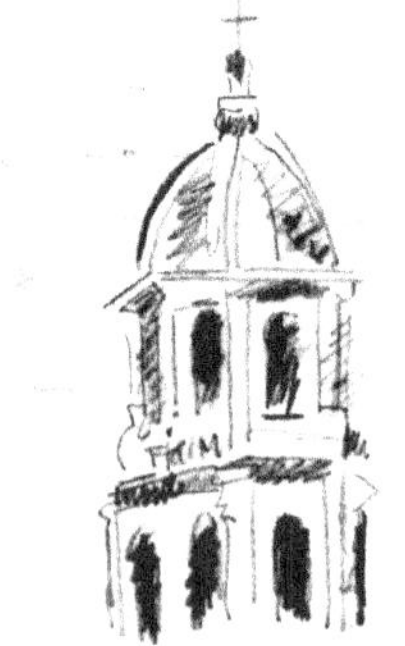

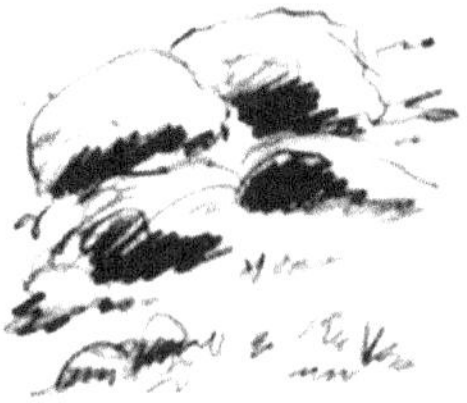

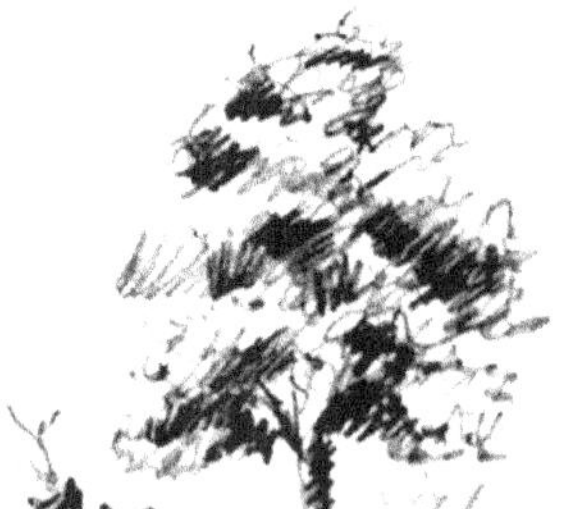

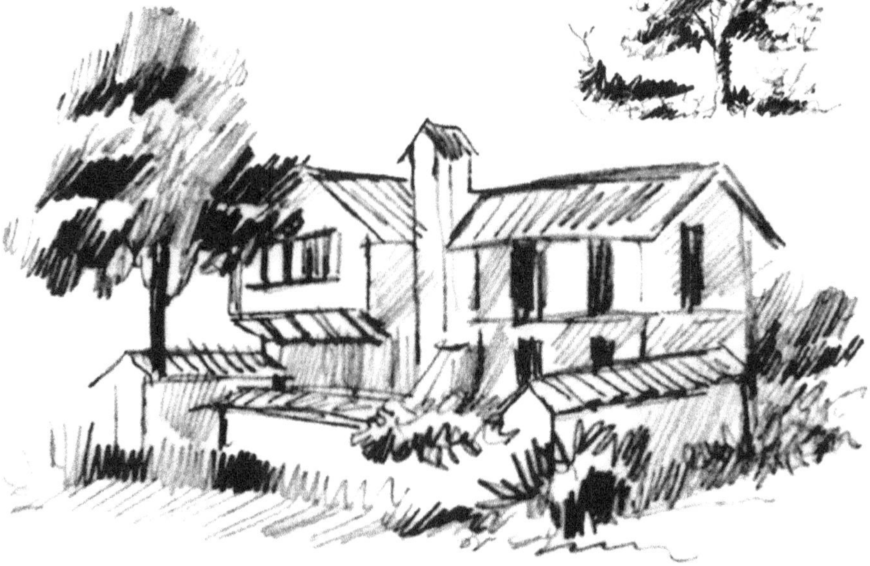

# Bocetos de animales

El dibujo de bocetos de animales nos permite adentrarnos en un reino tan variado, que es necesario tener en cuenta, desde un principio, un máximo de observación en lo referente a su forma anatómica, su pelaje o textura de la piel. Los bocetos de animales elaborados a continuación, se han resuelto con: lápiz de mina negra blanda. *Figura A*. Lápiz carboncillo. *Figura B*. Plumilla y tinta china negra. *Figura C*. No se limite con hacer un sólo boceto del animal, dibújelo varias veces desde diferentes ángulos o poses que éste tome.

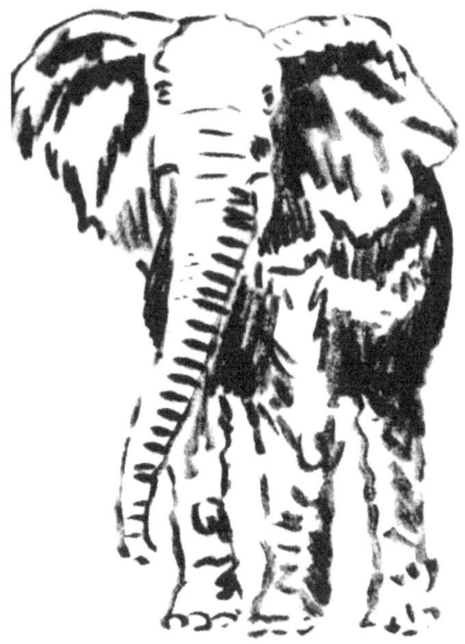

Figura B

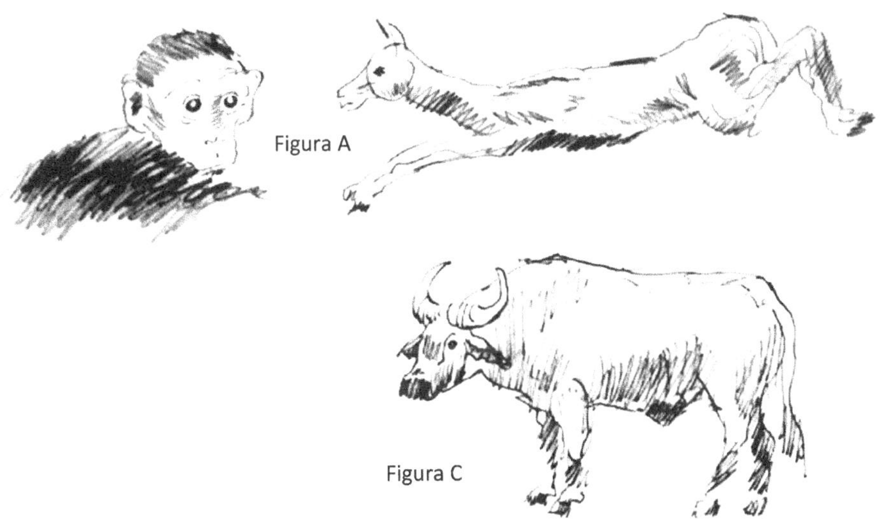

Figura A

Figura C

## Estudio del bodegón

Con la información y práctica de las lecciones anteriores, ya podemos entrar a comprender y dibujar un bodegón. Aquí se requiere mayor cuidado con la observación de cada uno de los elementos que lo compone. El bodegón es la representación de cosas comestibles, utensilios, vasijas, etc. Ese libro, esa lámpara, esa fruta que hay en casa, sirven para las primeras prácticas del dibujo de un bodegón. Es muy importante tener en cuenta en este dibujo, el manejo de los tonos, valores de claroscuro, que dependen de la luz que ilumine los objetos. El dibujo del bodegón a continuación, se ha elaborado con lápiz de mina negra blanda 2B.

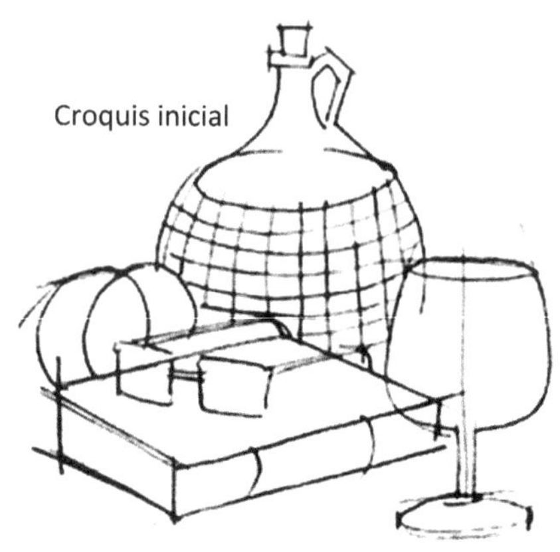

Croquis inicial

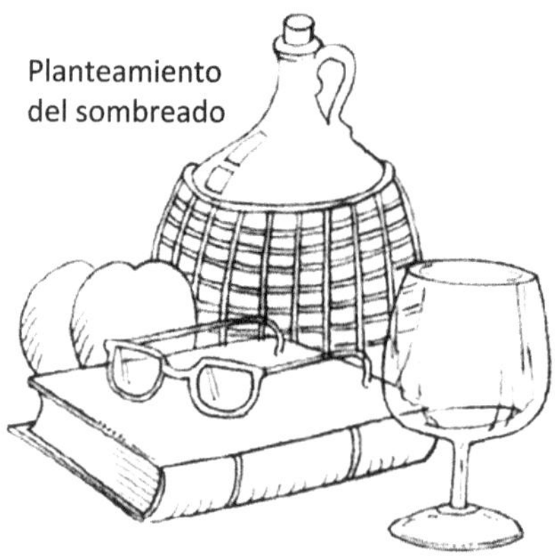

Planteamiento del sombreado

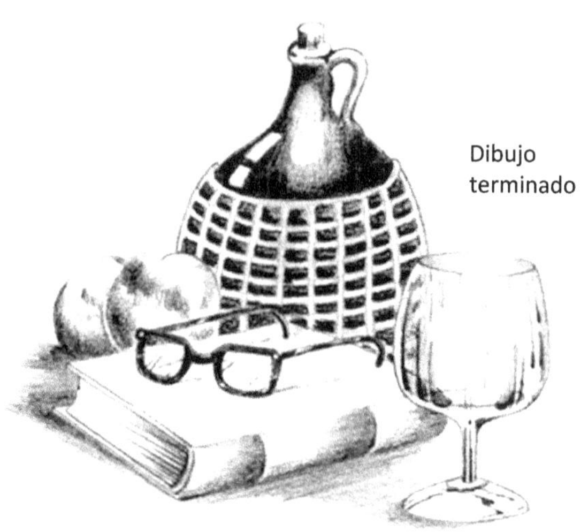

Dibujo terminado

# Técnicas y tratamientos diferentes en un bodegón

La composición del siguiente bodegón se ha elaborado en técnicas y tratamientos diferentes, para entender la variedad en su representación. Boceto o croquis inicial del bodegón. *Figura A*. Bodegón dibujado con plumilla y tinta china negra, con el tratamiento de líneas sin cruzar. *Figura B*. Bodegón dibujado con plumilla y tinta china negra, de líneas cruzadas, en el que se han formado tramas para dar efectos claros y oscuros. *Figura C*.

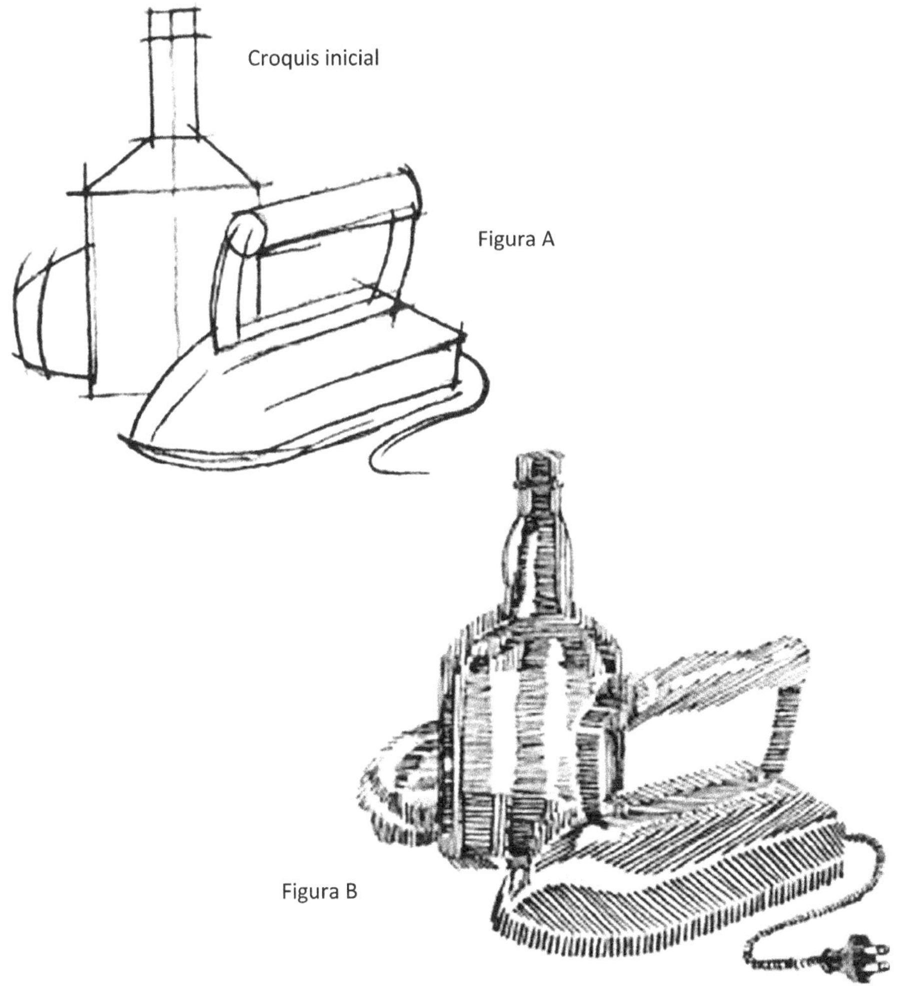

Bodegón dibujado con lápiz de mina negra blanda y tratado con líneas y sombras. *Figura D*. Bodegón dibujado con plumilla y tratado con puntos para lograr el efecto de luz y sombra. *Figura E*.

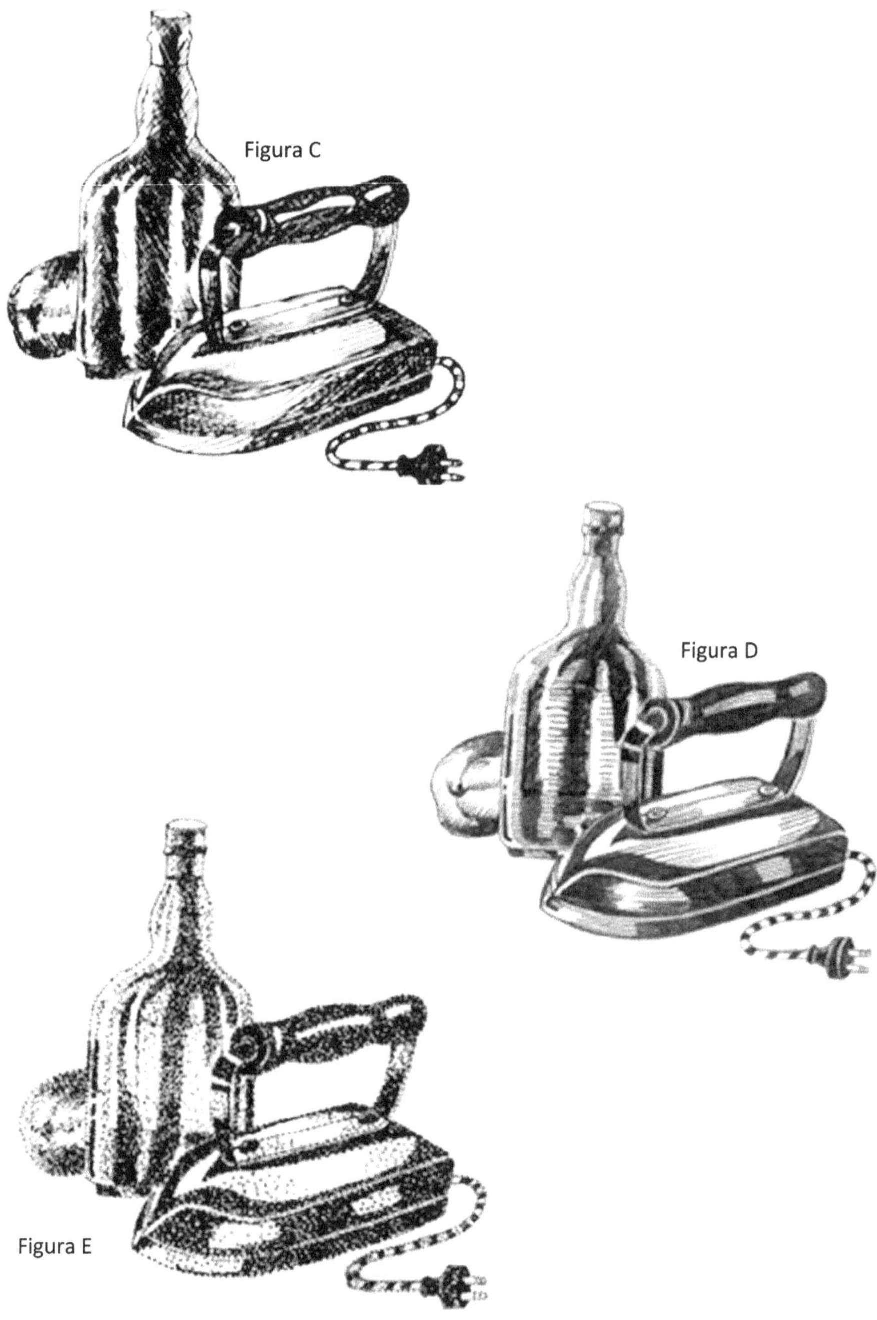

## Forma para medir y visualizar

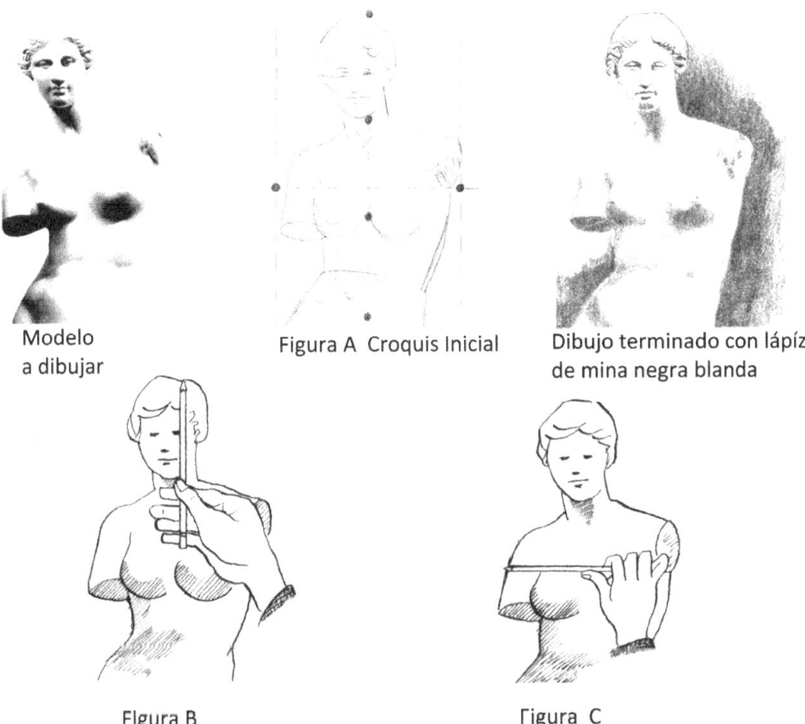

Modelo
a dibujar

Figura A  Croquis Inicial

Dibujo terminado con lápíz
de mina negra blanda

Figura B

Figura  C

Hay algo muy importante para tener en cuenta cuando empezamos a dibujar objetos o personas, son las proporciones. No basta con observar atentamente las figuras a dibujar, es preciso medir para poder comparar. Lo mejor para salvar esta dificultad, es marcar con líneas verticales y horizontales los puntos extremos del modelo a dibujar. *Figura A*. Una forma académica para aprender a medir es sosteniendo el lápiz por el extremo inferior y con el brazo extendido, enfoque verticalmente el modelo. Con el ojo izquierdo cerrado visualice los puntos extremos de todo el conjunto, de tal modo que coincida el extremo superior con la punta del lápiz, y el punto inferior con el lugar del lápiz donde se coloca la uña del pulgar. *Figura B*. Lo mismo debe hacerse con el lá- piz mantenido horizontalmente en lo que se refiere a la parte ancha. Esas medidas, indicadas sobre el lápiz, son las que se transportan al dibujo para que quede con buena proporción. *Figura C*.

## Manejo y técnica del lápiz

A los lápices o bien se les saca punta, o se les da filo, y deben mantenerse siempre listos para iniciar ese recorrido fascinante del mundo de las líneas sobre el papel. *Figura A*. El lápiz, herramienta económica y cómoda de manejar para toda clase de trazos y bocetos, también es capaz de dar gradación de tonos desde la finura más clara, hasta una oscuridad considerable. Con los primeros trazos del lápiz se inician las grandes obras. El tratamiento que se da al lápiz puede ser muy diverso. Casi como jugando con él pueden dibujarse temas con características orientadas en la dirección del trazo, que pueden ser resueltos con líneas verticales, oblicuas u horizontales, intensas o densas, para lograr de esta manera los tonos de luz y sombra. *Figura B*.

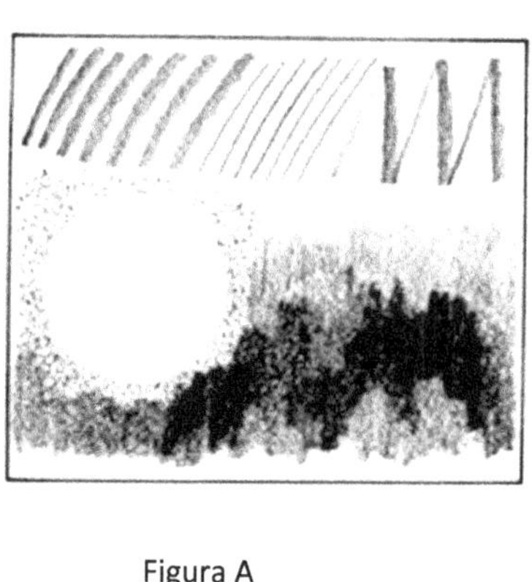

Figura A

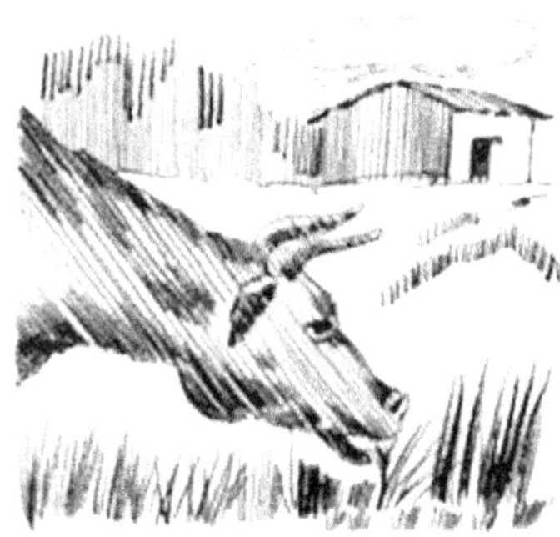

Figura B

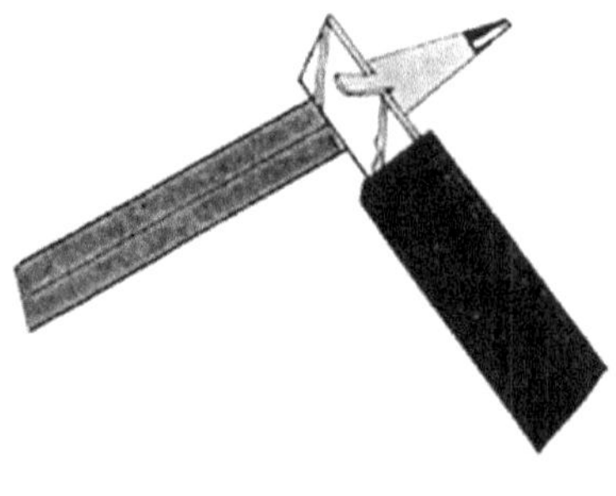

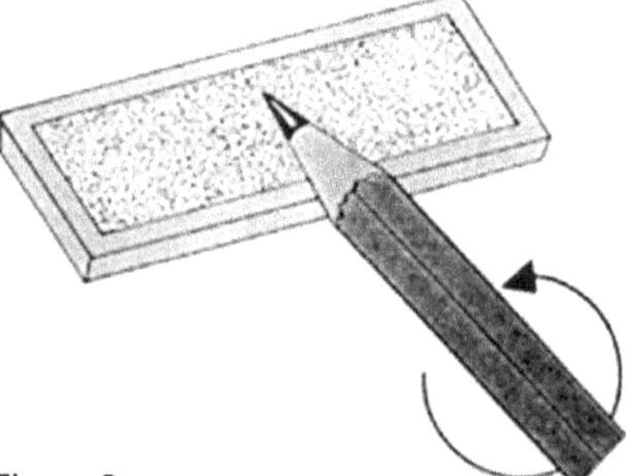

Figura C

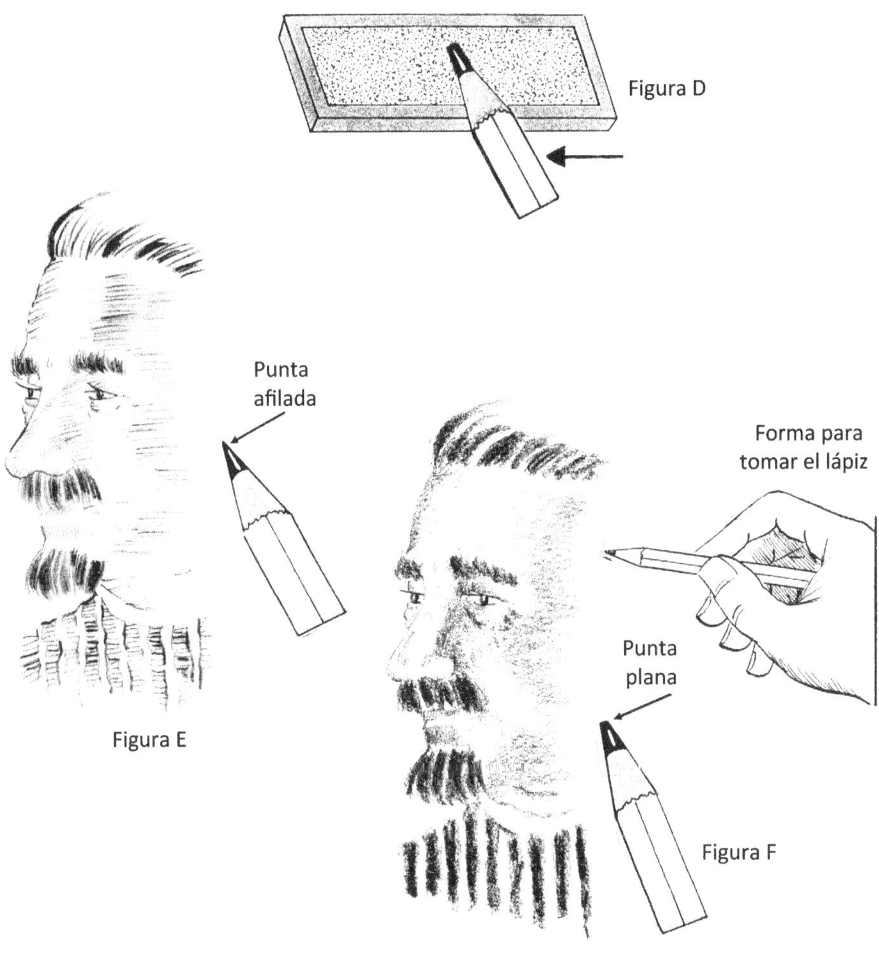



La forma de la punta del lápiz dependerá del trazo que se quiera dibujar. Si es un trazo de detalle o de línea muy fina, la punta del lápiz debe estar bien afilada, lo cual se logra con el afilaminas, navaja o cortador, y un raspador que es una tablita pequeña sobre la cual se ha pegado un pedazo de lija de grano fino para frotar el lápiz en forma circular. *Figura C*. Si el trazo es ancho, la mina del lápiz debe ser plana, efecto que se consigue haciendo girar el lápiz en un sólo sentido sobre el raspador. *Figura D*. Dibujo resuelto a lápiz de mina negra blanda con punta afilada. *Figura E*. Dibujo resuelto a lápiz de mina negra blanda con punta plana. *Figura F*.

## El difumino

El tratamiento de un dibujo en lápiz, no se reduce sólo a los trazos, sino también a lo que se denomina difumino, si el tema elegido se presta a ello. Para lograr determinados efectos, primero se aplica la sombra del dibujo con lápiz de mina negra blanda, 2B o 3B, sin que queden rayas. *Figura A*. El dedo índice de la mano, resulta un buen auxiliar para el difumino; frotándolo suavemente sobre el área sombreada se esparce el grafito del lápiz produciendo variedad de tonos. *Figura B*. El efecto final es lograr un dibujo bien balanceado en variedad de tonos. *Figura C*. El uso de un copo de algodón, también sirve para producir el efecto del difumino, éste se pasa con suave presión por encima del sombreado que se ha dado con el lápiz, logrando de esta manera buenas calidades en el dibujo. *Figuras D y E*.

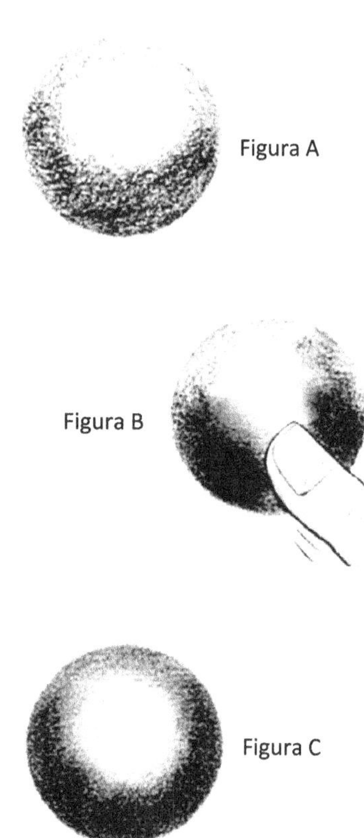

Figura A

Figura B

Figura C

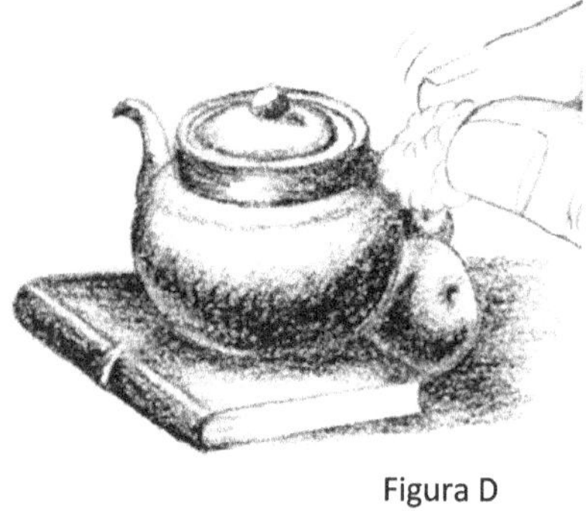

Figura D

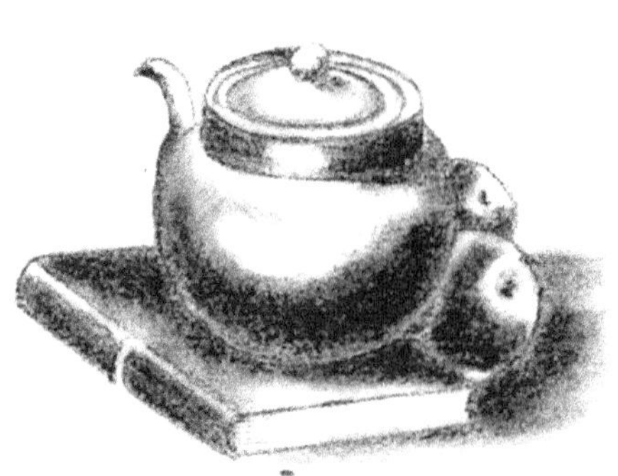
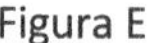

Figura E

Otro efecto que se puede lograr en la técnica del difuminar, consiste en raspar con una cuchilla o cortador, polvo de la mina del lápiz y aplicarlo con el dedo o algodón sobre el dibujo. *Figura F*. Sin embargo no todos los efectos pueden lograrse con el lápiz; la ayuda del borrador o las gomas que se usan para las máquinas de escribir (limpiatipos) son claves para enfatizar brillos o luces, para debilitar un trazo o una sombra en el dibujo realizado. *Figura G*.

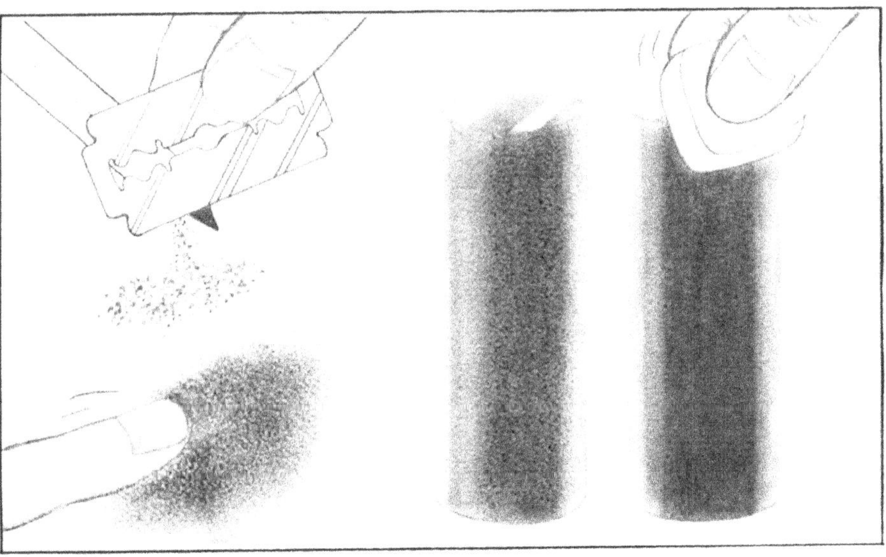

Figura F                              Figura G

## Técnica del lápiz carboncillo

El manejo del lápiz carboncillo, permite líneas fluidas y sombreados bien intensos. *Figura A*. En esta técnica no se debe abusar de los oscuros si no se tiene certeza de su aplicación sobre el dibujo, dado que al querer borrar se mancharía su trazo. El papel influye para esta técnica del lápiz carboncillo. Dibujo elaborado sobre papel liso en donde sus tonos se bajan considerablemente. El trazo parece sin vida, gris y no permite un verdadero lucimiento de la línea. *Figura B*. El mismo dibujo, pero trabajado sobre papel de grano fino, en donde la granulación o relieve de su superficie, dan una mejor adherencia y fuerza en el trazo. *Figura C*.

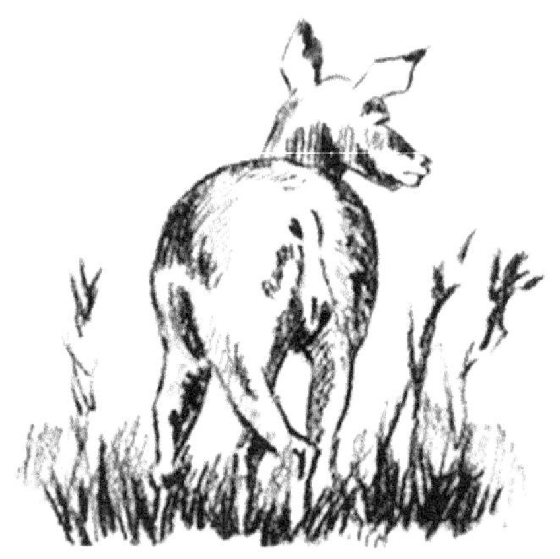

Figura A

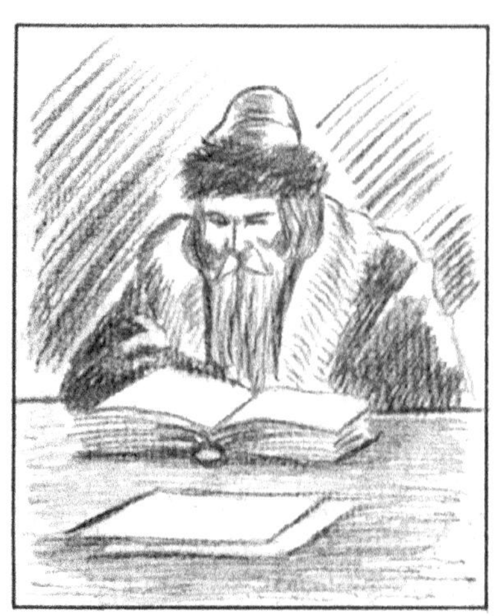

Figura B

Figura C

## Técnica del carbón

Con la utilización de la técnica del carbón, la escala hacia la oscuridad no es tan compacta como con la aplicación del lápiz carboncillo. El color más noble del carbón es el gris plata. Con el carbón no hay posibilidad de dibujar contornos perfilados lisos, lo que permite, trazar líneas móviles, tenues y anchas. Una propiedad especial del carbón es su fácil adherencia y su comodidad para borrar o eliminarlo; ello significa que los dibujos al carbón pueden corregirse o repasarse, siempre y cuando no se trabaje sobre papeles lisos.

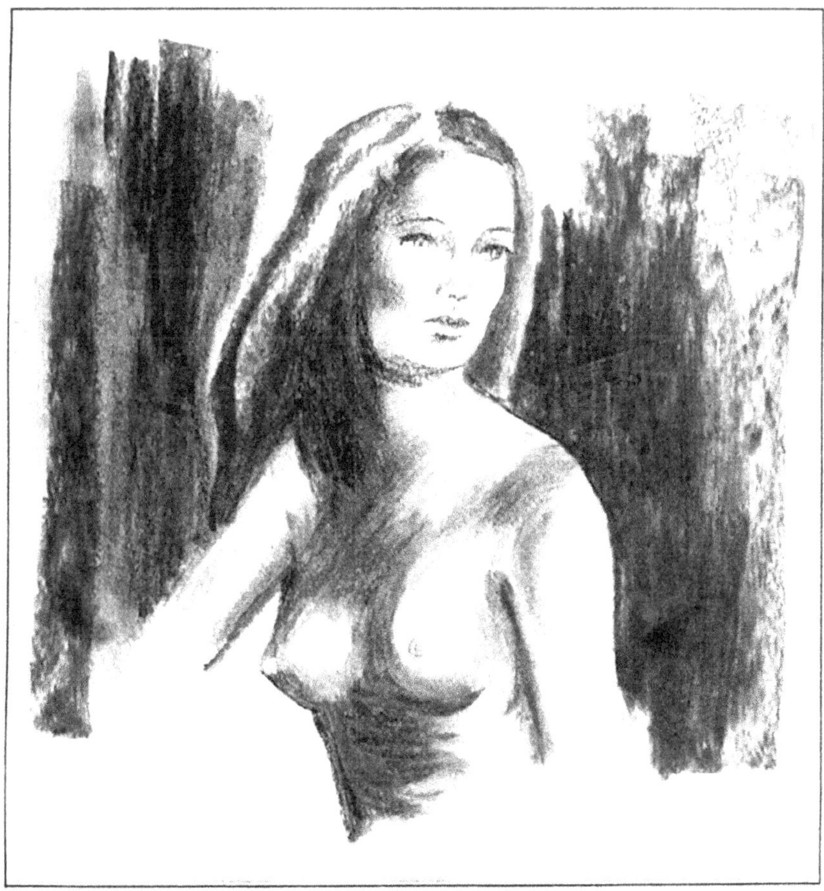

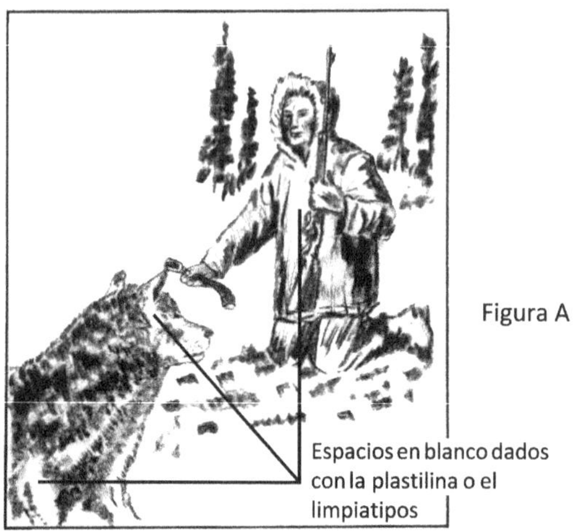



Los dibujos pueden limpiarse muy suavemente mediante golpes lige-
ros, con un pedazo de tela o soplando para quitar el polvo que queda
alrededor de cada trazo. Para lograr dar brillos, dejar espacios en
blanco o dar perfil a las líneas en los dibujos, se utiliza la plastilina o
el limpiatipos. *Figura A*. Como el carbón puede borrarse fácilmente,
hay que usar fijadores preparados que venden en el comercio. Es
fundamental no aplicar el fijador muy cerca del dibujo, pues pueden
formarse charcos y estropear así el trabajo realizado. Debe aplicarse
en sentido vertical y a una distancia prudente. *Figura B*.

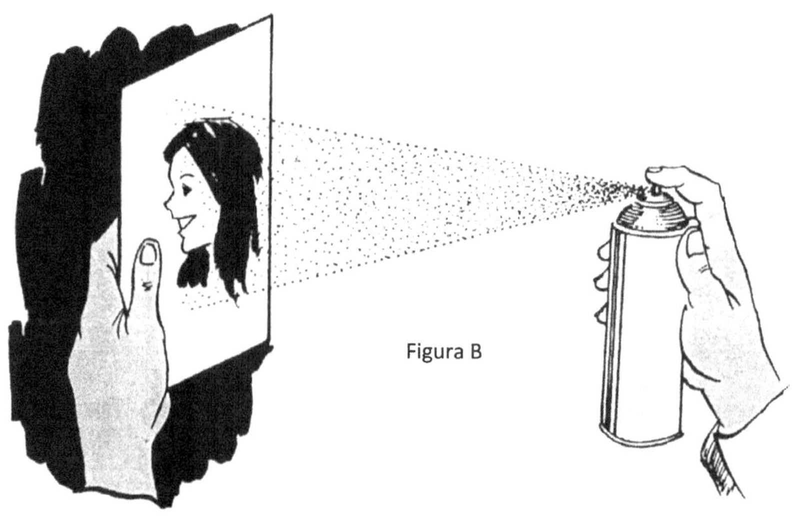

# Técnica de la plumilla

Al dibujar con la plumilla hay que tener en cuenta que ésta se toma distinto del lápiz: la mano ha de estar suelta y apta para toda variación en cualquier sentido. Sujete la plumilla naturalmente, sin presionar los dedos, llevándola suavemente. Procure no apoyar el codo, para evitar líneas rígidas y poco expresivas. *Figura A*. Quien logre manejar bien la plumilla en el dibujo, no la abandonará fácilmente. Existe en el comercio gran surtido de plumillas de acero para dibujar con tinta china negra. En la mayoría de los casos se prefiere la pluma o plumilla de dibujo de punta fina, pero ésto no quiere decir que se descarten las demás, porque habrá momentos en que el dibujo, también, requiera de líneas más gruesas. *Figura B*. Cuando la pluma es demasiado dura puede calentarse la punta con un fósforo para ablandarla, y así lograr un trazo más fluido. *Figura C*. La plumilla no es como el lápiz, pues no permite resolver los medios tonos degradando los grises desde el blanco del papel hasta el negro absoluto. Pero para conseguir esa sensación de grises, se emplea lo que se denomina "tramados a pluma", o serie de líneas más o menos juntas que se entrecruzan para producir tonos o medios tonos; en otras palabras luz, penumbra o sombra. *Figura D*.

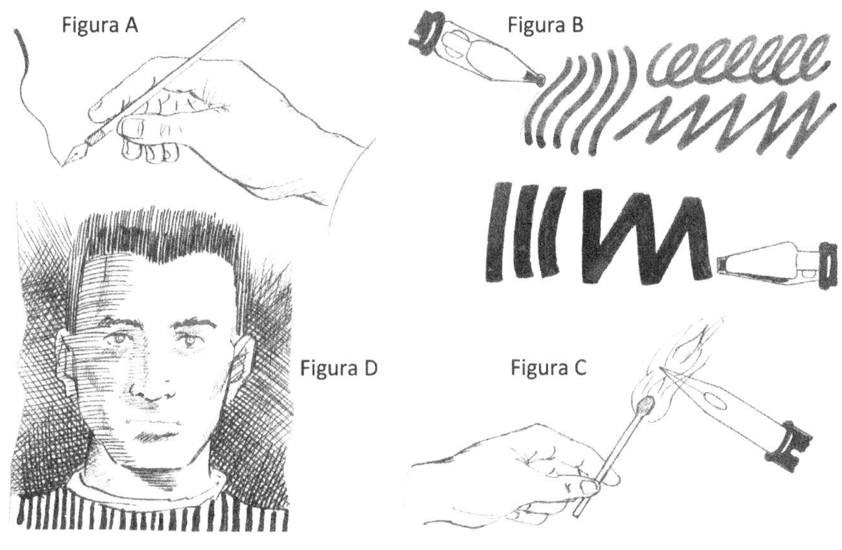

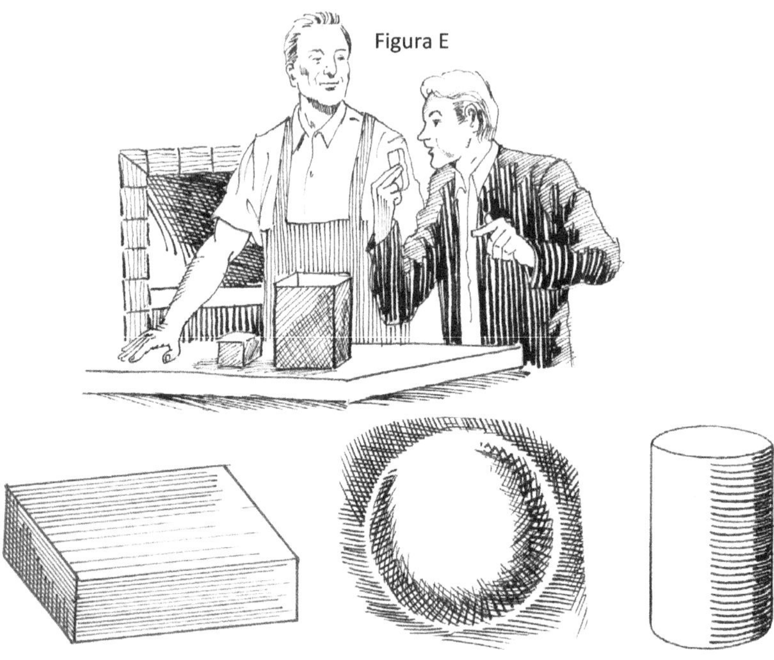



Para dibujar variedad de trazos, depende simplemente de la presión que se aplique a la plumilla. Estas prácticas hay que hacerlas con mucha seguridad y sin vacilaciones. *Figura E*. La técnica de la plumilla exige conocimientos muy precisos de dibujo, ya que no es posible trabajar con ella sin antes dominar, casi a la perfección, la técnica del lápiz. Cuando se quiere expresar un valor tonal o sensación de volumen de un objeto, mediante rasgos cruzados, no basta con trazar y cruzar en todos los sentidos y de cualquier manera; es preciso expresar el sentido del objeto por dibujar. Si es rectilíneo, como una caja, un libro, un ladrillo, el valor ha de ser expresado por trazos rectos; si es redondo u ovalado, los trazos serán líneas curvas. *Figura F*.

Todo dibujo a la plumilla, tiene su fundamento en la línea. Con ella se definen las formas, se concreta una idea y se expresa emotividad y belleza.

# Técnica del pincel

El pincel es una de las herramientas más diversas. Fácilmente y sin esfuerzo, con una ligera presión manual, produce líneas gruesas, delgadas y grandes superficies. No se debe economizar con el pincel, éste debe ser de buena calidad. Los pinceles redondos de pelo de marta son los ideales; procure hacerse, mínimo, a dos de ellos de diferente números de grosor pueden ser: 1 y 3, 2 y 3 o 2 y 5. Al adquirirlos en el comercio debe probarse la punta de estos pinceles. Sumérjanse en agua; si al secarlos no rematan en punta fina y quedan esparcidos, hay que rechazarlos porque no son de buena calidad. *Figura A.*

Los pinceles han de estar siempre limpios, o de lo contrario se acabarán muy rápido. Hay que guardarlos verticalmente, sin que la punta tenga contacto alguno. Para ello, puede utilizarse un vaso común, o un recipiente similar. *Figura B.* En ningún caso deben ser dejados dentro de agua, ni sucios fuera de ella. Nunca deje que la tinta se seque en el pincel, éste se debe lavar con agua y jabón. Para familiarizarse con el manejo del pincel, practique haciendo líneas a pulso, sin presionar demasiado el pincel sobre el papel. Con la práctica constante se verá cómo poco a poco se domina su manejo y se consigue dibujar con él con igual pericia que con el lápiz y la pluma.

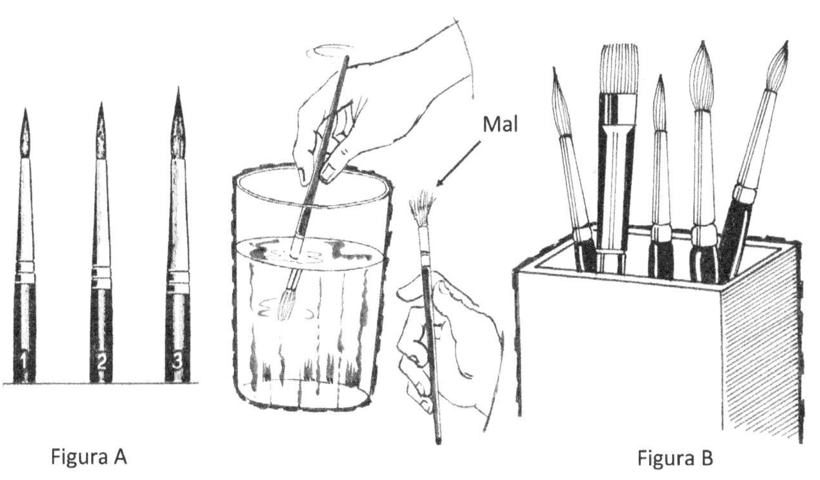


Figura A                                        Figura B

Hay una técnica interesante que se hace con el pincel y que se denomina: pincel seco. Cualquier papel de grano fino es bueno para emplear esta técnica. Luego de humedecer el pincel con tinta china negra, éste se descarga pasándolo varias veces sobre un papel o un pedazo de tela, hasta que la tinta en el pincel esté casi seca. *Figura C*. Los efectos que se consiguen son vigorosos y producen una gran calidad de masa y línea merced a los trazos dados a base de pasar el pincel una y otra vez sobre el dibujo, con una presión suave y firme. *Figura D*. La utilización de esta técnica, genera una sensación de espontaneidad en los dibujos.

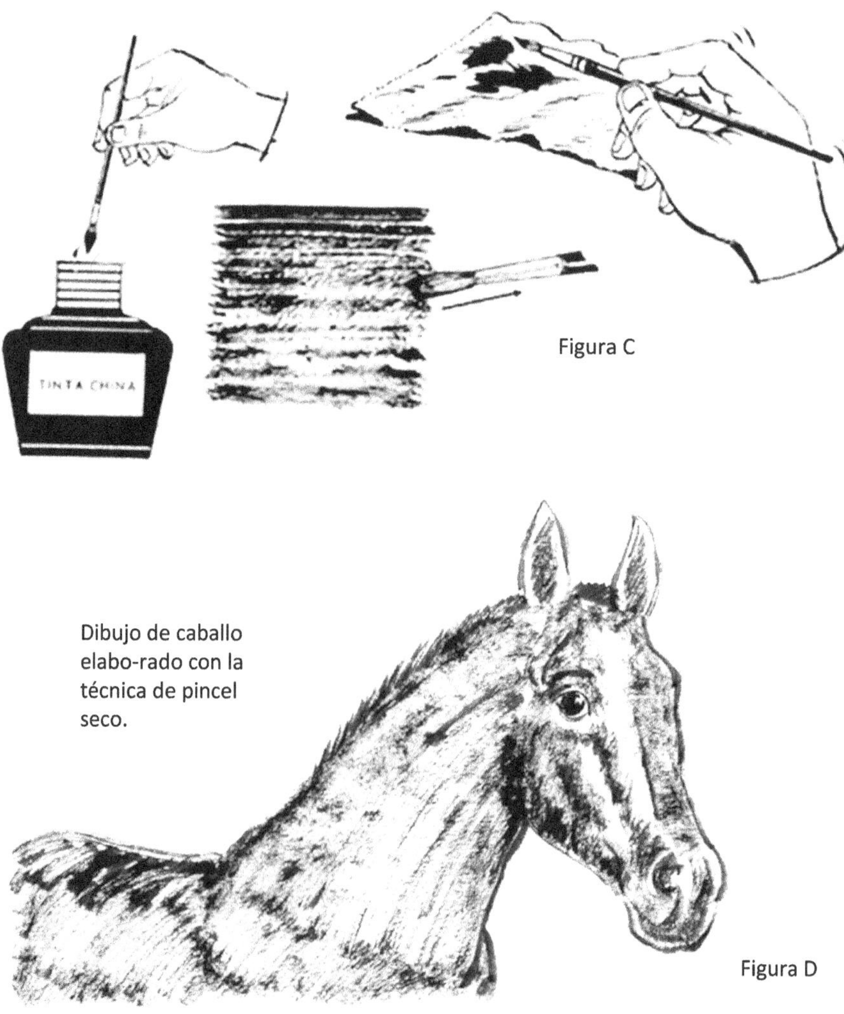


Figura C

Dibujo de caballo elabo-rado con la técnica de pincel seco.

Figura D

# Técnica combinada plumilla y pincel

Con la aplicación combinada de la plumilla y el pincel hay variedad de líneas y tratamientos de grandes masas, para proporcionar en los dibujos efectos de un vigor particular. *Figura A*. Los toques resueltos con el pincel son para vigorizar las figuras, toques dados en puntos claves del dibujo, para producir el efecto de volumen. Los refuerzos de líneas dibujadas con la plumilla, ayudan a acentuar los diferentes valores de tonos. Con la aplicación del pincel seco, junto con la plumilla, también se producen buenas calidades artísticas. *Figura B*.

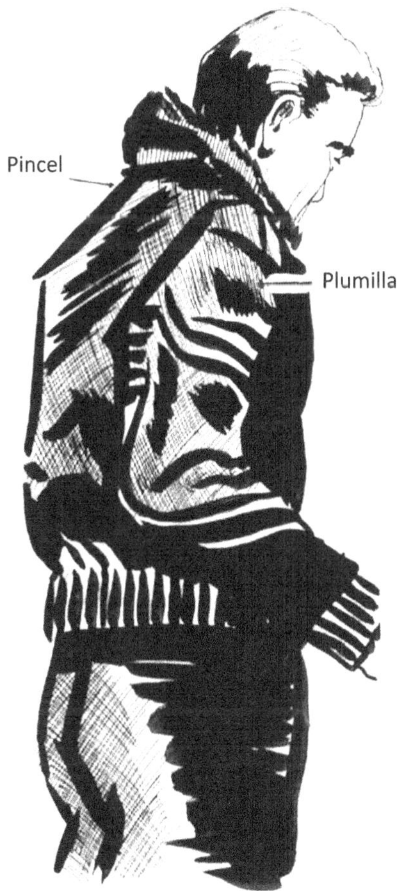


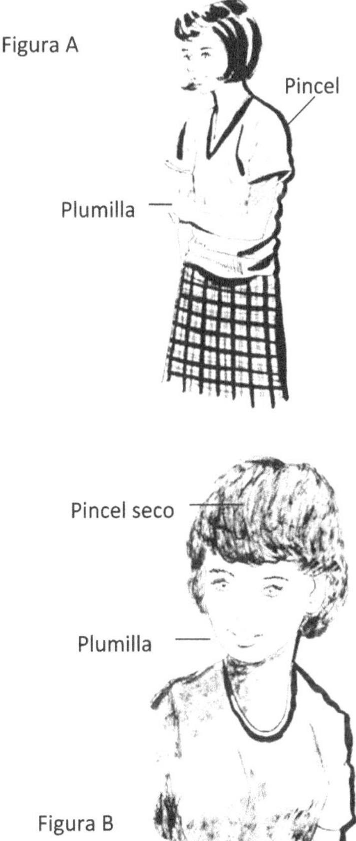

## Técnica del salpicado

Ésta es una técnica interesante por el efecto visual que produce en los dibujos, debido a las diferentes intensidades de salpicado que se puede dar en todas las áreas. Una forma sencilla de aplicación puede ser utilizando un viejo cepillo de dientes y cargarlo de tinta china negra; frotándolo con el dedo de la mano se esparce su salpicado en las áreas reservadas para ello. *Figura A*.

Otra forma es utilizar una rejilla de alambre que se consigue en el comercio, y frotar sobre ella el cepillo cargado de tinta. Se debe calcular la distancia de su aplicación para no producir manchones sobre el dibujo. *Figura B*.

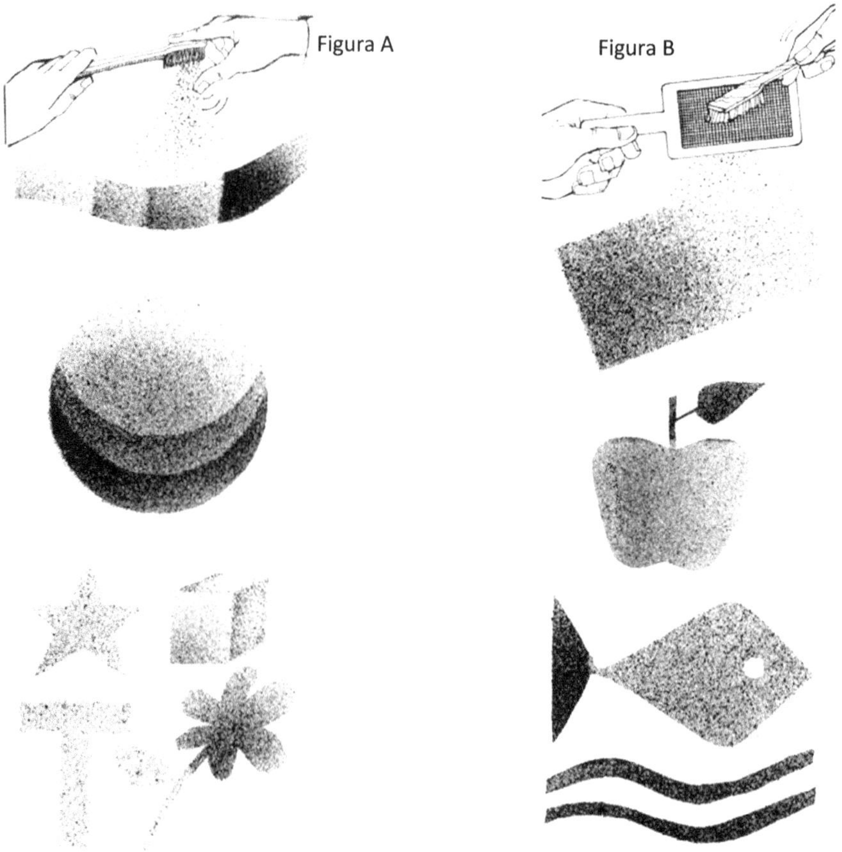

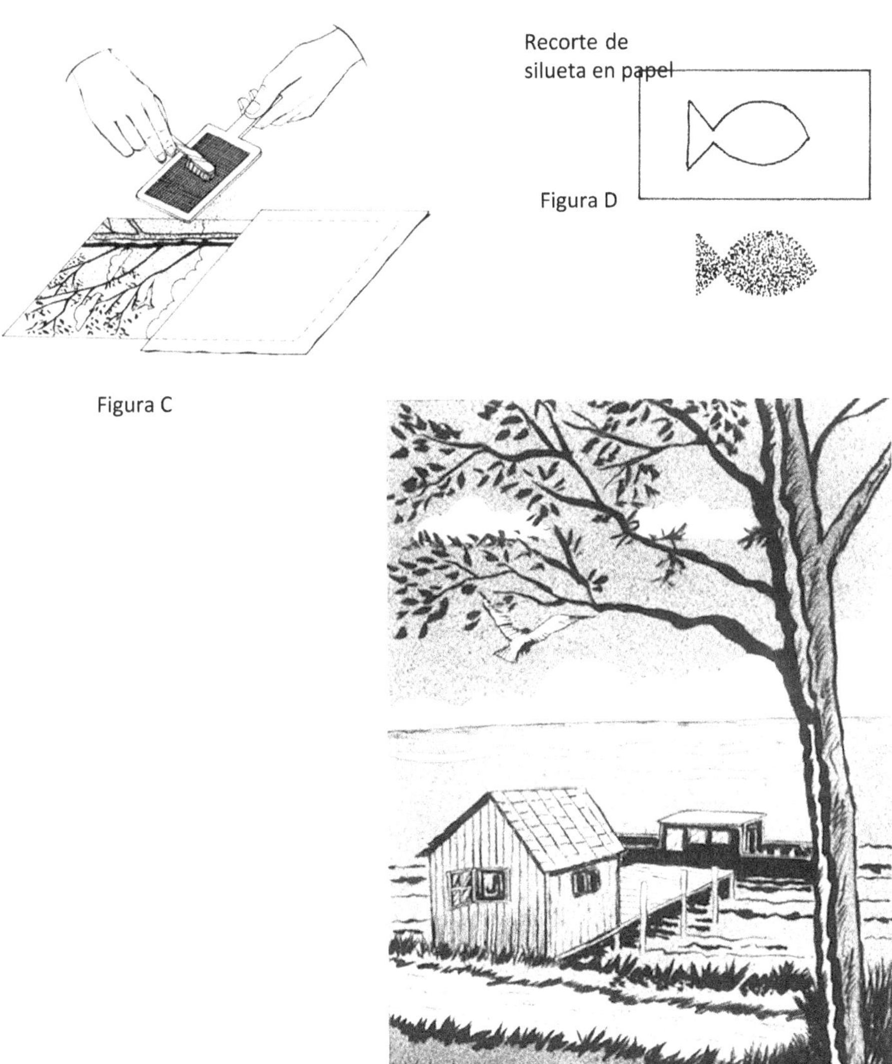



Con pedazos de papel recortado, tape las partes del dibujo donde no se quiere que caiga el salpicado. *Figura C*. Dibuje siluetas y recortelas, para luego aplicar el salpicado. *Figura D*.

Es importante tener en cuenta no aplicar el salpicado directamente sobre el dibujo, sin antes haberlo hecho sobre una hoja de papel cualquiera, para descargar un poco el cepillo de tinta y evitar así las manchas y un salpicado no uniforme dentro del dibujo.

## Técnicas varias

### Técnica de la esponja

Es una técnica que permite producir tonos variados del más claro hasta el más oscuro, dependiendo de lo cargada que esté la esponja de tinta china negra. Se puede aplicar por medio de pequeños golpes sobre el dibujo. *Figura A.*

Otra alternativa de aplicación de la esponja es frotándola sobre el dibujo, en un sólo sentido. *Figura B.*

Figura A

Figura B

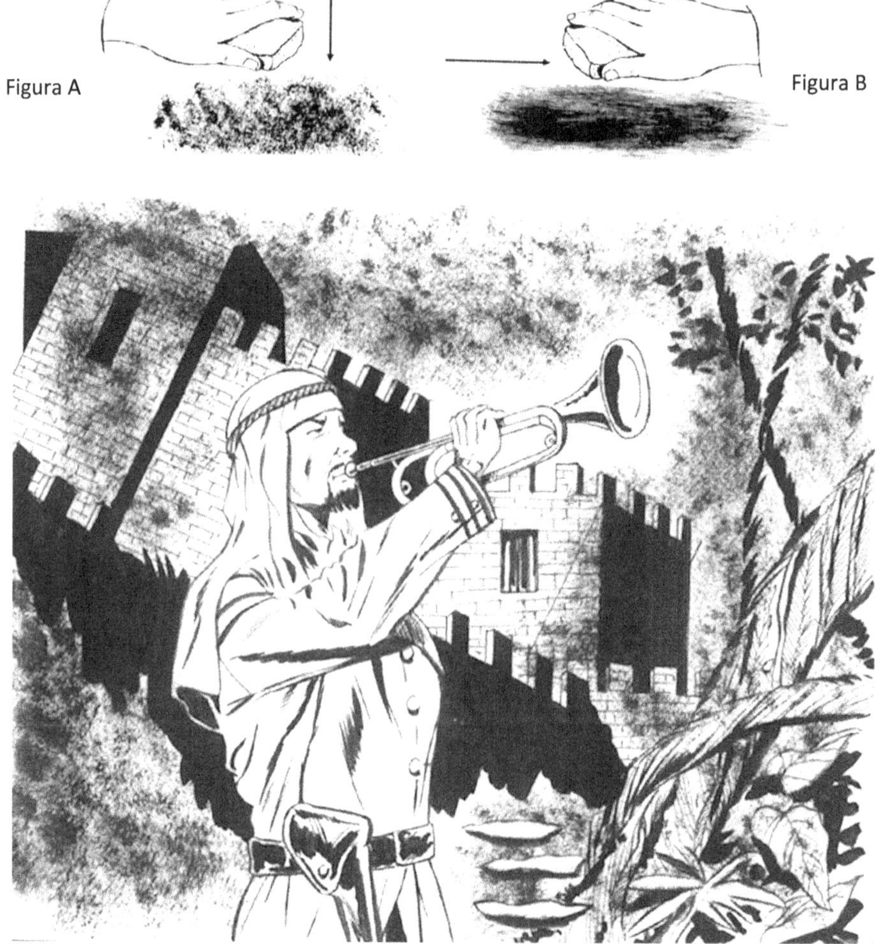

## Técnica huella con los dedos

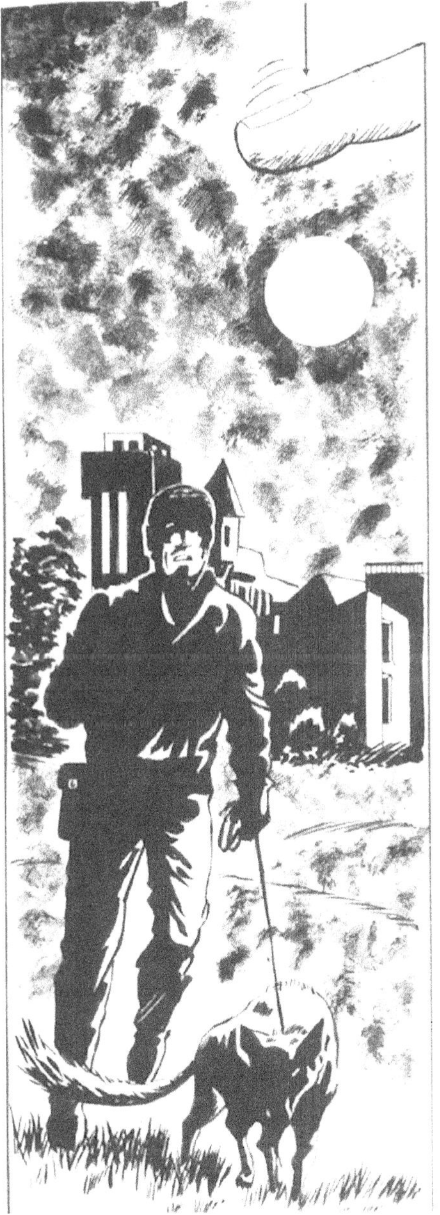

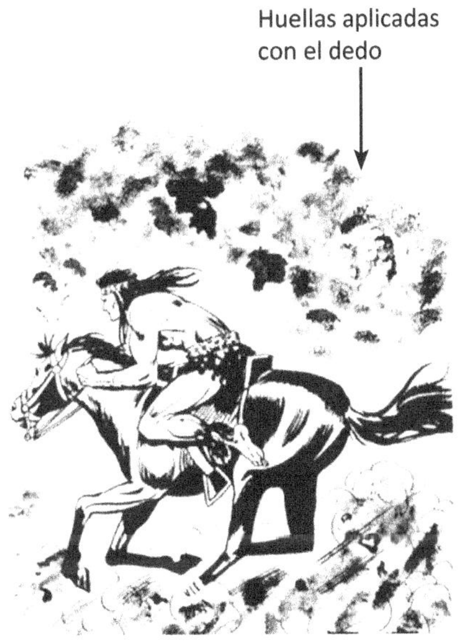


Su efecto es interesante sobre los dibujos. Unte el dedo índice de la mano con tinta china negra y aplíquelo en las áreas que crea conveniente para darle valor y textura a las imágenes.

## Técnica de texturas

Cualquier tejido grueso o realzado, así como hojas de plantas u otros elementos de carácter texturado, untados de tinta china negra y aplicados sobre los dibujos, producen efectos visuales interesantes en cada un de los trabajos.

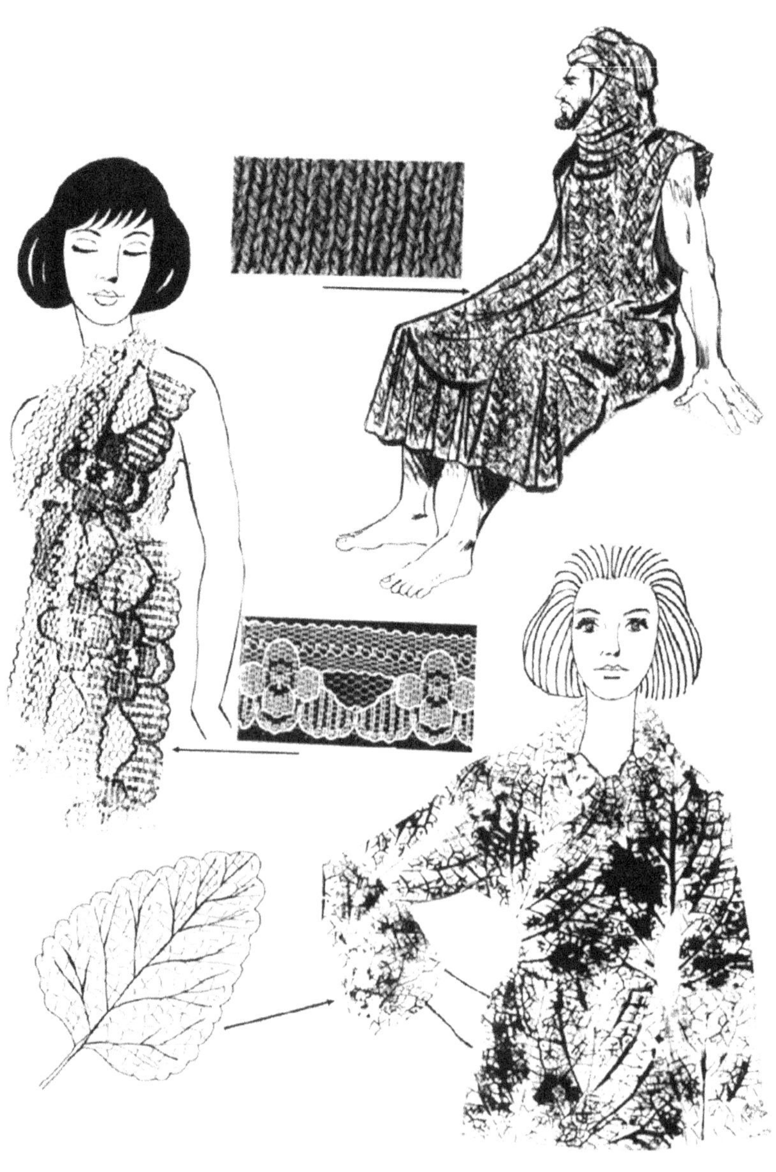

# Capítulo segundo

# Figura Humana

Para el dibujo de la Figura Humana se requiere de una buena observación, debido a que en ella se reúnen todas las formas y valores de tonos. Dada su complejidad para la representación en dibujo, es muy importante el estudio de su proporción, así como el de su anatomía. Sin estos conocimientos no será posible expresar con acierto un buen dibujo. El dibujo de las proporciones son las relaciones que hay al comparar unas partes con otras. Para la representación del dibujo del cuerpo humano, desde el punto de vista formal estético, se hace indispensable el estudio de las medidas y proporciones de individuos normales. Si las medidas no están perfectamente ajustadas entre sí, el dibujo se verá distorsionado. Para familiarizarse mejor con la Figura Humana es aconsejable empezar por dibujar, con mucha observación, partes de ella como pueden ser las manos, los pies, la cabeza, etc. Qué mejor modelo que nosotros mismos, para empezar a conocer y comprender las partes que comprenden la Figura Humana.

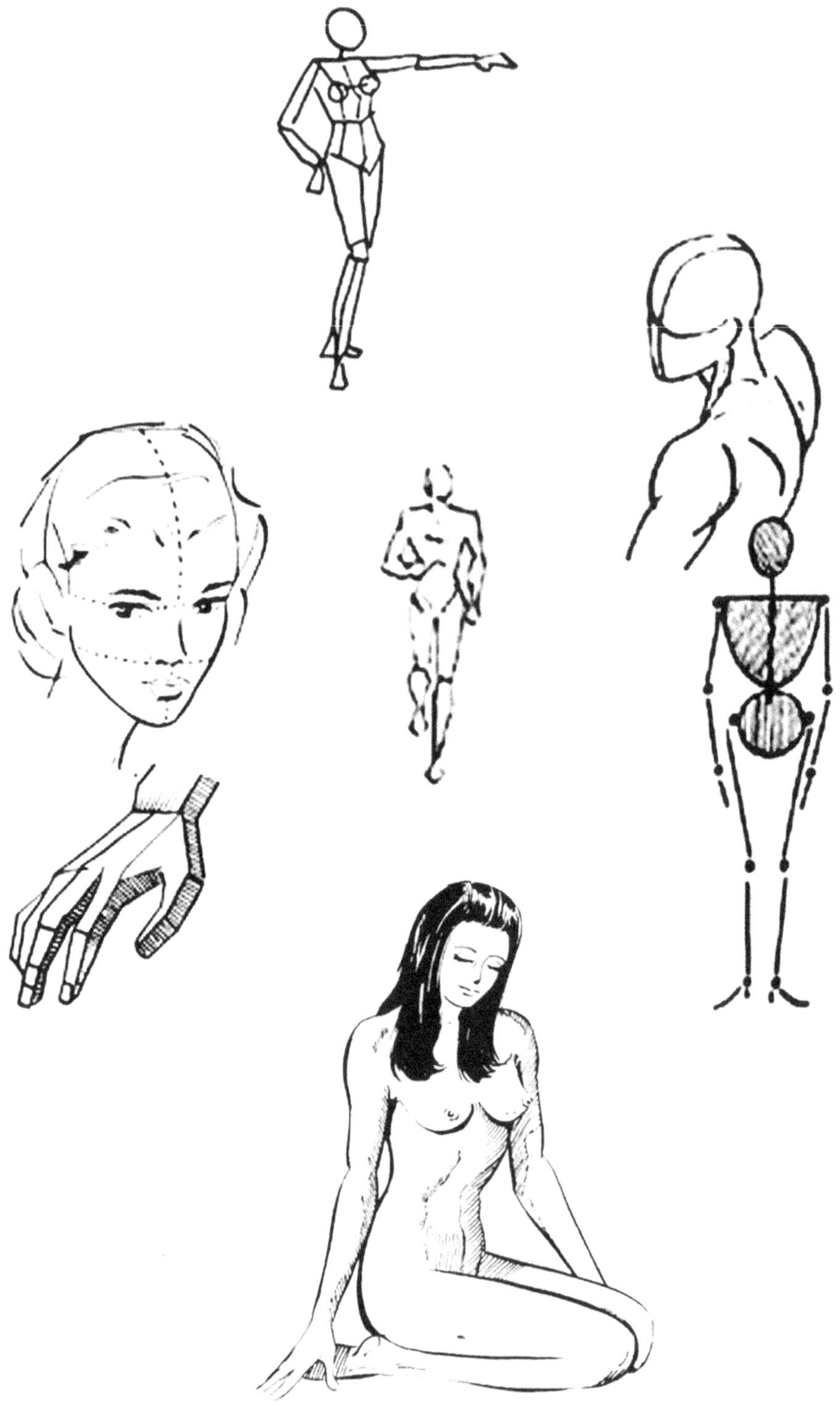

## El muñeco como ayuda

Para comprender el estudio de la Figura Humana, partimos de hacer prácticas utilizando el dibujo del muñeco en varias poses. Este primer modelo, el muñeco, nos sirve como esquema para desarrollar los primeros trazos y ensambles en cuanto se refiere a las articulaciones y movimientos. Importante comprender que la Figura Humana no solamente permanece estática, sino que también adquiere poses diversas como puede ser la acción o el movimiento. Los ejercicios que puede observar a continuación, se hicieron con lápiz de mina negra blanda 2B. Se dice que la práctica hace al maestro, dibuje varias veces las poses del muñeco que aparece en esta página, e invente o dibuje por medio de la observación otras poses.

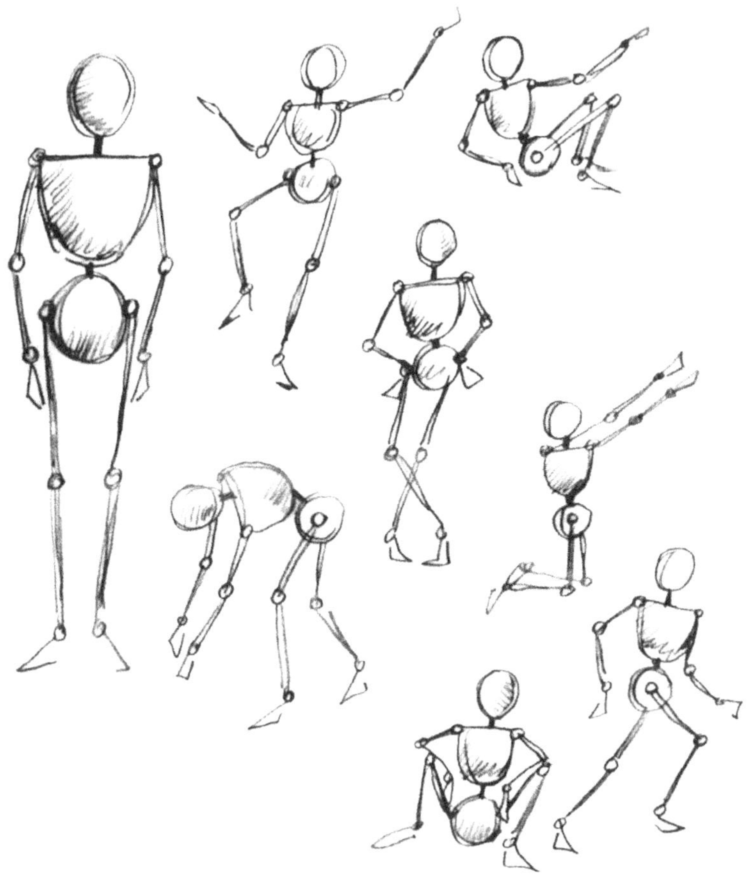

## Croquis y bocetos rápidos. Figura masculina

Un buen ejercicio para la comprensión de la figura masculina, es el dibujo de los croquis de construcción. En ellos se comprende el manejo del volumen de la figura, entendiéndose que ésta, en su conjunto, es un bloque determinado por planos. *Figura A.* Teniendo en cuenta que la Figura Humana está determinada por planos, es más fácil el dibujo de los bocetos de las diferentes poses que ésta realiza. Este conocimiento, nos permite definir por medio de trazos rápidos y sueltos las diferentes sombras, sin entrar en detalles, que contiene la figura masculina. Las prácticas de estos dibujos, las puede hacer con cualquier lápiz de mina negra blanda o directamente con plumilla y tinta china negra. *Figura B.*

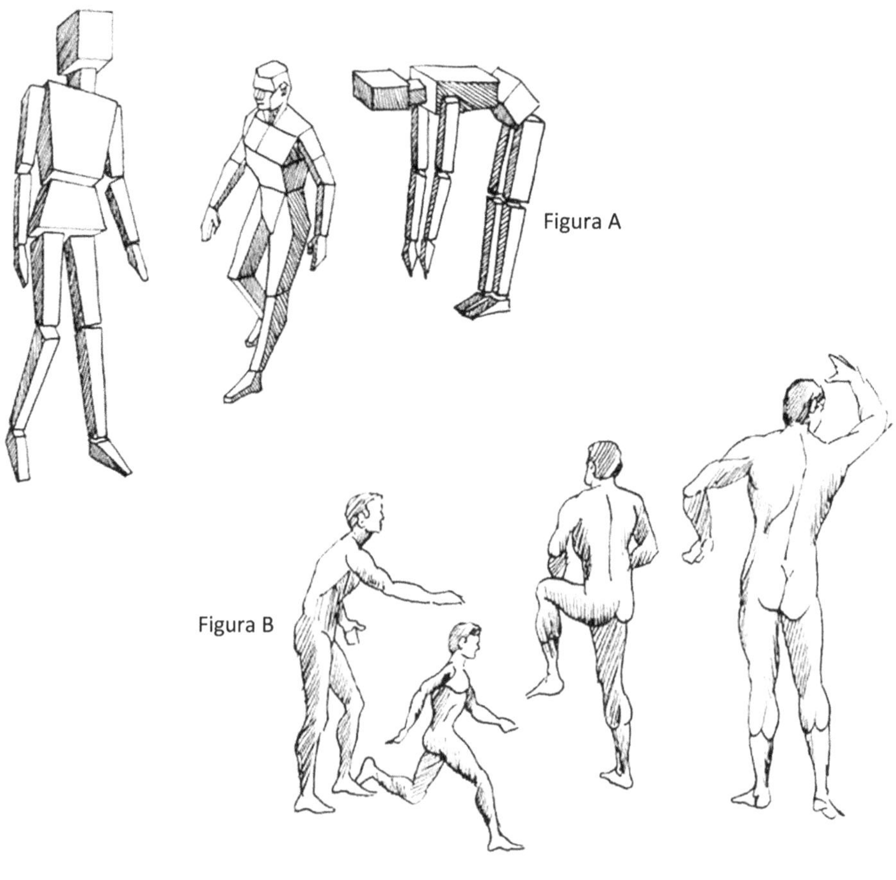

# Croquis y bocetos rápidos. Figura Femenina

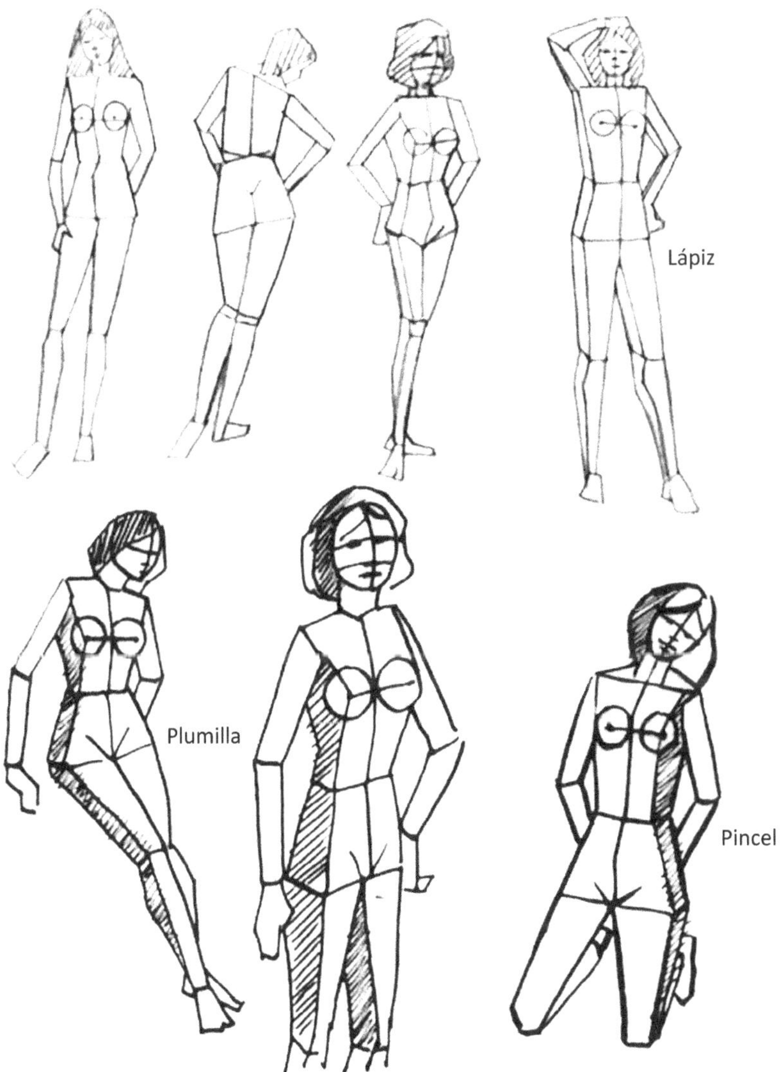


Las proporciones y el perfecto armado de la Figura Femenina, se lleva a cabo con la práctica constante de los croquis de construcción. Observe detenidamente cada pose, en especial, la conformación del volumen de cada figura. Además su movimiento y la forma rápida con que se ha dibujado cada trazo. Puede practicarse con cualquier lápiz de mina negra blanda, plumilla o pincel y tinta china negra.

Una vez practicado el croquis de construcción, entramos al dibujo de bocetos rápidos de la Figura Femenina en sus diferentes poses y movimientos, teniendo en cuenta la delicadeza del trazo en cada una de las curvas de la figura.

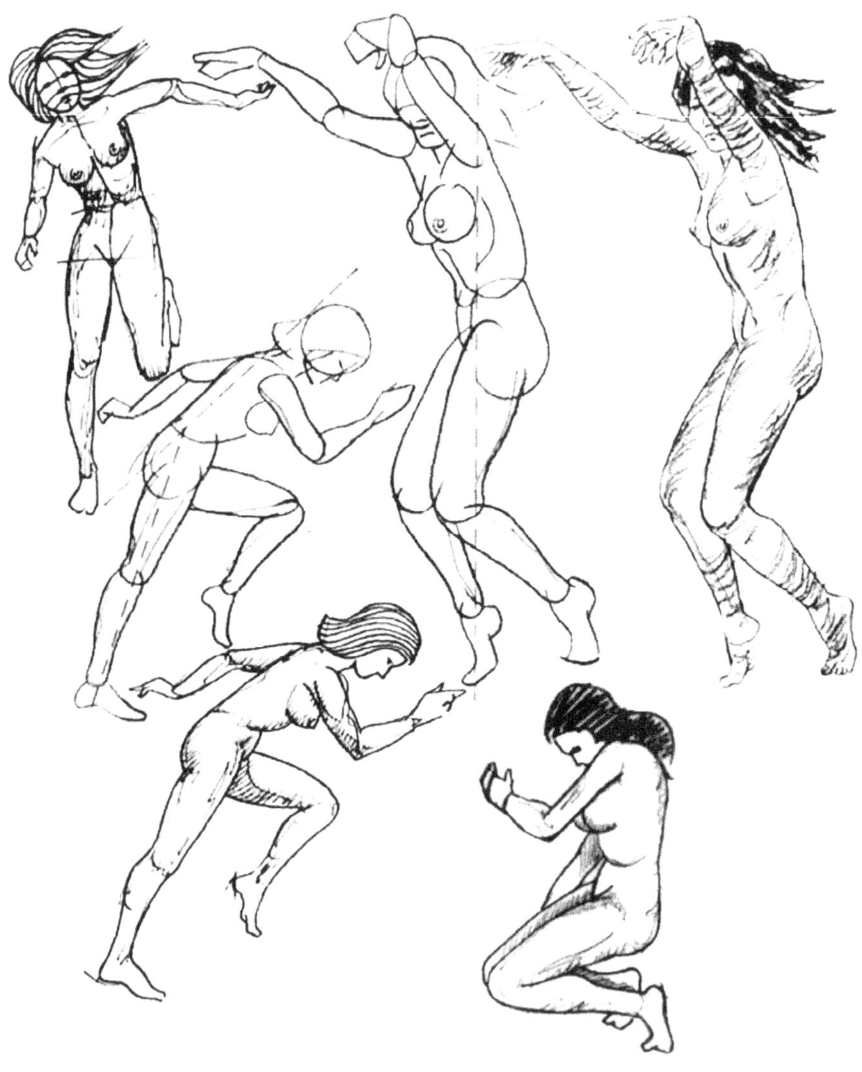

# Proporciones de la figura masculina

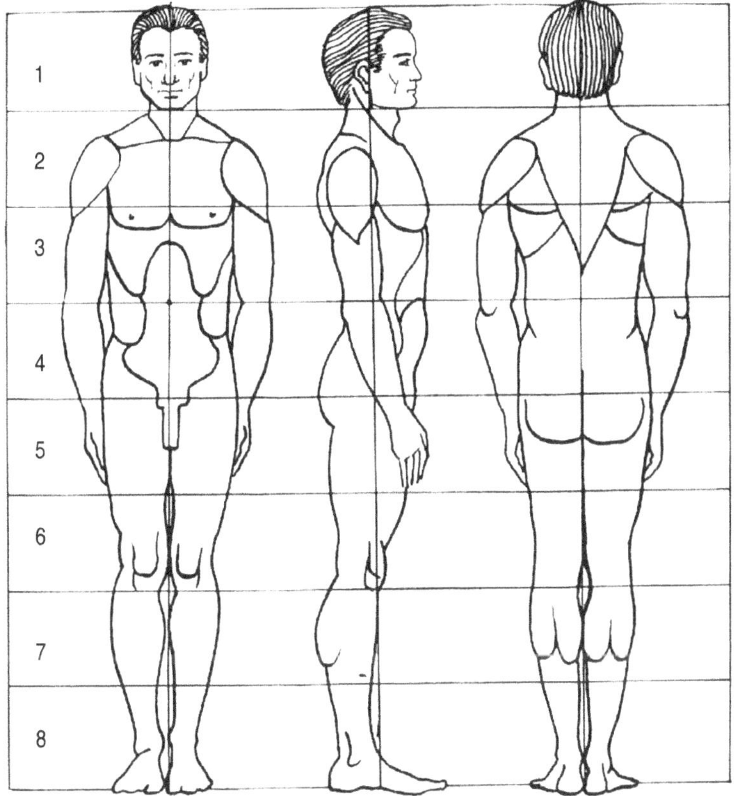

Una buena proporción reside en una justa apreciación de la medida, para el logro de un buen dibujo de la figura masculina. El canon es la relación entre las diferentes partes del cuerpo y su conjunto. La comparación entre sí, se toma con la medida básica llamada módulo. El módulo que más se usa es el de la altura de la cabeza, medida que se repartirá en todo el cuerpo para determinar en el dibujo, un canon de 8 cabezas.

Esta medida fue muy utilizada por los maestros de la antigua Grecia, en la elaboración de sus dibujos y estatuas, medida que ofrece mayor esbeltez y buen dominio de proporciones. Estudie, analice y dibuje este ejercicio en donde se representa la figura masculina con el canon de 8 cabezas.

## Proporciones de la figura femenina

Las proporciones de la Figura Femenina, desde el punto de vista académico, el canon normal a utilizar es el de 7.5 cabezas, haciendo ver la figura un poco más pequeña que la del hombre. Pero si se requiere dibujar una figura más esbelta, se utiliza el canon de 8 cabezas. Practique dibujando estas proporciones. Características a tener en cuenta, y que diferencian la Figura Femenina de la masculina, en el momento de hacer el dibujo: en la femenina cuello delgado, hombros estrechos, cadera ancha, piernas redondeadas, contornos suaves y brazos delgados. En la masculina cuello grueso, hombros anchos, cuerpo musculoso, cadera angosta, contornos fuertes.

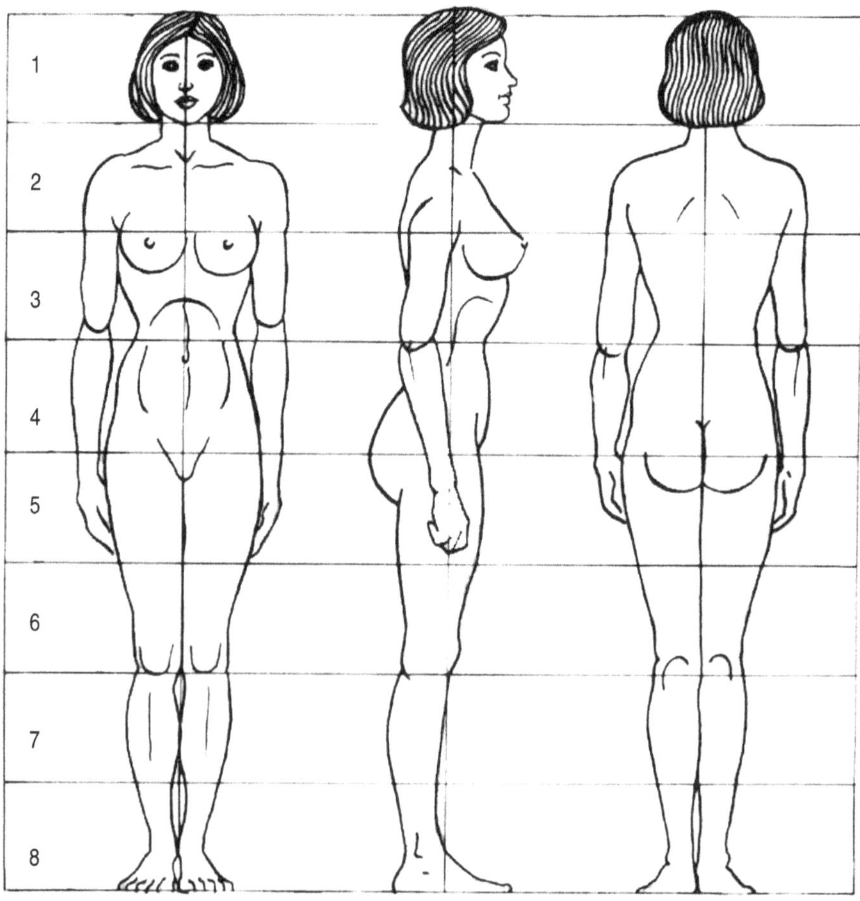

## Otras proporciones

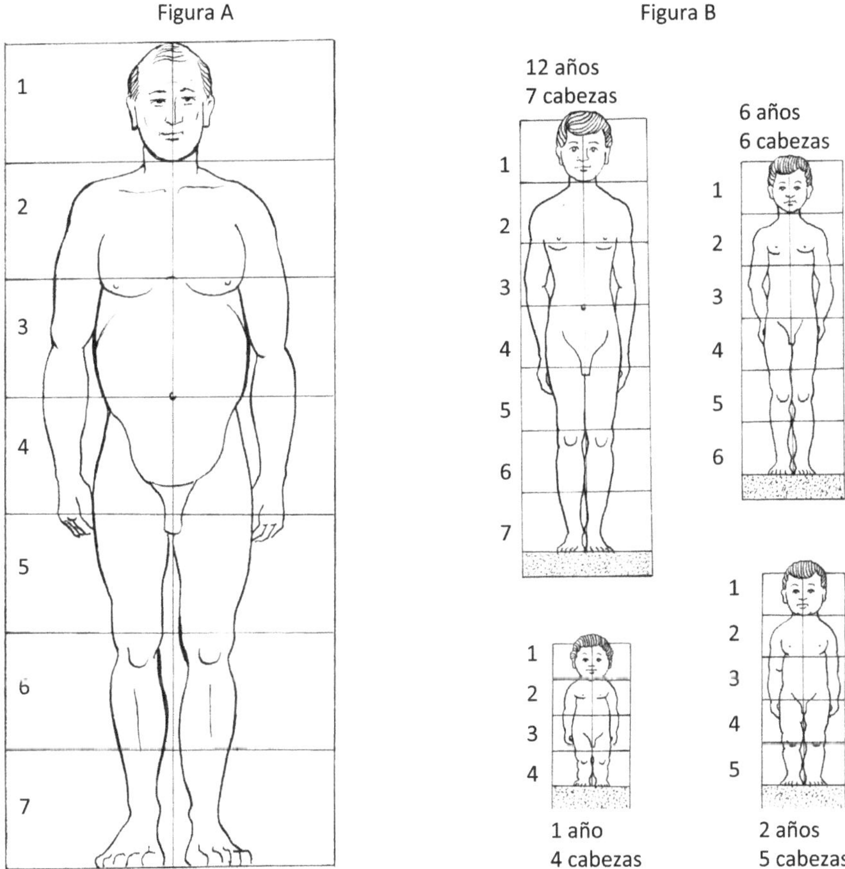


A partir del Renacimiento y hasta nuestros días, prevalece casi exclusivamente el canon de 8 cabezas, que de manera idealizada, determinaban un tipo de figura esbelta y casi perfecta. Pero el estudio de hoy, permite entender que no necesariamente la Figura Humana debe estar comprendida dentro del canon de 8 cabezas. Entendiendo que hay seres humanos de tallas pequeñas y también más robustos, que pueden estar comprendidos entre 7 y menos cabezas. *Figura A.*

En el gráfico a continuación, se explica por medio de las proporciones, la evolución del ser humano a través de los años, tomando como módulo la altura de la cabeza. *Figura B.*

## Anatomía humana

Es muy importante el conocimiento de la anatomía para el dibujo de la Figura Humana. El esqueleto o parte estructural, está compuesto por la cabeza, el tronco y las extremidades. Al saber dibujar bien el esqueleto en todas sus formas, será más fácil comprender el dibujo de la figura masculina y femenina.

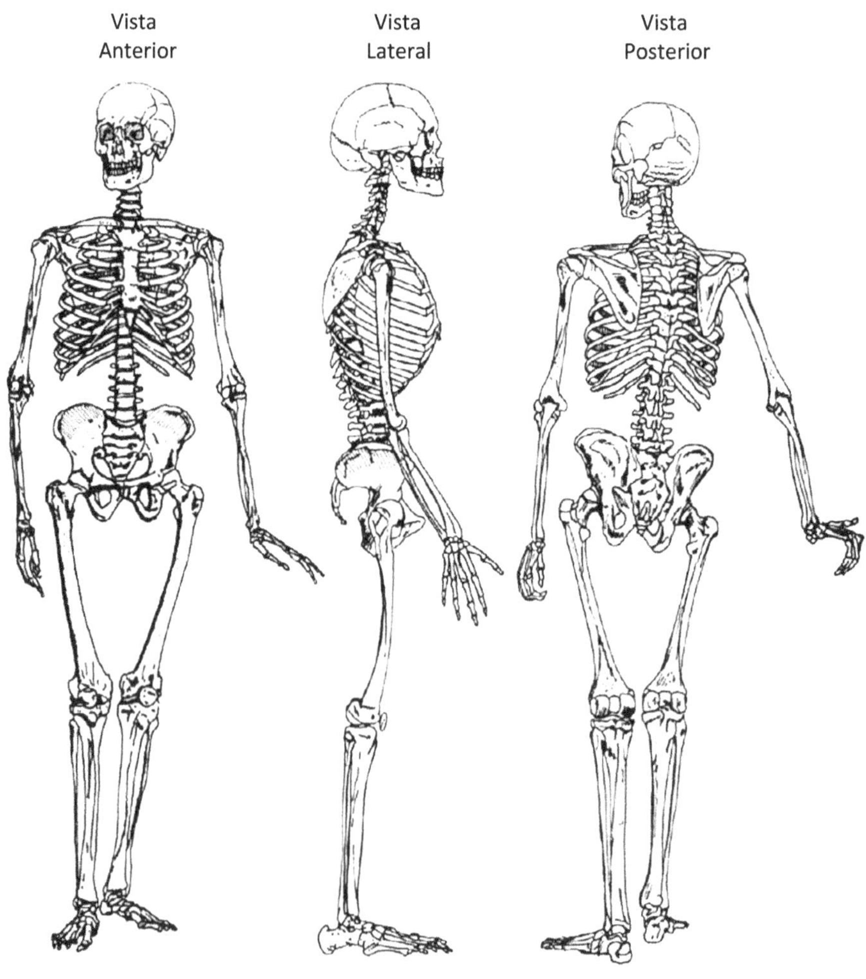

# Huesos de la cabeza

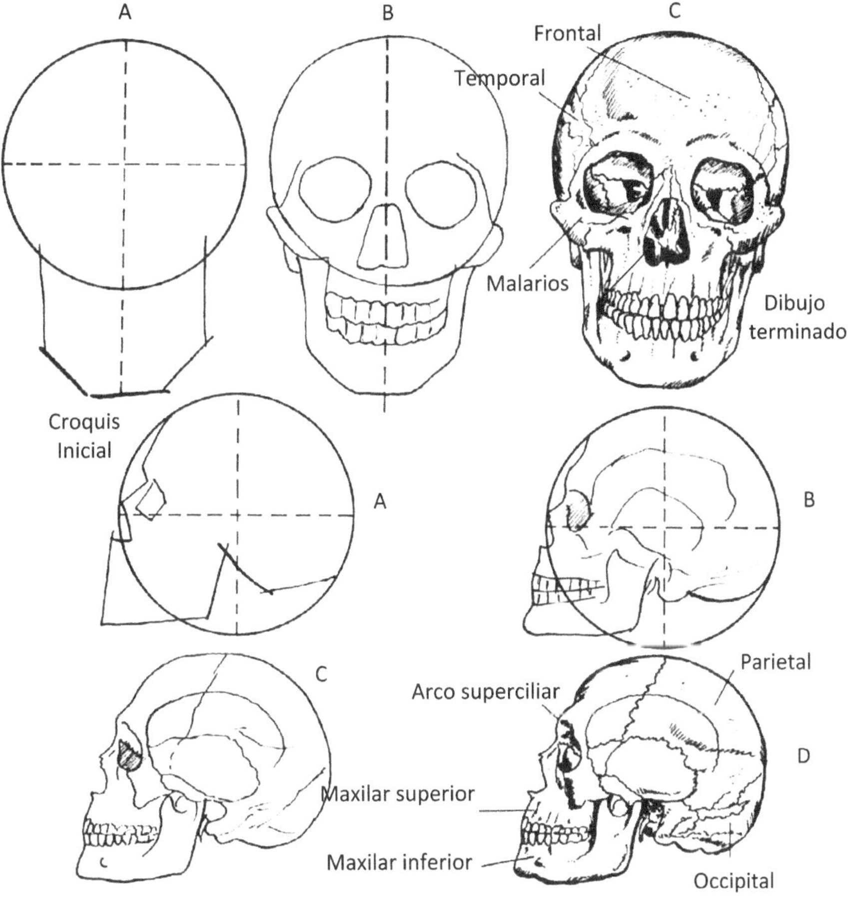


La cabeza está compuesta por el cráneo y la cara. El cráneo es de forma esférica y aplanado por los lados; su parte anterior se llama frontal; los dos lados superiores, parietales; y los dos inferiores, temporales; en la parte posterior se encuentra el occipital. La cara se compone del maxilar superior, y del maxilar inferior. Además de estos huesos, en la parte superior de la cara se encuentran los huesos de los pómulos, llamados malarios,lo mismo que los arcos superciliares, en el borde superior de las órbitas oculares. Puede practicar haciendo estos dibujos inicialmente con lápiz de mina negra blanda y luego, aplicarles tinta china negra con la plumilla.

## Músculos de la cabeza y la cara

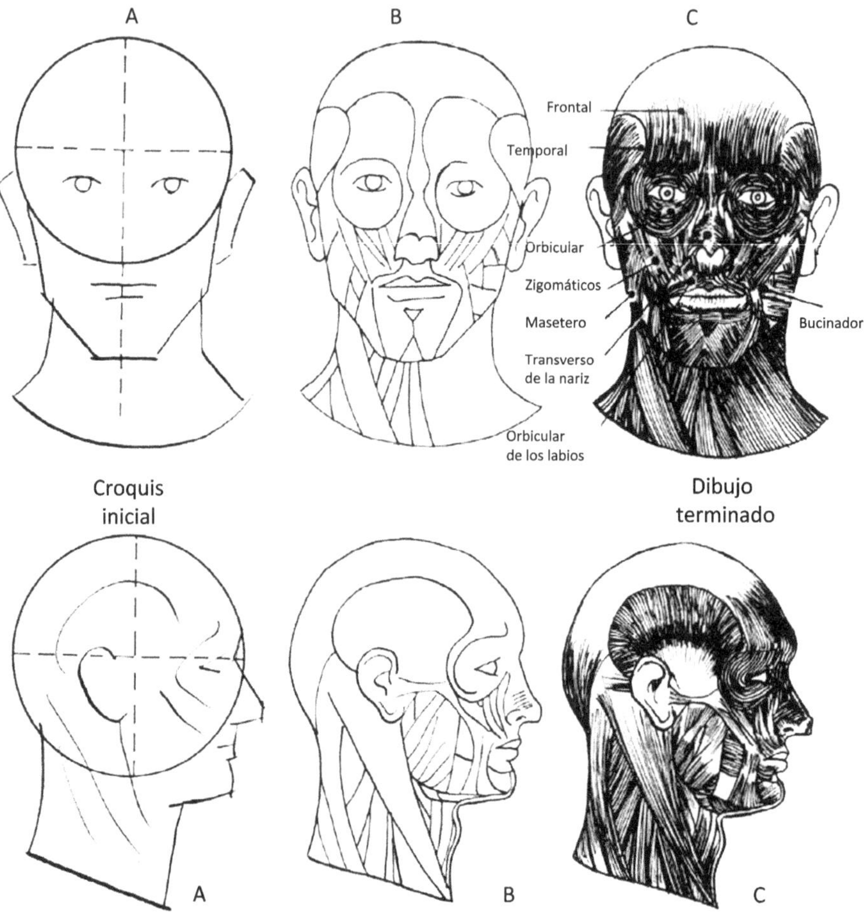



Los músculos de la cabeza son planos y delgados: el frontal está colocado sobre el hueso del mismo nombre; es decir, sobre los arcos superciliares. El temporal se encuentra al lado de las sienes y sostiene el maxilar inferior; el masetero cubre la mandíbula. Sobre la nariz está el nasal o transverso, y los zigomáticos ( permiten hacer el gesto de la risa ); el orbicular de los labios está debajo de la nariz; lo mismo que el bucinador ( nos permite silbar ). Debajo del frontal está el orbicular de los párpados ( abre y cierra los ojos ). Observe detenidamente el tratamiento de líneas que se han dado con plumilla y tinta china negra a cada uno de los músculos, tanto en el dibujo de frente como de perfil.

# Huesos del tronco

Los huesos del tronco comprenden la columna vertebral, el tórax y la pelvis. La columna vertebral está formada por veinticuatro vértebras; según su posición se dividen en: cervicales, dorsales y lumbares. La columna vertebral reposa sobre el sacro, cuyo hueso terminal es puntiagudo y se llama coxis. El tórax se encuentra en la parte anterior y superior del tronco; está formado por el esternón y las costillas. La pelvis es la parte inferior del tronco. Está formada por dos crestas ilíacas, y por el sacro y el coxis.

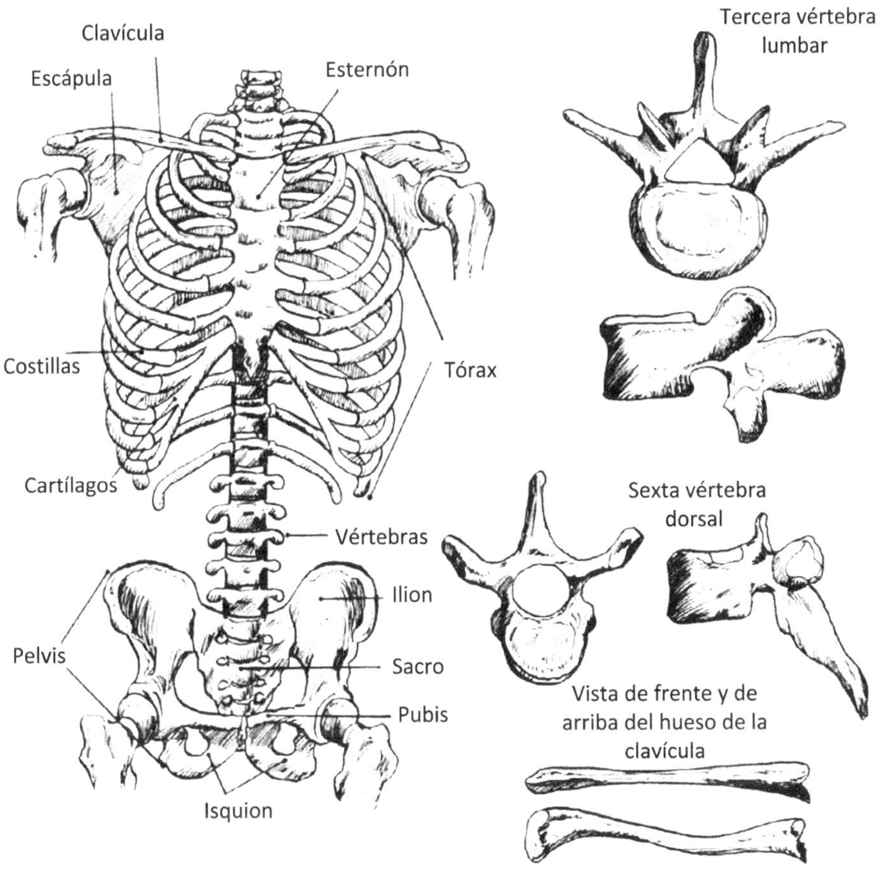

## Músculos del tronco

Los músculos son los que le dan la firmeza al cuerpo. El volumen que posee cada parte del cuerpo, es gracias a sus músculos, que naturalmente, deberán ser reflejados en el dibujo de la Figura Humana. El dibujo de los músculos es de paciencia y cuidado en cada uno de sus trazos para lograr la sensación requerida. Inicialmente dibuje los esquemas con lápiz, y luego sí aplique, muy cuidadosamente, la tinta china negra con ayuda de la plumilla.

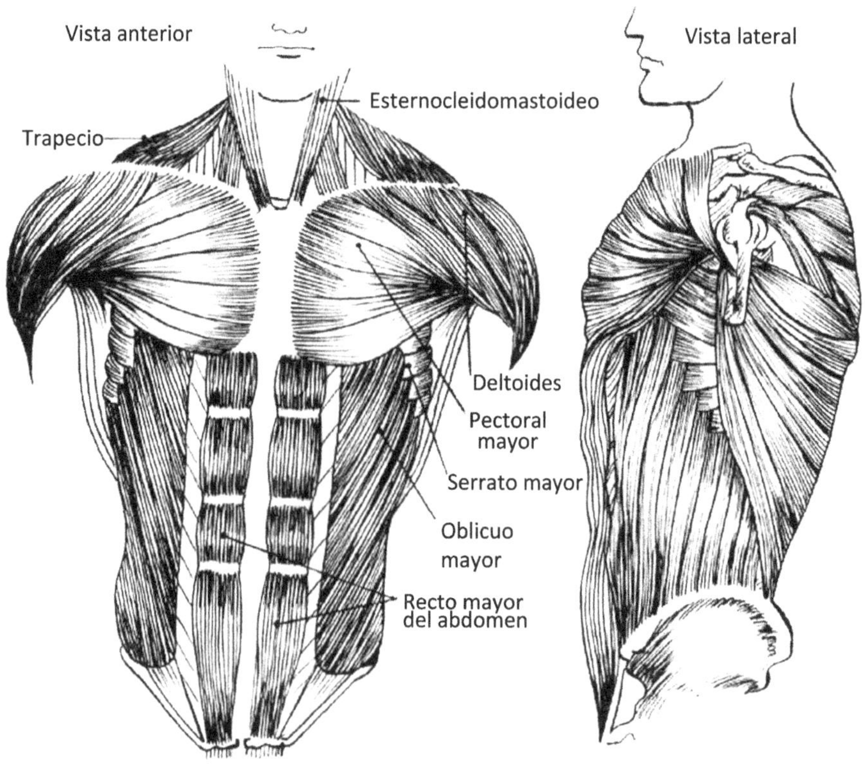

## Extremidades superiores

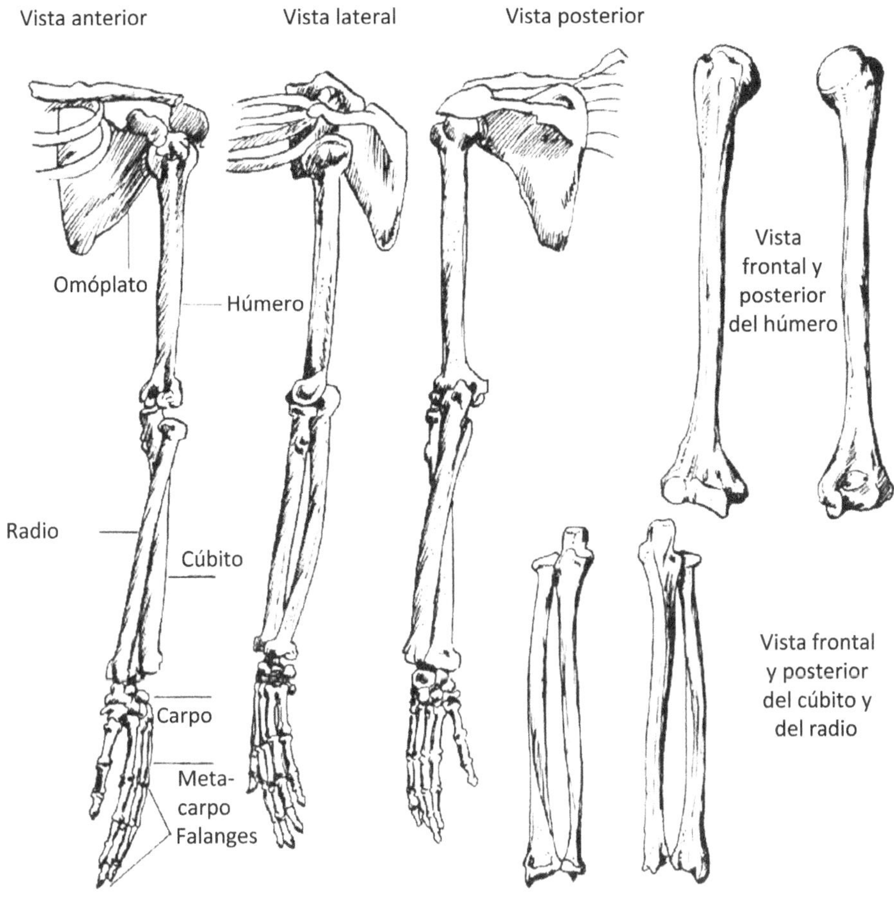



Estas extremidades están constituidas por el hombro que, a su vez, está compuesto del omóplato y la clavícula; el brazo está formado por el húmero; el antebrazo está formado por el cúbito y el radio, y la mano está formada por el carpo, el metacarpo; los dedos están compuestos por falanges. Practique inicialmente, varias veces, con lápiz estos ejercicios, para luego dibujarlos con tinta china negra y plumilla.

# Músculos del brazo y de la mano

Observe detenidamente cada uno de los dibujos, y verá cómo varían la forma y la ubicación de cada uno de los músculos del brazo y de la mano. La dirección de las líneas que forman el músculo debe dibujarse con trazo firme y seguro. Con la mayor exactitud posible, dibuje primero a lápiz, para no incurrir en errores al hacer el trazado definitivo que sería dibujado con plumilla y tinta china.

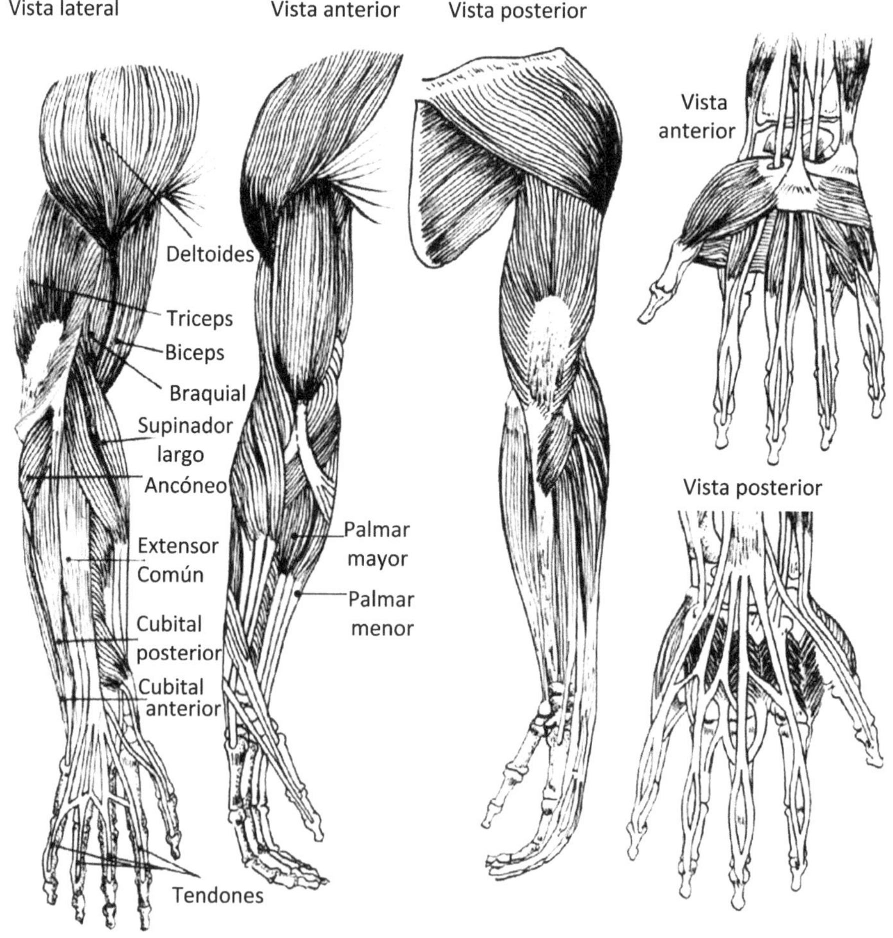

# Extremidades inferiores

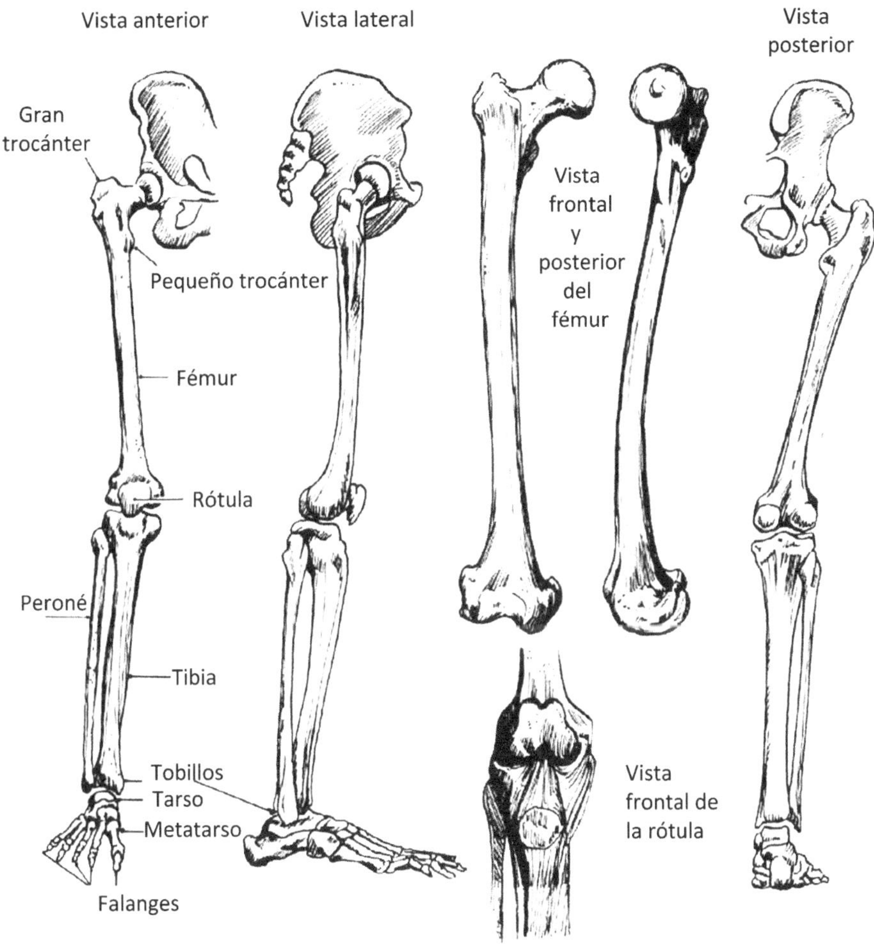



Están formadas por el muslo, la pierna y el pie. El hueso del muslo, el fémur, es el más largo del esqueleto. La pierna está formada por la rótula, la tibia y el peroné. El pie se compone del tarso ( es la parte que se une a la pierna ), el metatarso y los dedos. Practique varias veces estos ejercicios, hasta comprender su forma y ubicación.

## Músculos de la pierna y el pie

De la buena observación depende un dibujo bien realizado. El dibujo de los músculos requiere de paciencia en sus inicios, con la práctica, se adquirirá una mayor rapidez y seguridad en el trazo. No olvidar la correcta ubicación de cada uno de los músculos, de lo contrario, quedaría un dibujo falso y desproporcionado. Nunca dibuje con afán, sólo logrará plasmar un dibujo mal hecho.

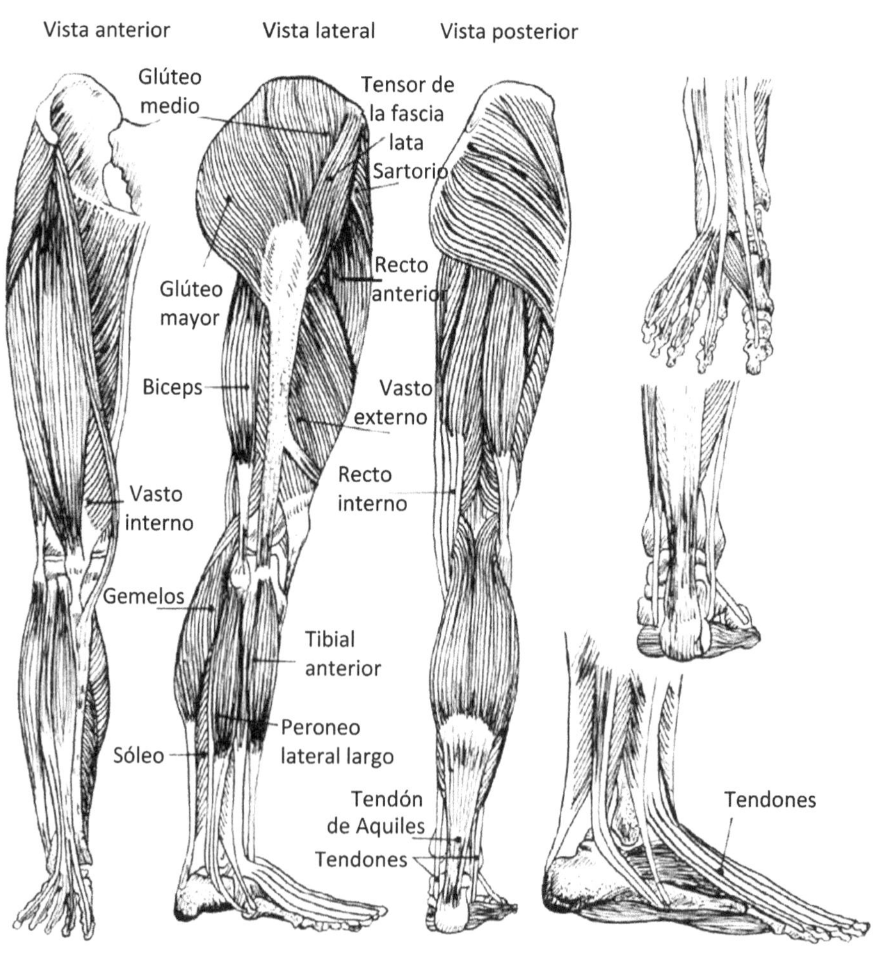

# Pelvis masculina y femenina

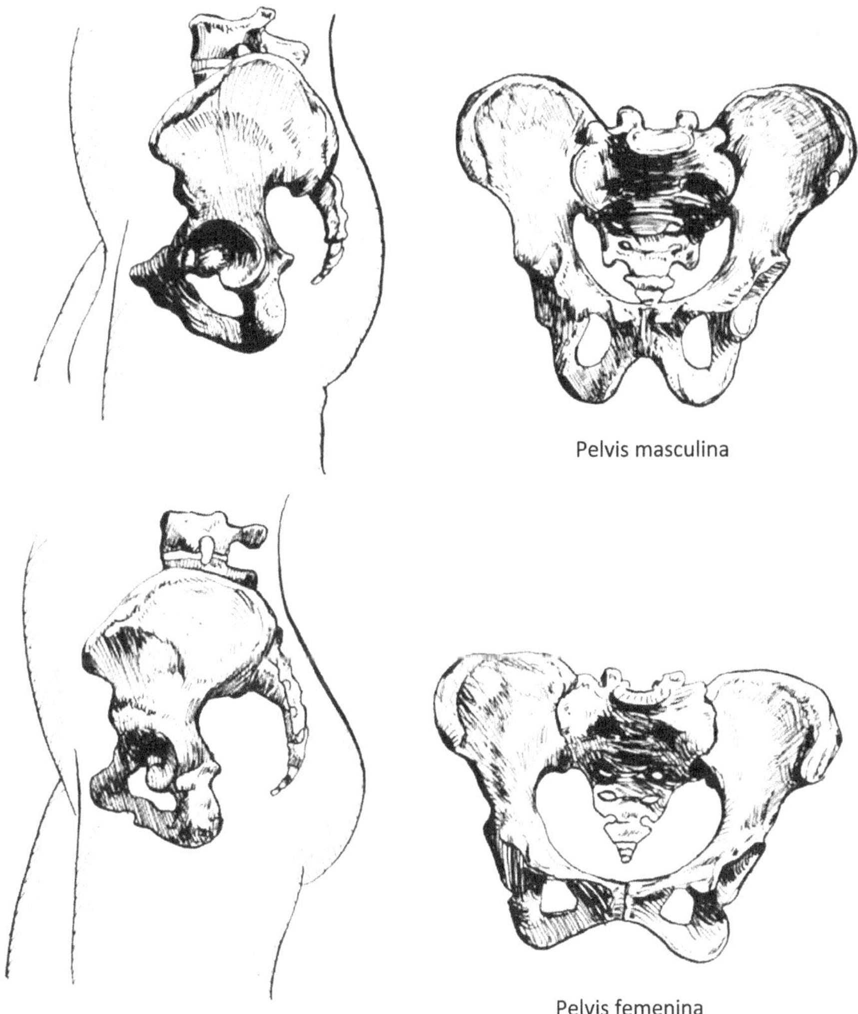

Pelvis masculina

Pelvis femenina

Como rasgo sobresaliente del dibujo anatómico de las figuras masculina y femenina, se encuentra la diferencia en el tamaño de la pelvis. La del hombre es más angosta que la de la mujer. Observe detenidamente el dibujo de cada tipo de pelvis, tanto de frente como de perfil; podrá verse claramente su diferencia. Practique y compare para encontrar que no son iguales.

## La luz y la sombra en el cuerpo

El manejo de la luz y la sombra en el dibujo, tanto en los cuerpos masculino y femenino, ayuda a realzar y a definir el volumen de las diferentes partes del cuerpo. Su aplicación debe hacerse con cuidado, y siguiendo la forma redondeada de cada una de sus partes. Una mala aplicación de sombras hace ver los dibujos de los cuerpos planos y mal terminados. Observe cada uno de los ejercicios de esta lección en donde con lápiz de mina negra blanda, se han hecho los primeros trazos y se han aplicado las diferentes sombras. En el dibujo terminado, se ha aplicado la técnica del esfuminado con el dedo, y a la vez, las diferentes luces o partes claras del cuerpo se han logrado con la ayuda del limpiatipos o plastilina. Practique hasta comprender el buen manejo de la luz y la sombra.

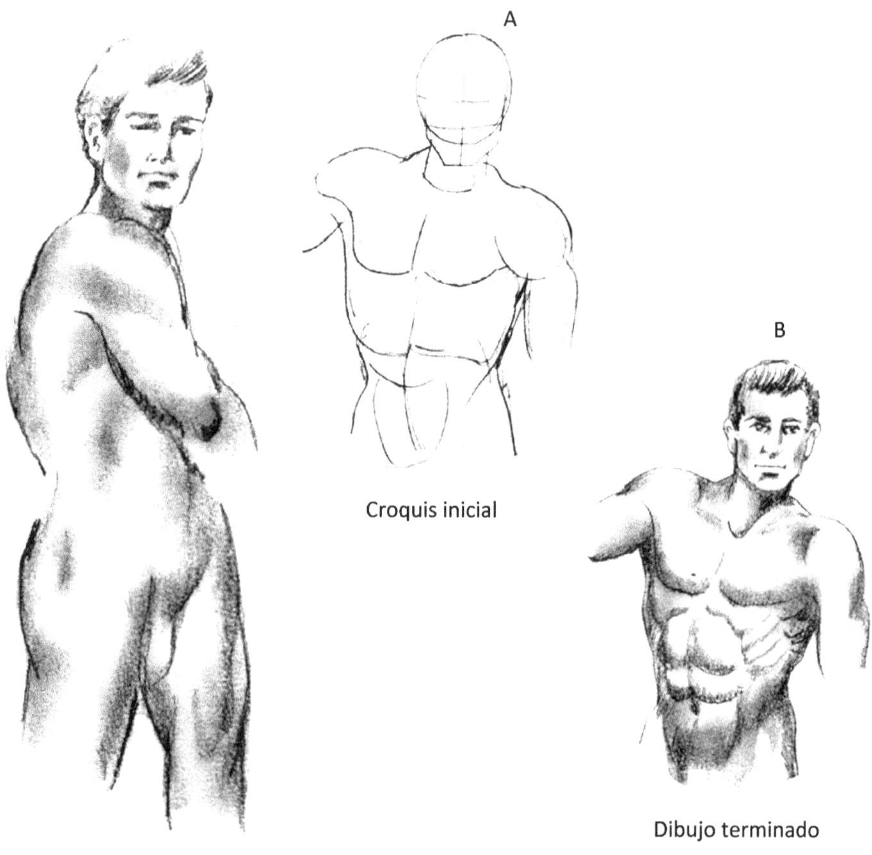

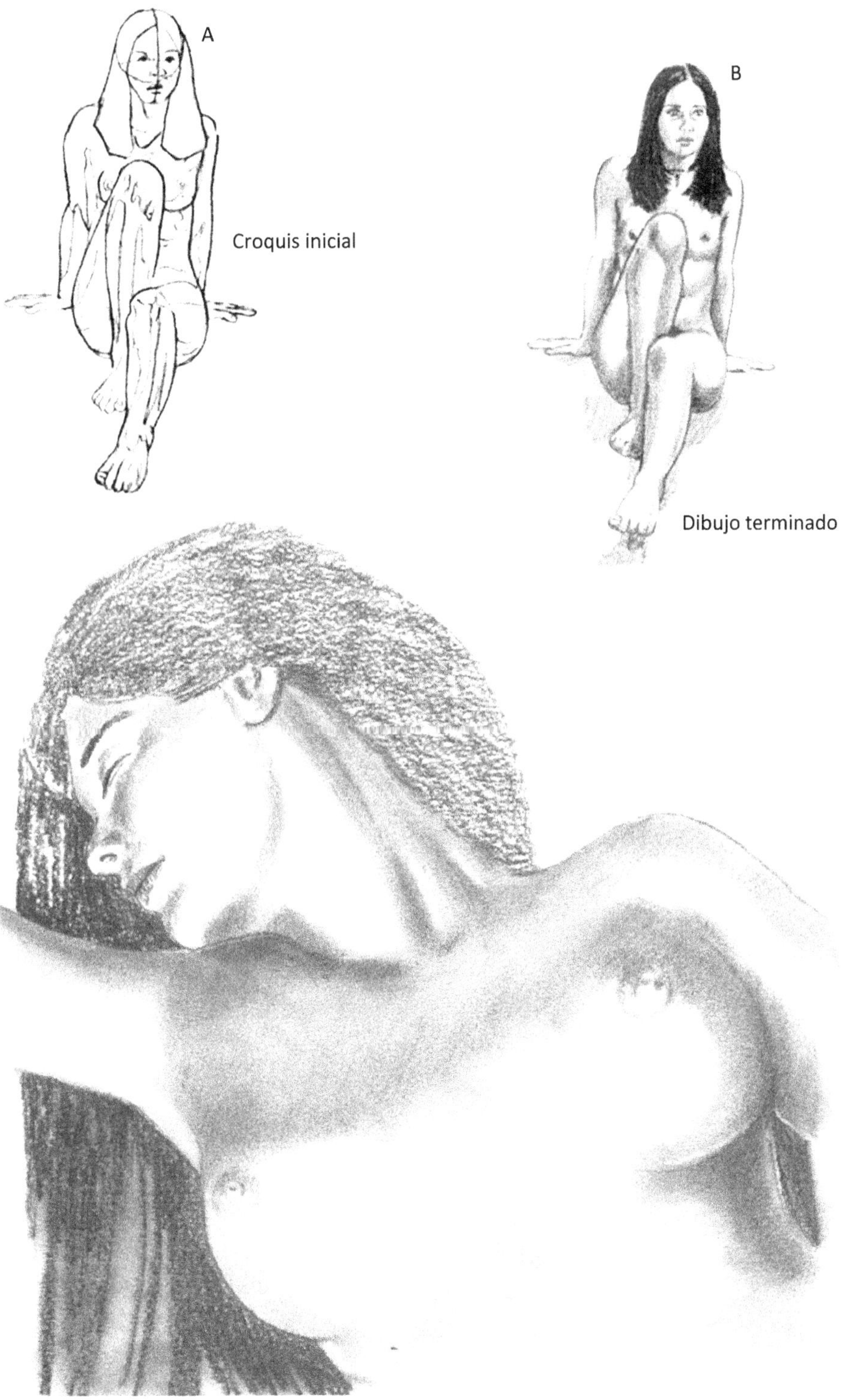

Croquis inicial

Dibujo terminado

# El rostro masculino

Ha diferencia del dibujo del rostro femenino, el dibujo del rostro masculino permite un tratamiento de líneas más fuertes y de diferentes tipos de trazos, para enfatizar un carácter más varonil. Cuando se va a dibujar un rostro tenemos que estar muy atentos en su observación, para encontrar esas características más sobresalientes, que son las que determinan la expresión y fisonomía en cada rostro. El dibujo que usted puede observar, ha sido elaborado con lápiz de mina negra; en donde se aprecian diferentes trazos que enfatizan áreas claras y oscuras, para producir el efecto del volumen en el rostro.

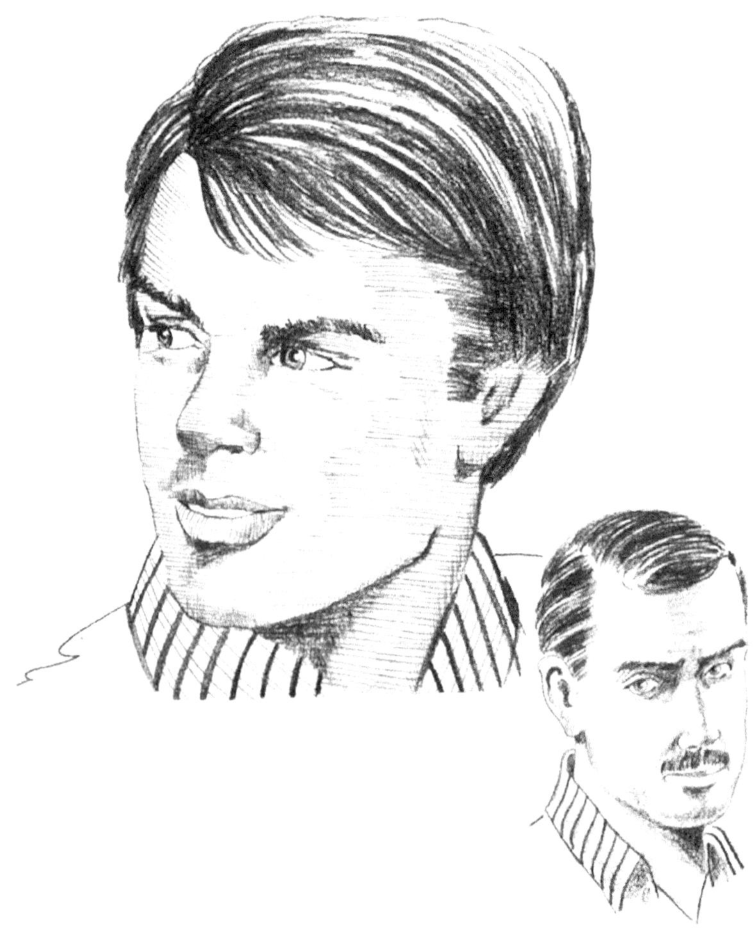

# El rostro de frente y de perfil

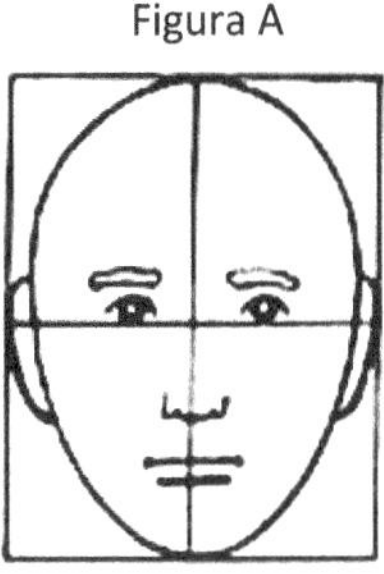

Figura A

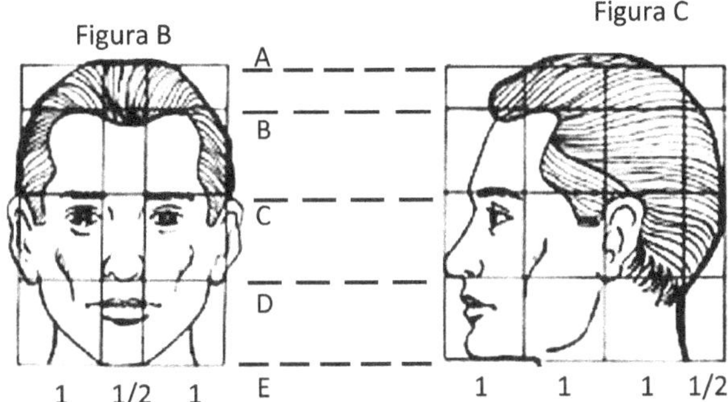



Desde el punto de vista académico, para dibujar correctamente un rostro masculino, es importante estudiar las dimensiones y proporciones generales de la cabeza humana. El canon que se observa en esta página es aplicable a todo rostro adulto. Debido a la configuración simétrica, la cabeza humana ofrece una línea vertical y una línea horizontal de encajado básico, que atraviesa el centro de la misma. *Figura A.*

Tomando como base la altura de las orejas, que van desde las cejas hasta el final de la nariz, hacemos la división del rostro mediante tres unidades y media, con ayuda del trazado de líneas horizontales, sobre la cabeza vista de frente, obteniendo de esta manera la ubicación y proporción de:

A-    Parte superior del cráneo, sin contar el espesor del cabello, que puede ser poco o abultado.
B-    Nacimiento, aproximado, del cabello.
C-    Altura de las orejas.
D-    Parte inferior de la nariz.
E-    Parte inferior del rostro o mentón.

El módulo de la altura de las orejas, aplicado al ancho de la cabeza, divide a ésta en dos unidades y media, quedando la cabeza, vista de frente, encajada dentro de un rectángulo. Por último, la boca se halla en la mitad de la distancia que hay entre la punta de la nariz y la barbilla. *Figura B.* Para la cabeza de perfil, el ancho y alto total es igual a tres veces y media la altura de las orejas, ocupando exactamente el espacio de un cuadrado. *Figura C.*

## Otras proporciones

Debemos de tener en cuenta que hay diferentes tipos de cráneos, así como variedad de contornos y proporciones, para entender que no todos los rostros son iguales. Teniendo en cuenta las divisiones anteriores que se aplicaron sobre el rostro masculino, observe con atención como cambia cada rostro cuando se somete a estas divisiones. Con la práctica constante de estos ejercicios, entenderá mejor lo que son las dimensiones y proporciones de cada rostro en particular.

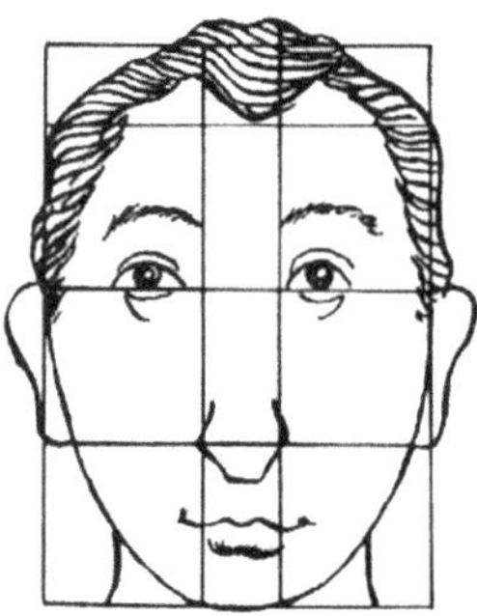
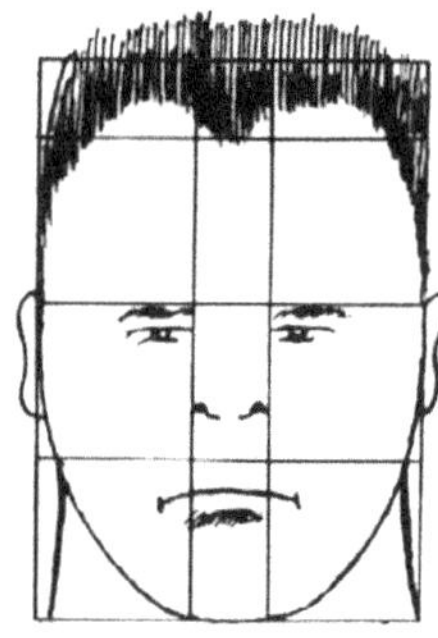
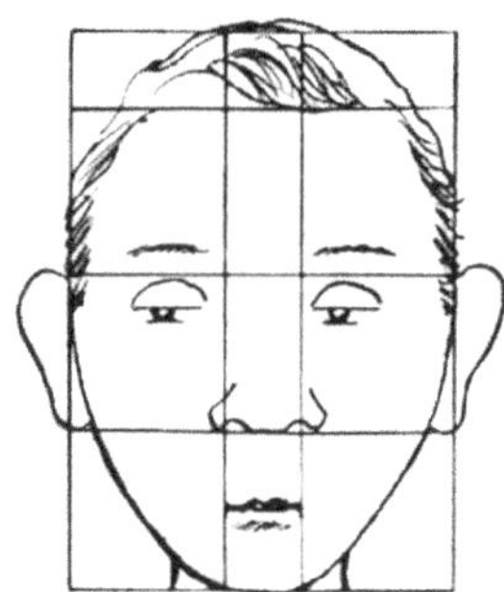

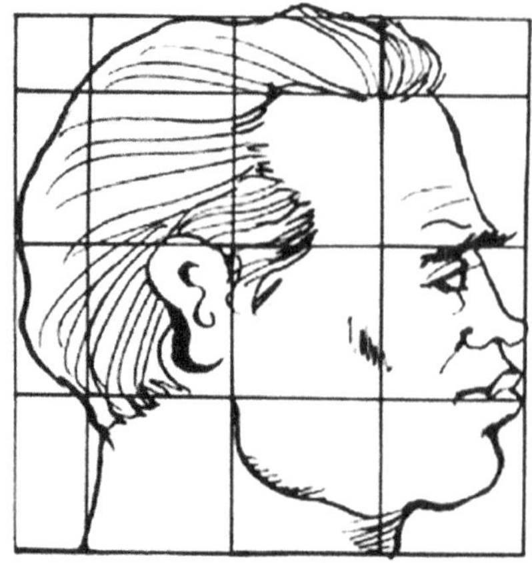
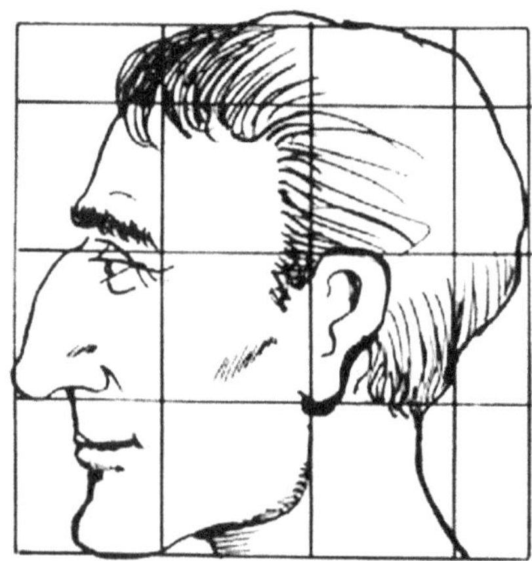

# Rotaciones de la cabeza

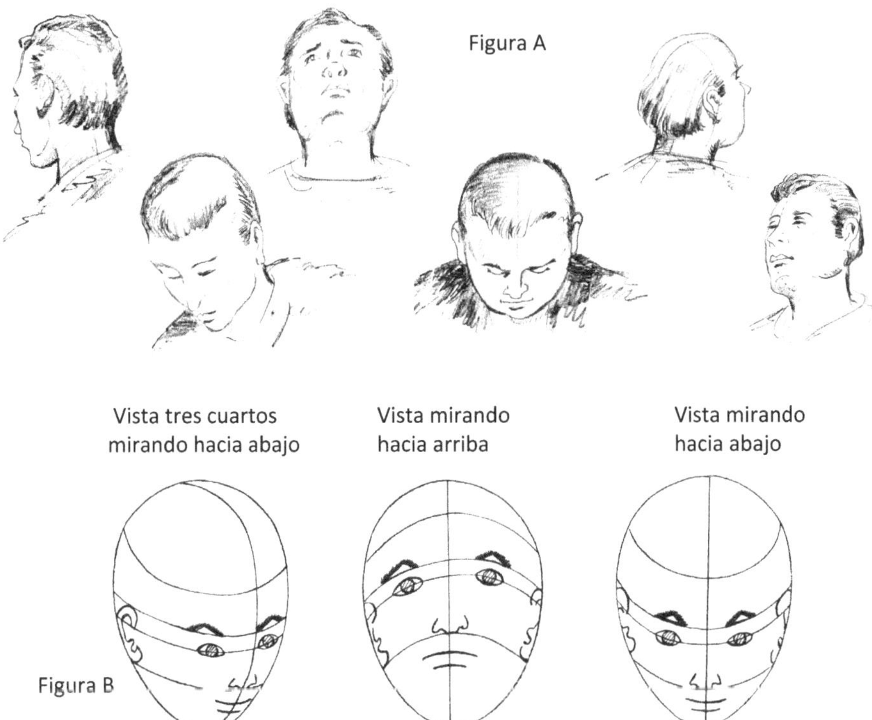


La cabeza no necesariamente se dibuja de frente o de perfil, ésta tiene diferentes movimientos, rotaciones y se puede ver desde otros ángulos. A medida que gira, los ejes de división entran en movimiento con curvaturas distintas, lo que quiere decir, que los ojos, las cejas, la nariz, la boca, la barbilla y las orejas deben seguir la dirección de las líneas curvas según su rotación. Si una persona baja la cabeza se reduce la parte inferior del rostro, si la levanta queda más visible la parte superior del rostro. Estas representaciones si no se logra dibujarlas bien, es imposible expresar en forma correcta los giros de la cabeza. *Figura A.*

Para entender mejor este ejercicio, dibuje sobre un huevo un rostro junto con las líneas divisorias que indican la ubicación de ojos, nariz, boca, orejas y gírelo a su gusto para que pueda observar como esas líneas que dividen el rostro se curvan según el ángulo desde donde se le mire. *Figura B.*

## Estudio de cejas y ojos

El dibujo tanto de las cejas como de los ojos, permite enfatizar ciertas expresiones del rostro que hacen que sea alegre o triste, lográndolo por medio de la dirección según su conformación e intensidad tonal de las líneas. Al dibujar las cejas y pestañas, éstas no se dibujan pelo por pelo, se verían falsas y poco expresivas. Su dibujo debe ser suelto y pensando que hay áreas claras, quiere decir con pocas líneas, y oscuras con varias líneas casi superpuestas hasta producir mancha de intensidad negra.

Los ojos debido a su condición esférica y húmeda, presentan brillos producidos por la luz que reciben y que hay que tener en cuenta en el momento de dibujarlos, para que queden con vida y no inertes. Practique estos ejercicios con lápiz de mina negra blanda o con plumilla y tinta china negra.

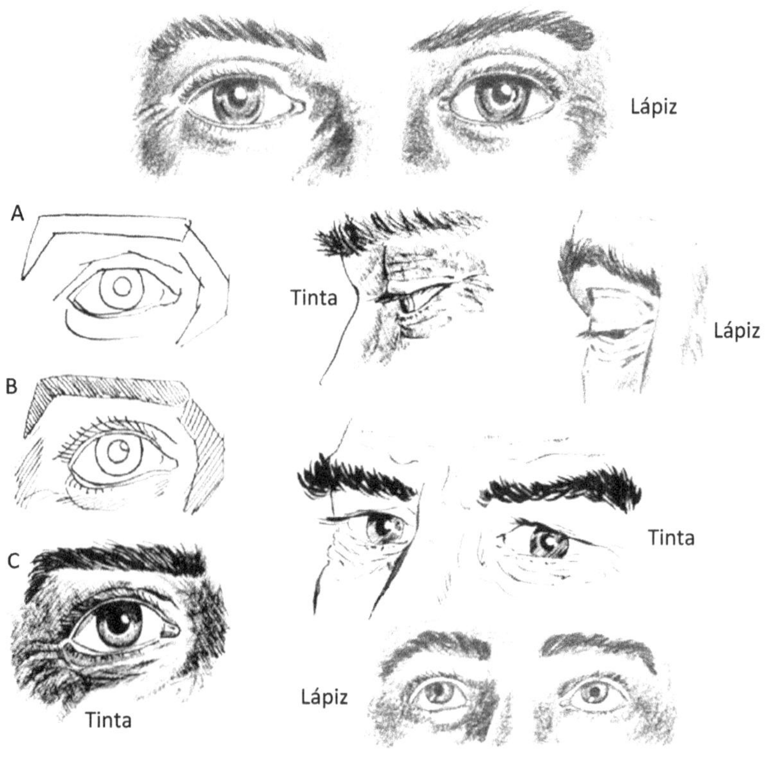

## Estudio de nariz y orejas

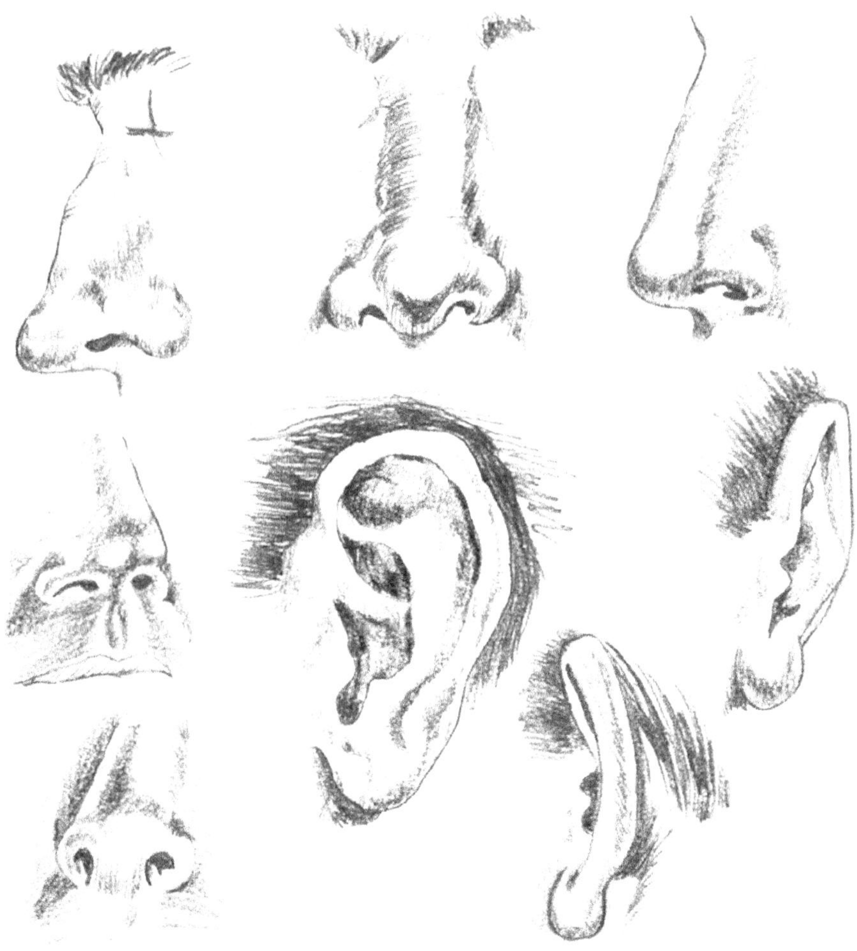

La nariz y las orejas son de menor relevancia, en lo que respecta a la expresión de un rostro, pero por el sólo hecho de sobresalir ayudan a complementar la expresividad. Antes de dibujar hay que observar muy bien, dado que hay narices cortas, largas, angulosas o anchas. Lo mismo mire con detenimiento la forma que tienen las orejas, el tratamiento de las líneas y su sombreado. Con las técnicas de dibujo estudiadas anteriormente, aplíquelas haciendo varias prácticas.

## Estudio de la boca

El estado de ánimo y los sentimientos reflejados en el rostro, se enfatizan más por el dibujo que se logre dar a los labios, bien sea para definir la risa o el llanto. De ahí la importancia de aprender a dibujar correctamente cada expresión, para reflejar fielmente esos estados. Hay labios gruesos, finos, delgados y carnosos, que requieren un tratamiento de línea y sombras diferentes, para lograr esa característica especial en cada uno de ellos.

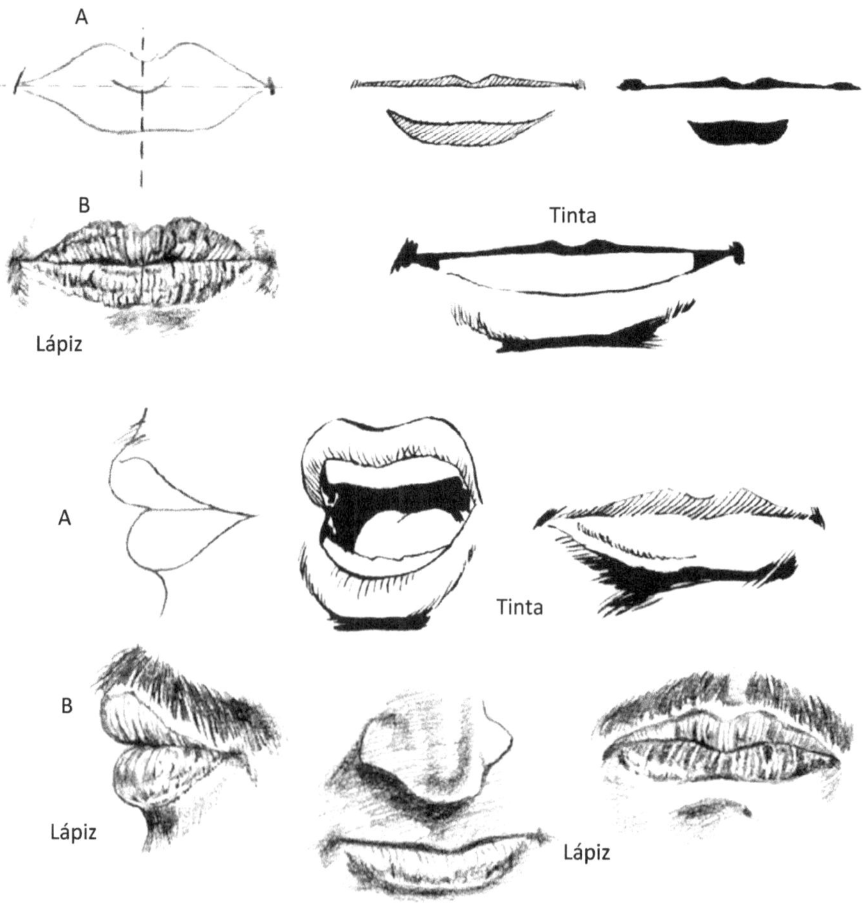

# Tratamiento del cabello

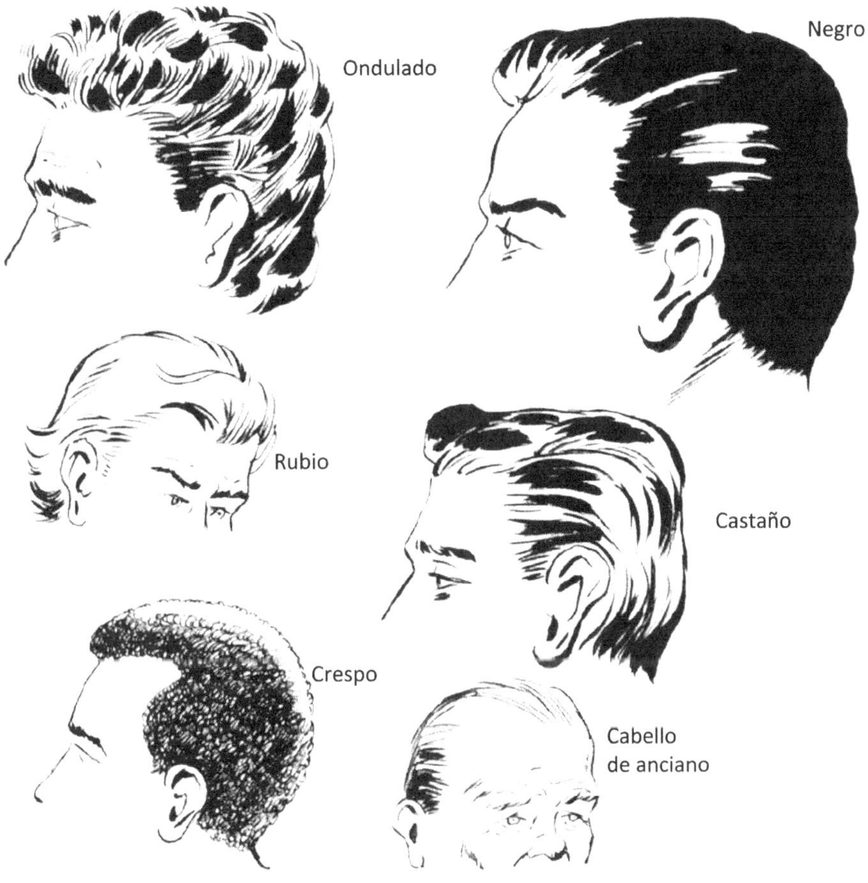


Existen diferentes formas y tonos de cabello. El cabello ondulado y revuelto, precisa de una dirección especial en su trazo que da lugar a definir brillos oportunos. El cabello negro se valora por medio de la mancha, destacando sólo unos pocos brillos que le harán dar ese efecto de realismo. El cabello rubio sólo requiere en su tratamiento de unas cuantas líneas sueltas, para indicar su dirección y una que otra sombra para darle valor. El cabello crespo se dibuja en forma de espirales pequeñas, dejándole áreas claras y oscuras para lograr la sensación de volumen. El cabello castaño sólo se ennegrece en las zonas donde hay mayor cantidad de pelo. El tratamiento del cabello para representar un anciano, se da con muy pocas líneas y sombras.

## Rostros de joven, adulto y anciano

Este ejercicio en el dibujo de rostros masculinos, es muy importante, porque nos permite entender las características básicas de la edad. Cada rostro requiere de un tratamiento diferente en la cantidad, intensidad y trazado de las líneas para lograr el efecto de la diferencia en cada uno de ellos. Estos ejercicios se pueden practicar con lápiz, plumilla o pincel. Recuerde que el boceto o croquis inicial de cada uno de estos dibujos, se hace con lápiz de mina negra blanda.

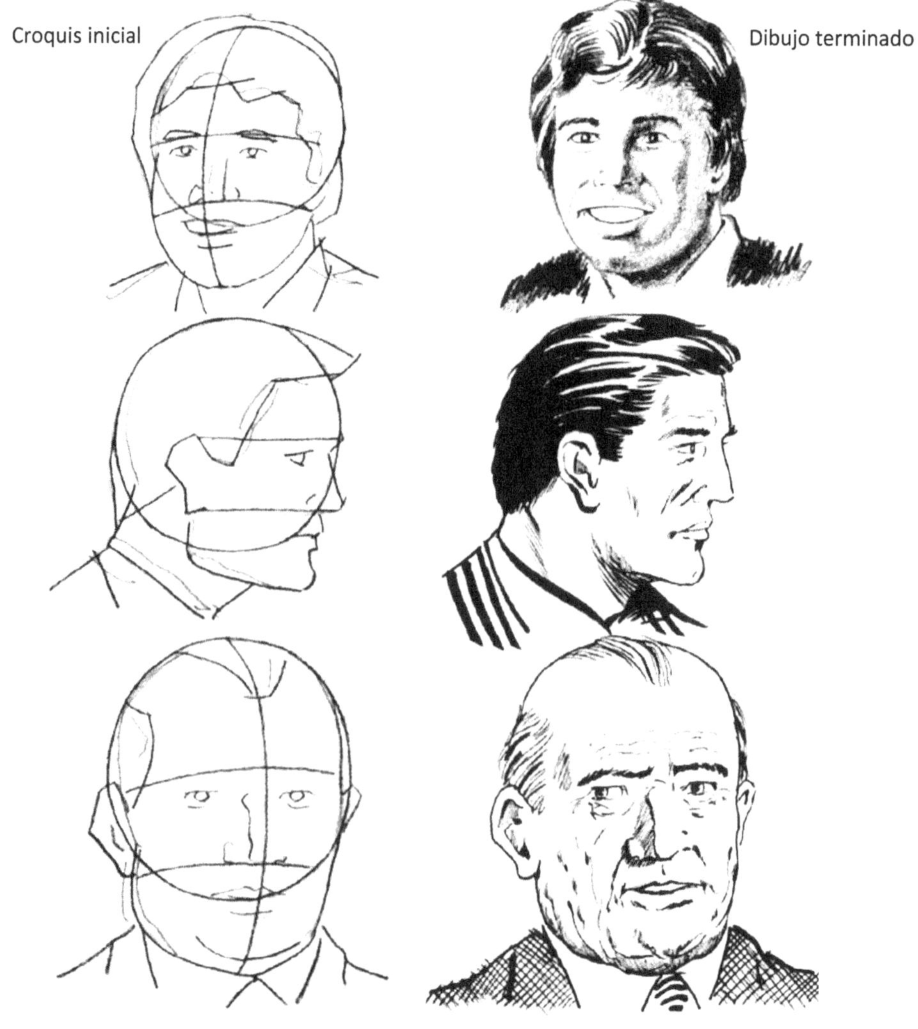

# Rostro dibujado con tres técnicas

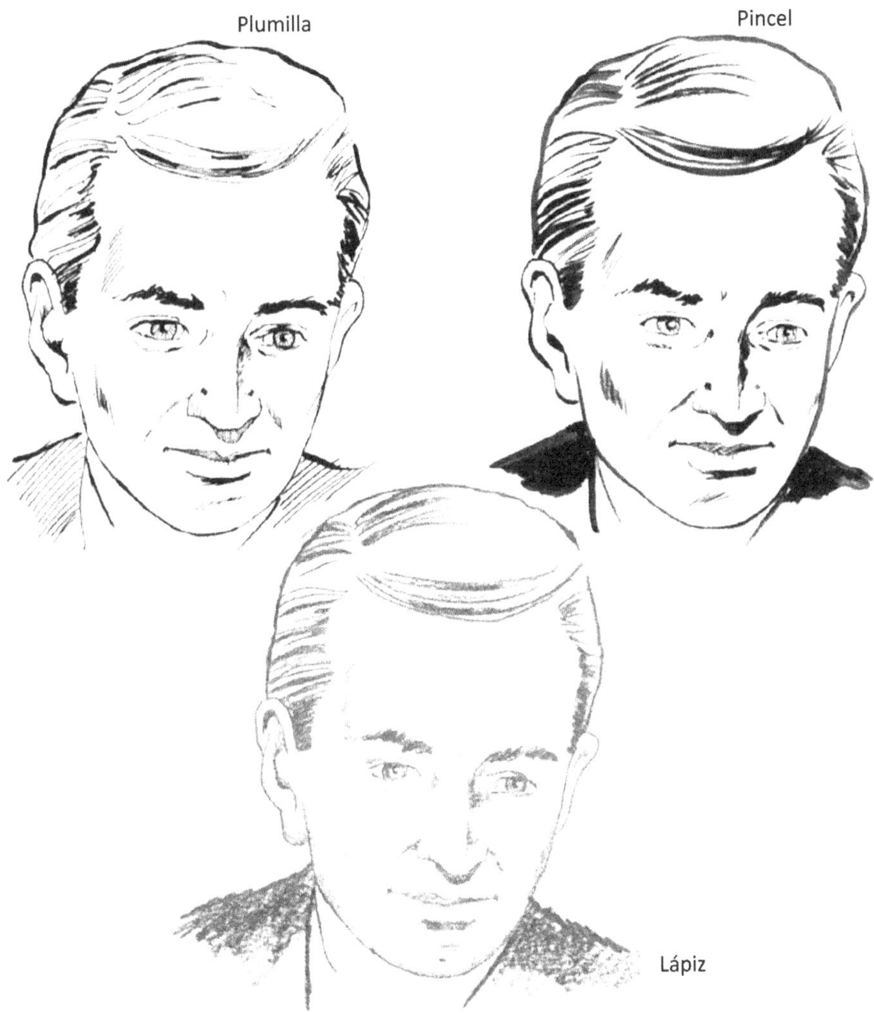



Esta experiencia de dibujar un mismo rostro con tres técnicas diferentes, permite comprender que el manejo de la luz y la sombra permanecen igual. Hay algo importante en este trabajo, y es saber que el modelo sigue conservando su parecido. Cada una de estas técnicas requiere en su aplicación de cuidado y seguridad en los trazos. El rostro se ha dibujado con las técnicas de la plumilla, el pincel y el lápiz.

## La sombra en los rostros

La aplicación correcta de las sombras en los rostros masculinos, ayudan a enfatizar ciertos rasgos, que hacen darle mayor fuerza visual a la expresión. Dependiendo del ángulo con que le caigan los rayos de luz al rostro, la sombra puede ser tenue o fuerte. En esta página usted puede observar diferentes sombras, así como su aplicación con diferentes técnicas

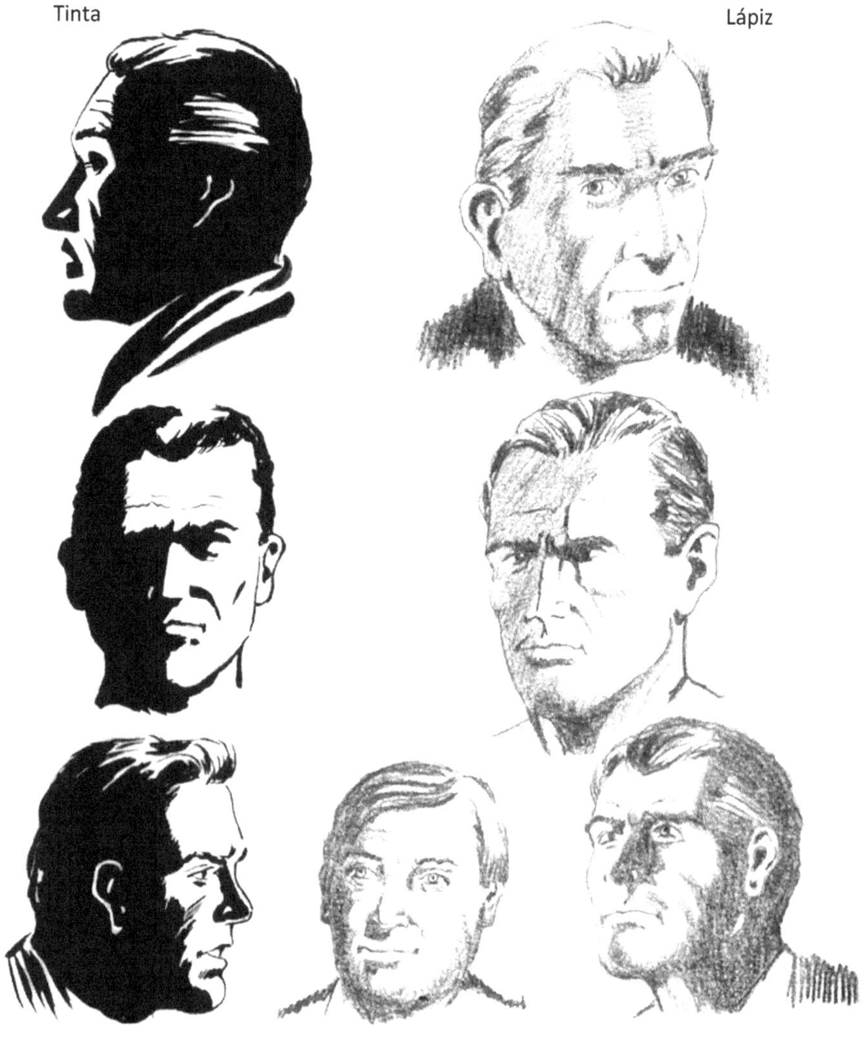

## Expresiones

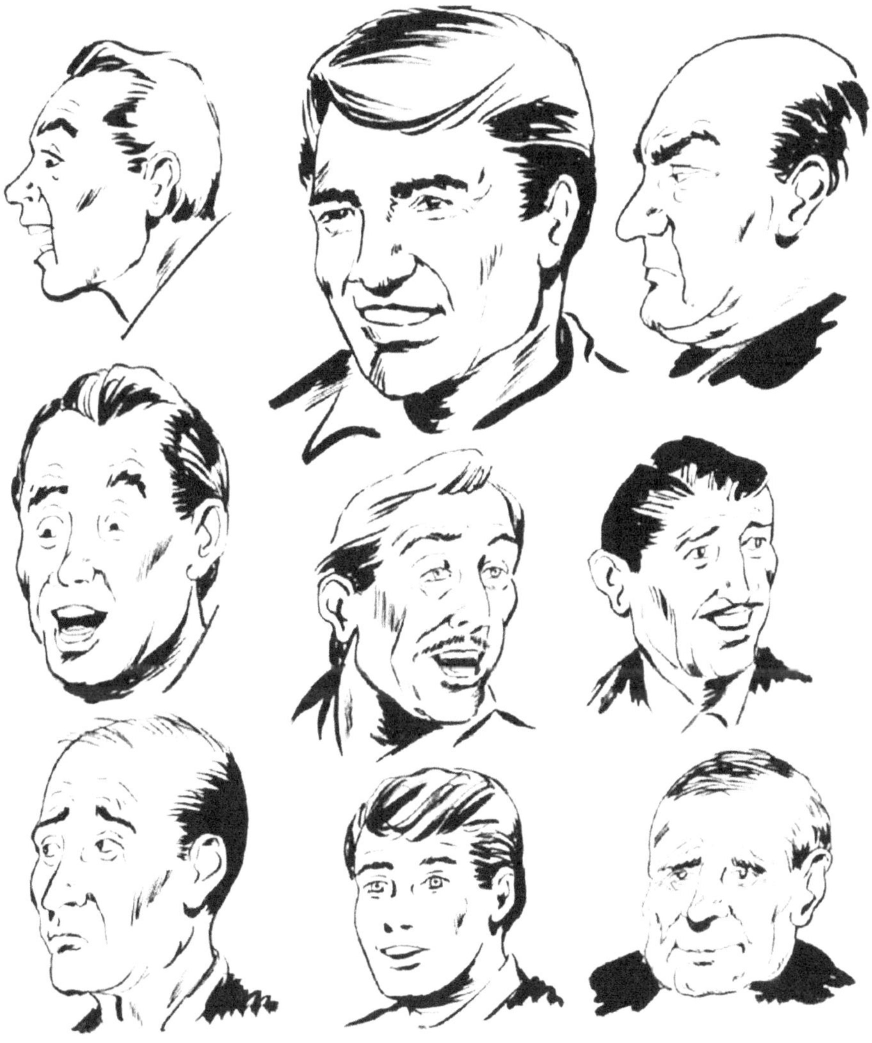

Si hay algo importante en los rostros, es su expresión. Permite comprender el estado de ánimo de las personas. Los diferentes tipos de expresiones que se dan, ayudan a que el dibujo de rostros masculinos no queden con esa sensación de "caras de palo" o inexpresivos. Nuestro propio rostro puede servir de modelo para caracterizar las diferentes expresiones, simplemente con observarnos ante un espejo, intentemos dibujar nuestras propias expresiones.

## Manos

Hay manos de pintor, de músico, de carpintero, de cirujano, de escritor; todas ellas han dejado huella de lo hecho por el hombre. Sus manos, mis manos, cuán valiosas son y qué mejor modelo que nuestras propias manos para dibujarlas. Aprenda a conocer su estructura, la forma y tamaño de cada uno de los dedos, así como sus diferentes expresiones. Las manos no son fáciles de dibujar, por lo tanto se requiere de una fundamental atención a su estudio. Sólo con un continuado ejercicio de dibujos al natural le permitirá comprender la anatomía expresiva de las manos. Con la ayuda del lápiz empiece a practicar el dibujo de las manos, desde el esquema inicial hasta el acabado final.

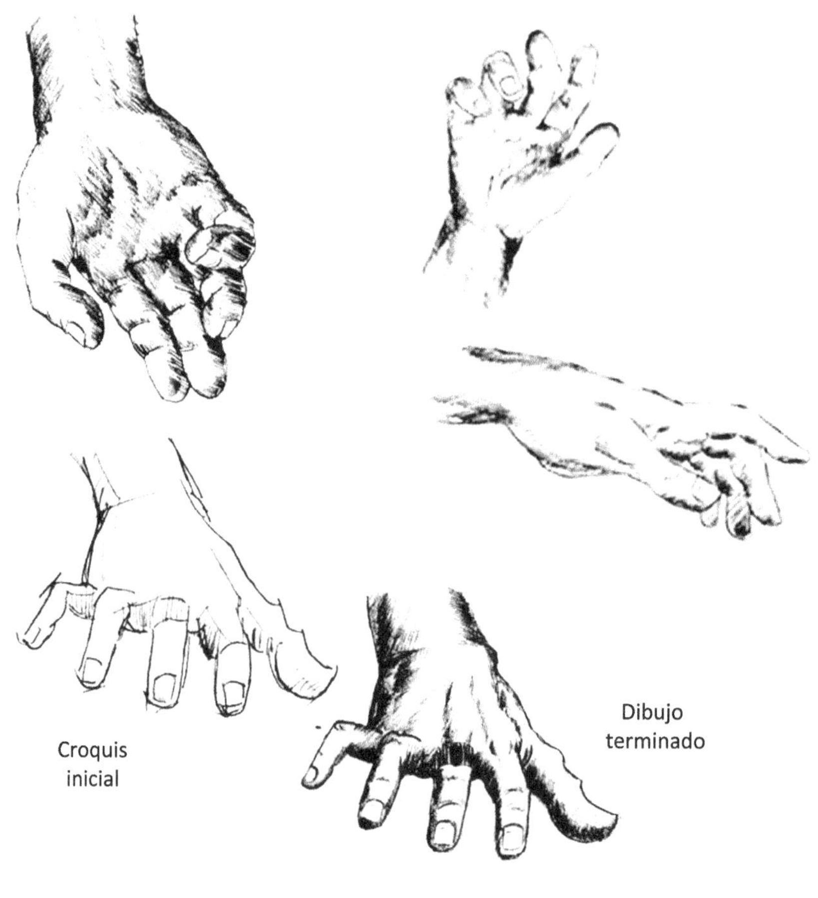

## Utilización de la caja o bloque

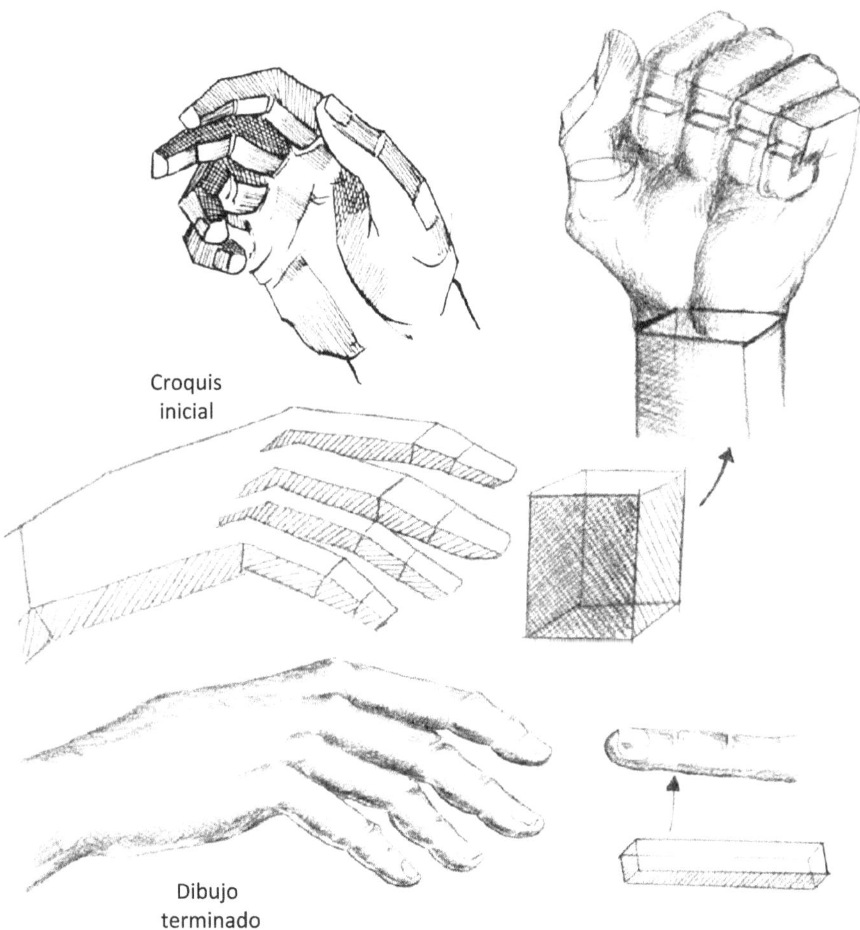



Como se sabe que el dibujo de las manos presenta cierta dificultad en sus inicios, y para que no resulten planas, recurrimos al dibujo de la "caja" o "bloque" en el croquis inicial, para entender claramente la idea del volumen y sus diferentes manifestaciones de luz y sombra que al final es lo que genera el carácter de la mano.

## Dibujo de manos en varias técnicas

El ejercicio de dibujar manos en varias técnicas, permite desarrollar mejor la observación y comprender que aún siendo diferentes en su aplicación, se logra mantener la idea del volumen con el apoyo del dibujo de las sombras en sus diferentes tonos. La mano que se ha resuelto con un punteado, aplicado con plumilla y tinta china negra, obtiene las zonas más oscuras con un punteado denso, y las zonas más claras con un punteado más separado. *Figura A.*

También con plumilla se logra dibujar la mano con trama, o líneas cruzadas, produciendo por medio de tonos, las sensaciones de luz y sombra. *Figura B.*

Tomando el lápiz carboncillo y con trazos muy sueltos, casi descuidados, se logra una sensación muy interesante de tonos y líneas, en el dibujo de la mano. *Figura C.*

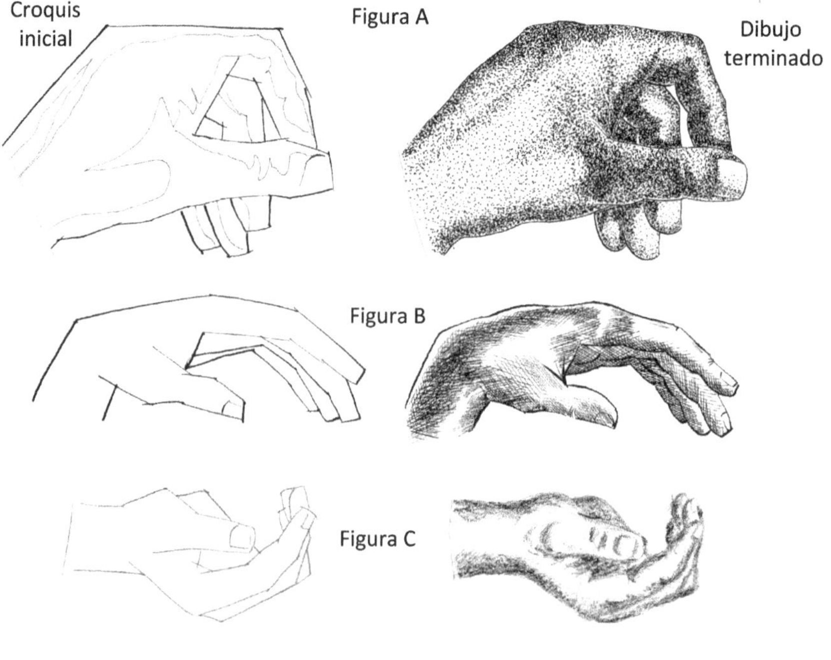

## Manos que toman objetos

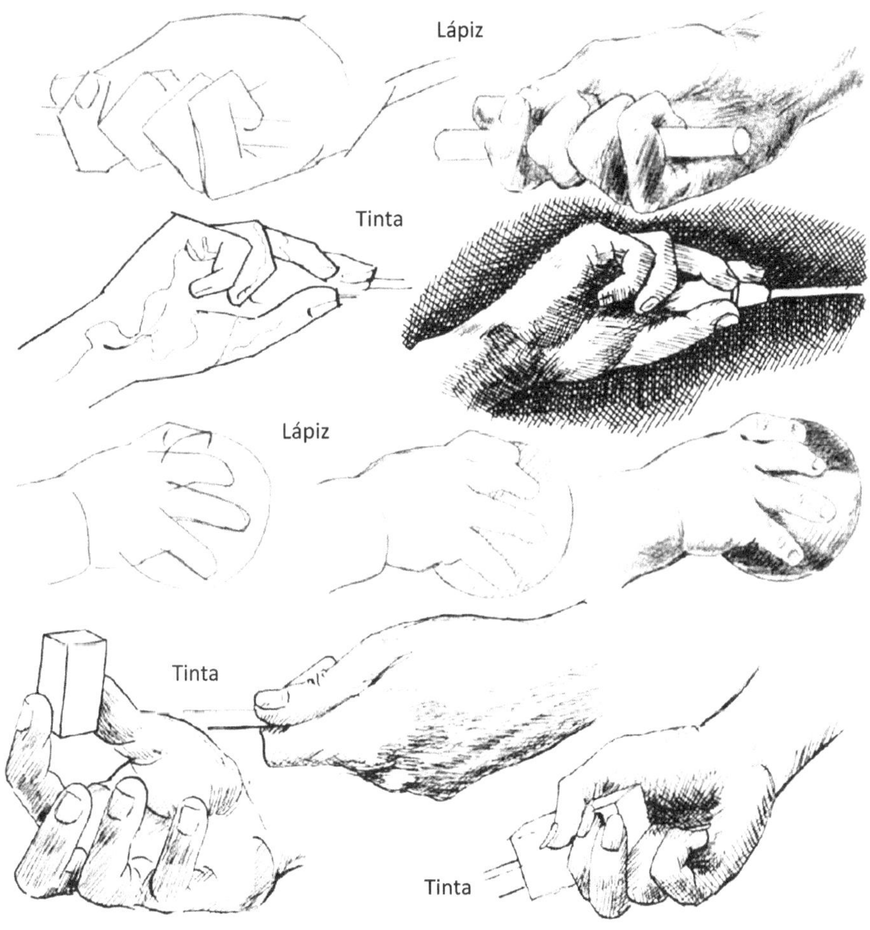


Aquí las manos desarrollan una actividad, en donde la forma que adquieren, depende del tamaño del objeto que tomen. En el momento de dibujarlas se debe plasmar, con el trazado de las líneas, la sensación de fuerza o de suavidad, con que manipulan los objetos. No inicie el dibujo de las manos por los detalles o acabados perfectos, siempre se hace el esquema o croquis inicial de todo su conjunto para no cometer errores de proporción y ubicación de sombras, luego sí se desarrolla su acabado final.

## Pies

Extremidades de los miembros inferiores del hombre, que sirven para sostener el cuerpo y andar. Gracias a los pies, el hombre hace camino, baila, trepa y juega. El dibujo de pies requiere de observación y práctica constante para no incurrir en errores de estructura y proporción. Observemos nuestros propios pies e intentemos dibujarlos una y otra vez hasta comprender el encajonamiento de sus partes, como son los dedos y los tobillos, principalmente. Con la ayuda de un espejo colocado sobre el piso, o al frente, se facilitará el poderlos ver en su totalidad para iniciar el dibujo, tanto del pie izquierdo como del pie derecho. El trazo o croquis inicial procure hacerlo, siempre, muy suelto y seguro.

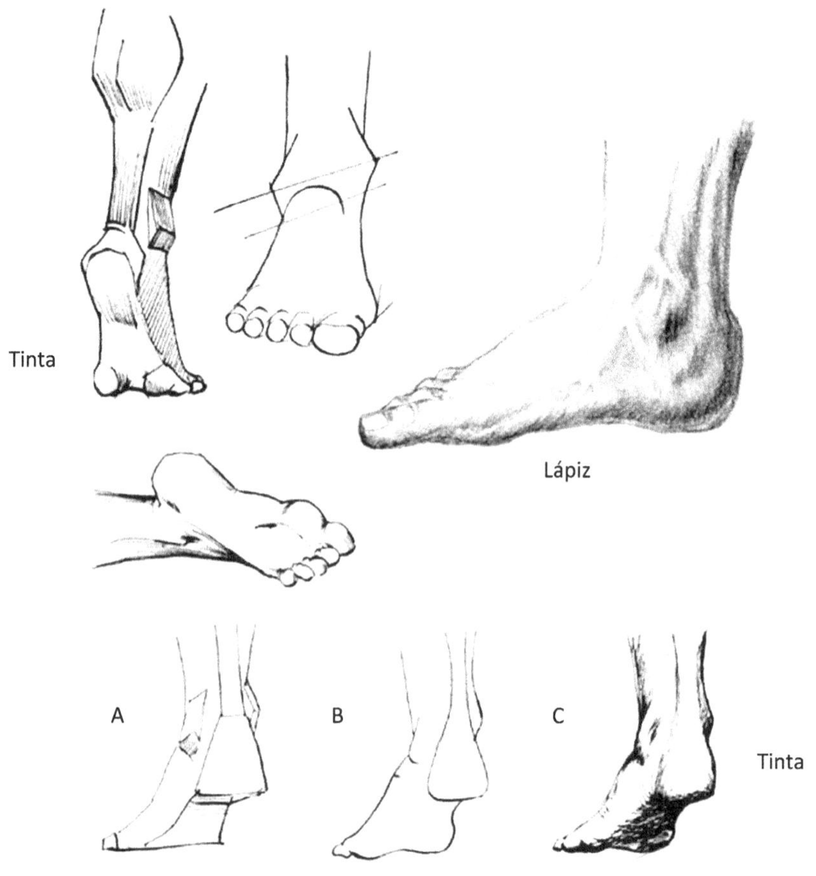

## Dibujo de detalle

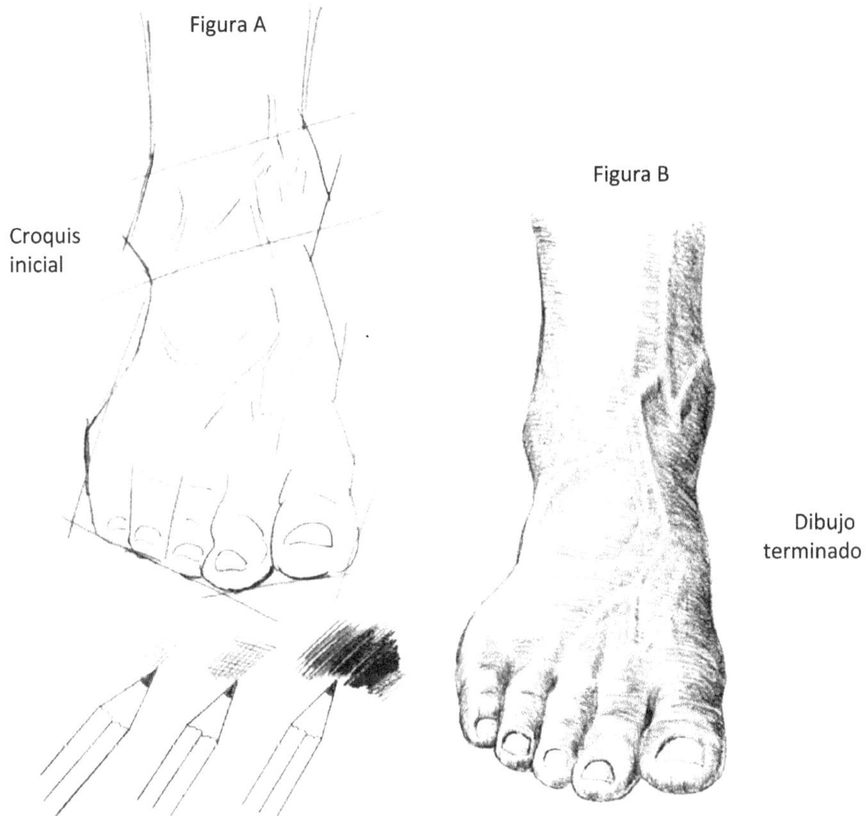


Este trabajo en el dibujo de un pie es sumamente interesante, porque nos lleva a una observación máxima del detalle, para lograr interpretar visualmente sensaciones tales como venas, uñas y piel en general. Observe el trazo suelto con que se ha iniciado el croquis, los ejes de ubicación de los tobillos, así como los ángulos de dirección de los dedos. Este primer croquis se puede hacer, si lo desea, con lápiz de mina negra HB o 1B. *Figura A.*

En el dibujo terminado del pie, los detalles de las líneas muy finas se han dado con el lápiz HB. Las líneas gruesas, así como sus sombras, se han dado con el lápiz 2B. Si lo prefiere, también, puede utilizar cualquier otro número de lápiz dentro de las líneas de los blandos, para dar trazos y sombras más fuertes. *Figura B.*

## Poses diferentes

Para comprender mejor la forma de los pies, es importante dibujarlos desde diferentes ángulos de visión, en donde se encontrará la variedad de poses para plasmarlas sobre el papel. Como ejercicio de ayuda y para entender parte de la anatomía del pie, se recomienda dibujar por separado, cada uno de sus dedos, con el máximo de detalles que se puedan observar para ver sus diferencias, tanto de forma como de tamaño. *Figura A.*

Al iniciar el dibujo de los pies se debe tener en cuenta que los tobillos internos son más altos que los tobillos externos. *Figura B.*

Practique inicialmente con el lápiz hasta lograr un buen dibujo, luego si lo desea, puede aplicarle tinta china negra con la plumilla o con el pincel, siguiendo el trazo y sus respectivas sombras que se han dado con el lápiz.

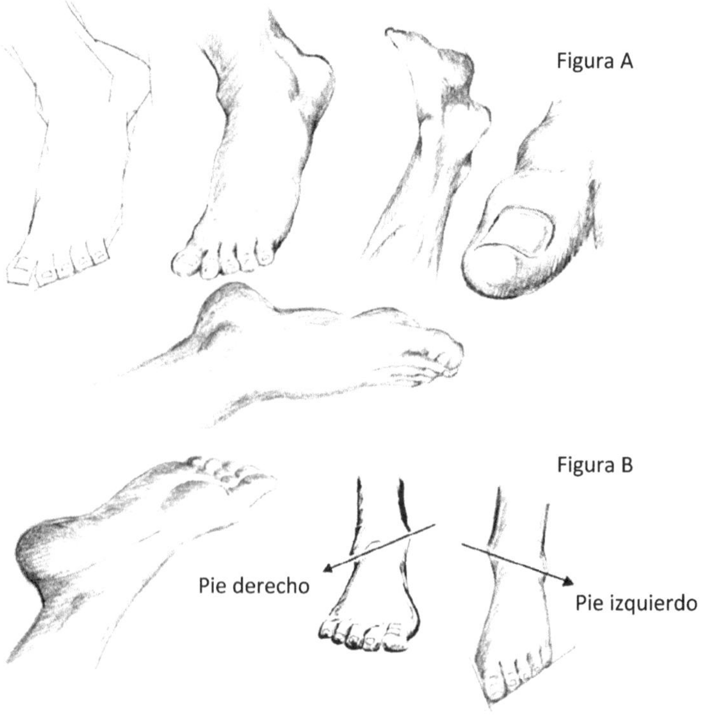

# Dibujo de un pie en técnicas diferentes

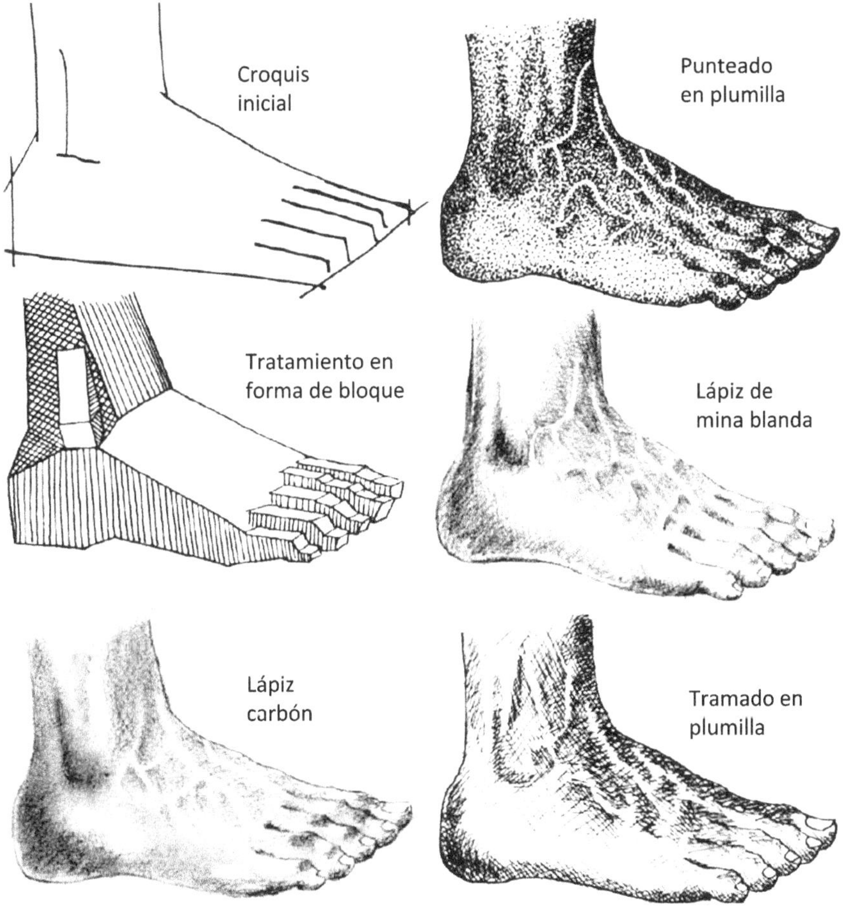


Con la práctica de estos ejercicios, se aprende a interpretar por medio de la variedad de las técnicas de dibujo cómo es un pie, además, para darle y mantener esa sensación de forma y contenido. El croquis inicial o los primeros trazos de cada uno de los dibujos de estos pies, debe hacerse con el lápiz de mina negra blanda, luego sí aplique la técnica requerida. Antes de dibujar cada una de estas técnicas, obsérvelas con detenimiento para no incurrir en errores de aplicación. Practique cada uno de estos ejercicios las veces que crea necesarias.

# El rostro femenino

Para el dibujo de rostros femeninos, se requiere de un gran poder de observación y de habilidad en el momento de ejecutar el trazo para lograr lo deseado. La forma del rostro femenino puede adquirir una u otra apariencia según como se efectúe la valoración; los ojos, la nariz, la boca, tienen una construcción parecida en todos los rostros, pero cambian conforme al tratamiento que se da a los detalles. La suavidad del trazo ayuda a enfatizar los rostros femeninos. El rostro que se observa en esta página, se ha dibujado con lápiz de mina negra 2B.

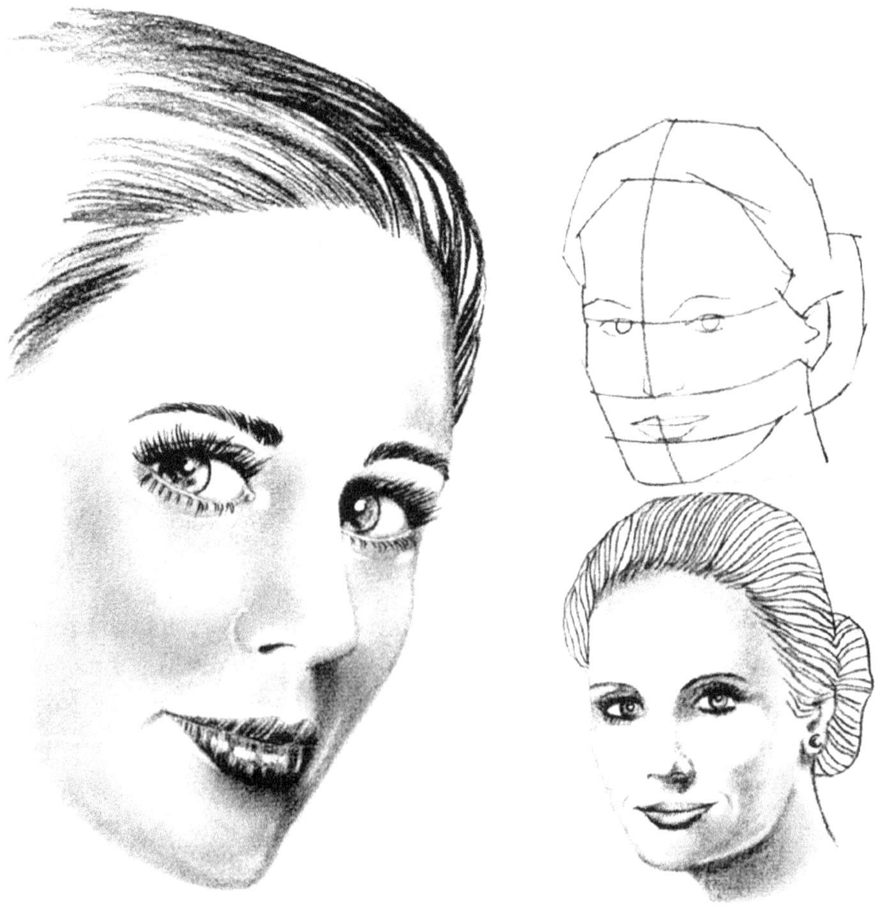

# El rostro de frente y de perfil

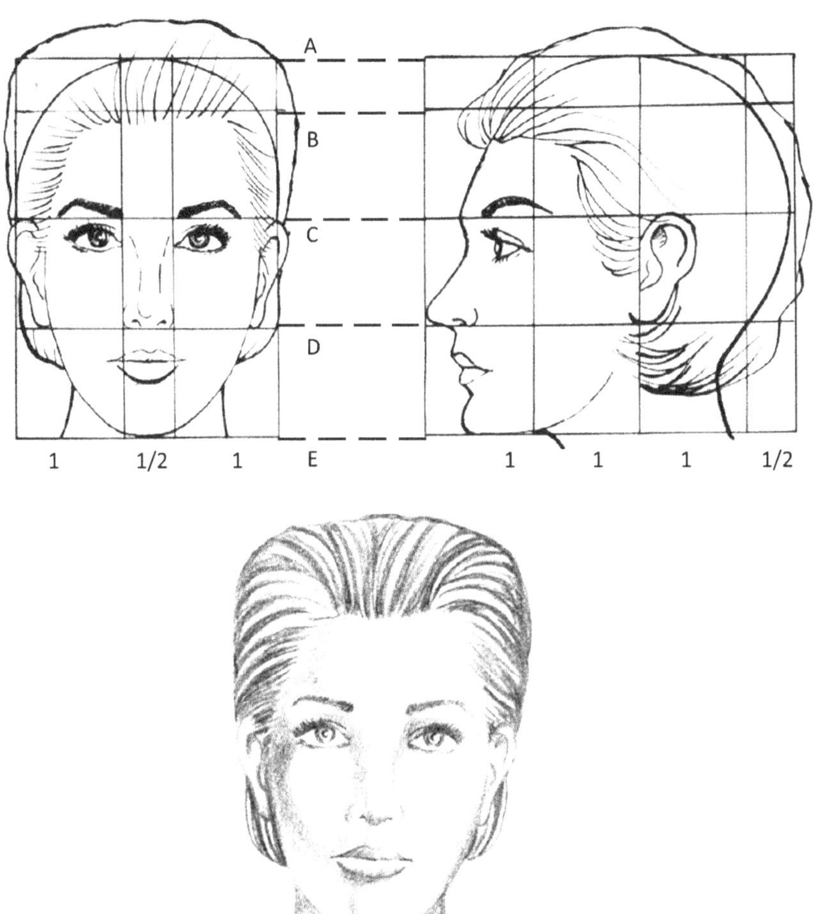

Para el dibujo del rostro femenino, las proporciones y divisiones a utilizar son iguales a las del rostro masculino, con algunas pequeñas variantes a tener en cuenta dentro del dibujo del rostro femenino; como son la quijada más angosta, el trazado o dibujo de las cejas y el delineado de sus ojos y boca. El dibujo terminado del rostro femenino que aparece en esta página, se ha resuelto con lápiz de mina negra blanda. Algo que ayuda a enfatizar el rostro femenino, es la forma de su cabello, detalle importante para tener en cuenta en el momento de empezar el dibujo.

## Estudio de cejas y ojos

Para una mayor comprensión del dibujo de los rostros femeninos, es importante hacer estudios por separado de las partes que lo componen. Las cejas pueden ser pobladas, o no; uniformes, arqueadas o casi rectas; estudie y practique las diferentes formas que adoptan, según la expresión del rostro.

El dibujo de los ojos es importante por ser la parte más sobresaliente de expresividad en todo rostro, de ahí su cuidado y paciencia para dibujarlos. Observe con detenimiento el tratamiento que se ha dado a las sombras y brillos por medio de las diferentes intensidades tonales.

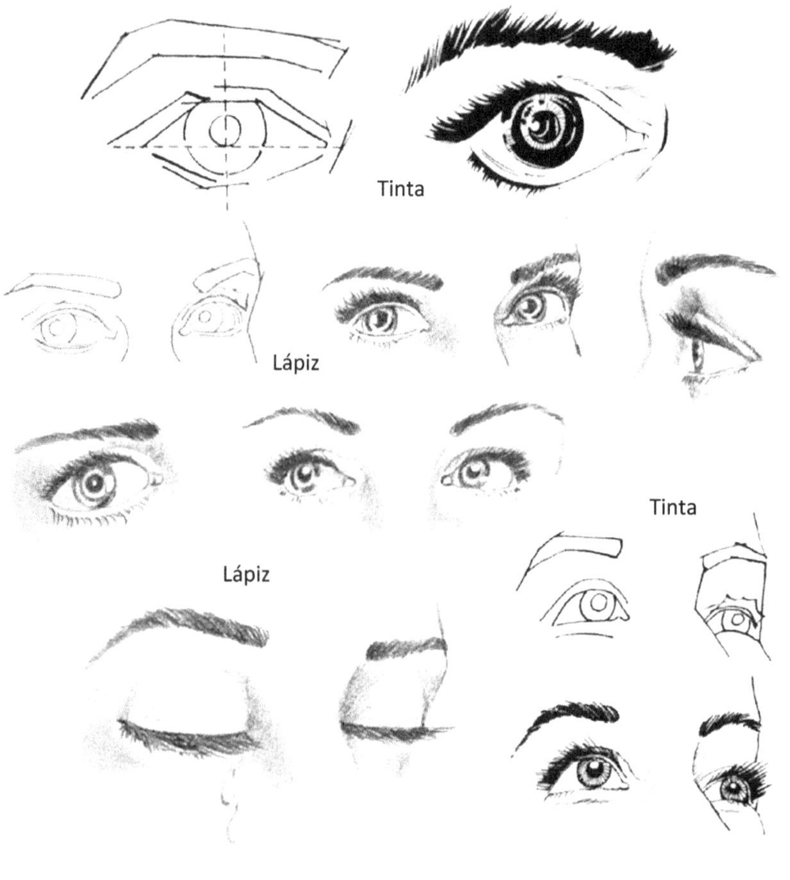

## Estudio de nariz y orejas

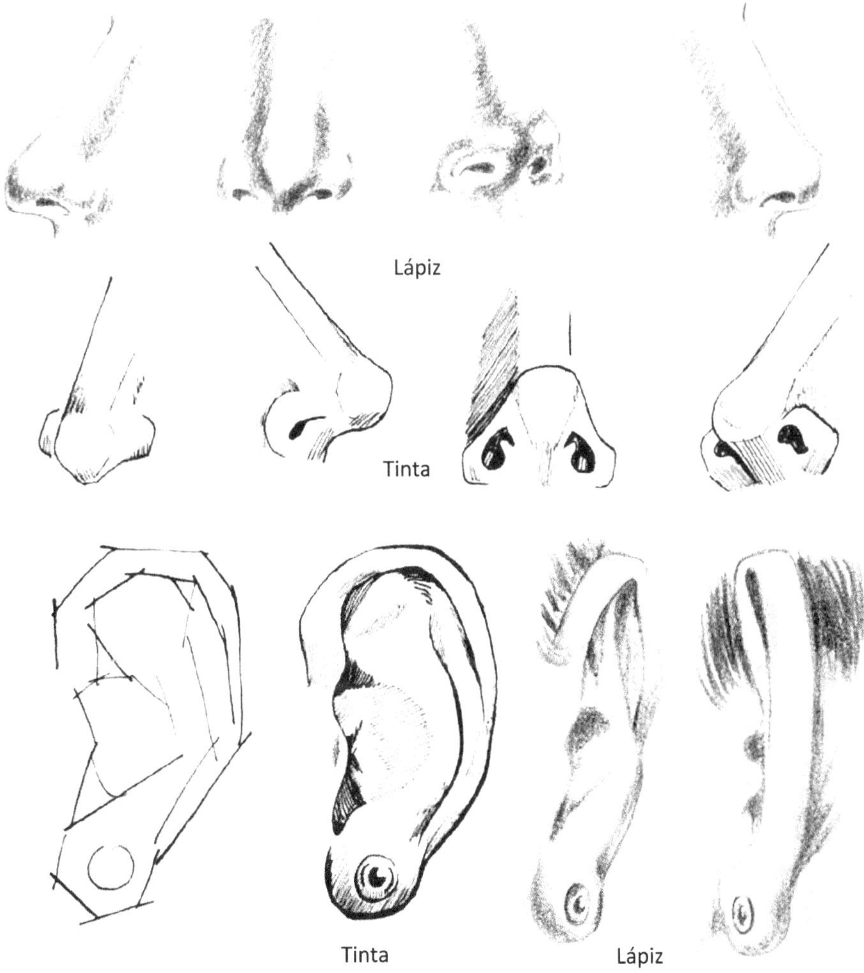



El tratamiento de la nariz en el rostro femenino debe dibujarse con mucha finura en su línea para lograr la sensación de delicadeza. El dibujo de la nariz no se debe recargar demasiado de líneas ya que afean el rostro y lo hacen ver tosco, casi masculino. El dibujo de las orejas requiere de una mayor observación y práctica, debido a la configuración que presentan por las diferentes cavidades que poseen. Con detenimiento mire cada ejercicio y tenga presente cómo se resolvió cada tratamiento, tanto con el lápiz como con la pluma.

## Estudio de la boca

En el dibujo de las bocas femeninas, es importante tener en cuenta la valoración de la carnosidad de los labios, por medio de trazos delgados y gruesos para producir un efecto tonal de volumen, por medio del brillo ( parte blanca ), y la sombra ( parte oscura ), dada con líneas fuertes y casi superpuestas. Si observamos que por lo general la mujer se pinta los labios, el tratamiento en el dibujo tanto a lápiz como a plumilla se debe hacer con mayor valoración tonal para producir la sensación de volumen. Para su inicio y comprender mejor el volumen, haga varias prácticas dibujando con línea muy suelta los labios como si fueran una serie de anillos entrelazados. *Figura A.*

Hay un detalle a tener en cuenta en el momento de dibujar una boca entreabierta, las líneas divisorias de los dientes no se deben dibujar, esto hace ver más agradable y expresiva la boca. *Figura B.* De lo contrario le quita elegancia y afean el dibujo. *Figura C.*

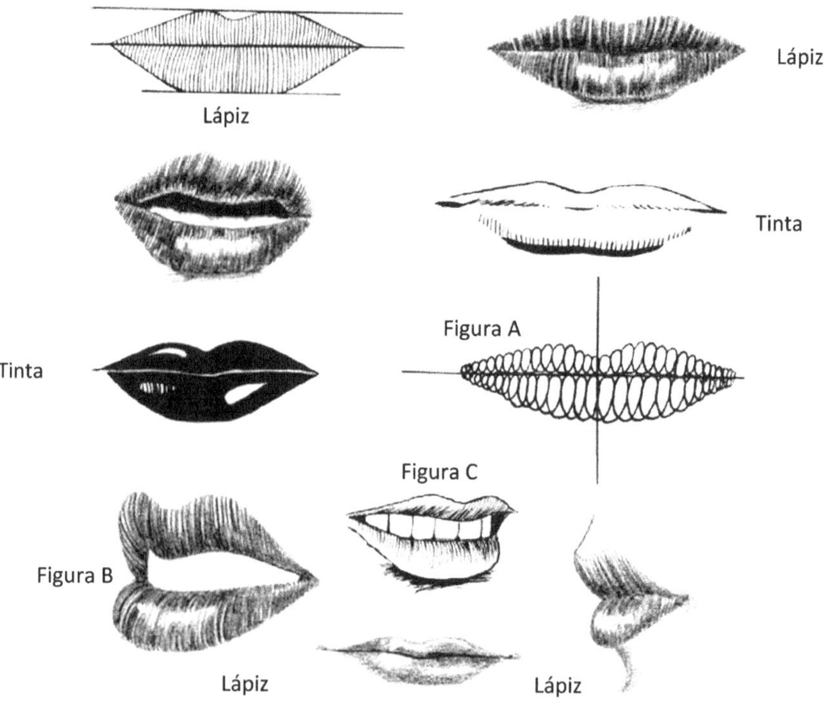

# Tratamiento del cabello

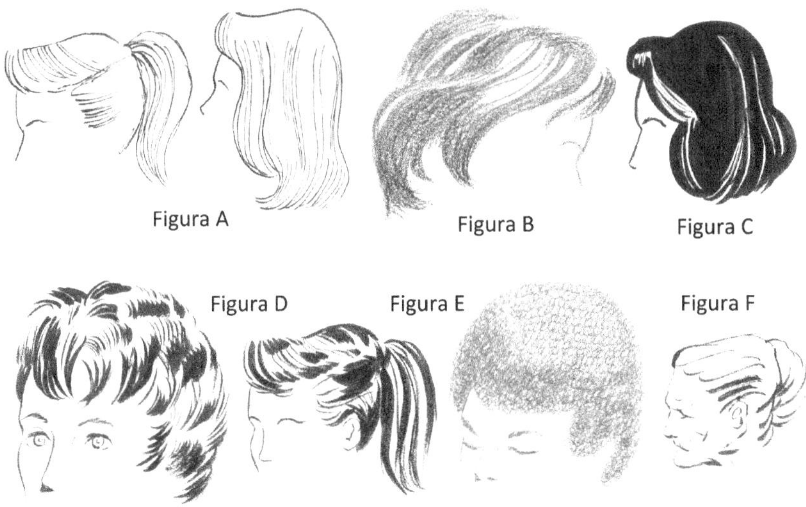

Figura A    Figura B    Figura C

Figura D    Figura E    Figura F

Importante su estudio y práctica debido a la variedad de tonos y formas de peinado, que hacen que la mujer cambie de apariencia. Para el dibujo de cabello rubio es preciso elaborarlo con muy pocas líneas que indiquen su dirección y caída, éstas se han dado con la plumilla y tinta china negra. *Figura A*. En el dibujo del cabello negro, por lo general, predomina la mancha negra teniendo en cuenta de dejar unos trazos delgados en blanco que indican la dirección de la caída para indicar su ondulado, en estos dos ejemplos de tratamiento de cabello uno se resolvió con lápiz de mina negra blanda y el otro con pincel de pelo de marta número 2 y tinta china negra. *Figuras B y C*.

Para el dibujo del cabello castaño, se deben tener en cuenta áreas claras y oscuras que se logran con trazos separados y trazos muy juntos, dados con el pincel número 2 y tinta china negra. *Figura D*. Para el tratamiento del cabello crespo, su efecto se logra mediante el dibujo con lápiz de mina negra blanda, de pequeños círculos en forma de espiral unos más juntos que otros para dar la sensación de luz y sombra. *Figura E*. El dibujo del cabello de una anciana se traza con muy pocas líneas para dar el efecto de canas. Este ejercicio se hizo con el pincel número 2 y tinta china negra. *Figura F*.

## Dibujo de rostro con plumilla

Para el dibujo de este rostro femenino en la técnica de la plumilla, lo primero que se resuelve es el dibujo del croquis inicial, que se hace con el lápiz de mina negra blanda hasta lograr ajustar cada parte del rostro, contemplando a la vez cada eje y su correspondiente ubicación. *Figura A*. Luego de este paso, es importante terminar completamente el dibujo con el lápiz para no incurrir en errores cuando se haga su acabado definitivo. *Figura B*. En el dibujo terminado con la plumilla se puede apreciar su perfecto acabado y cuidado en cada trazo. *Figura C*.

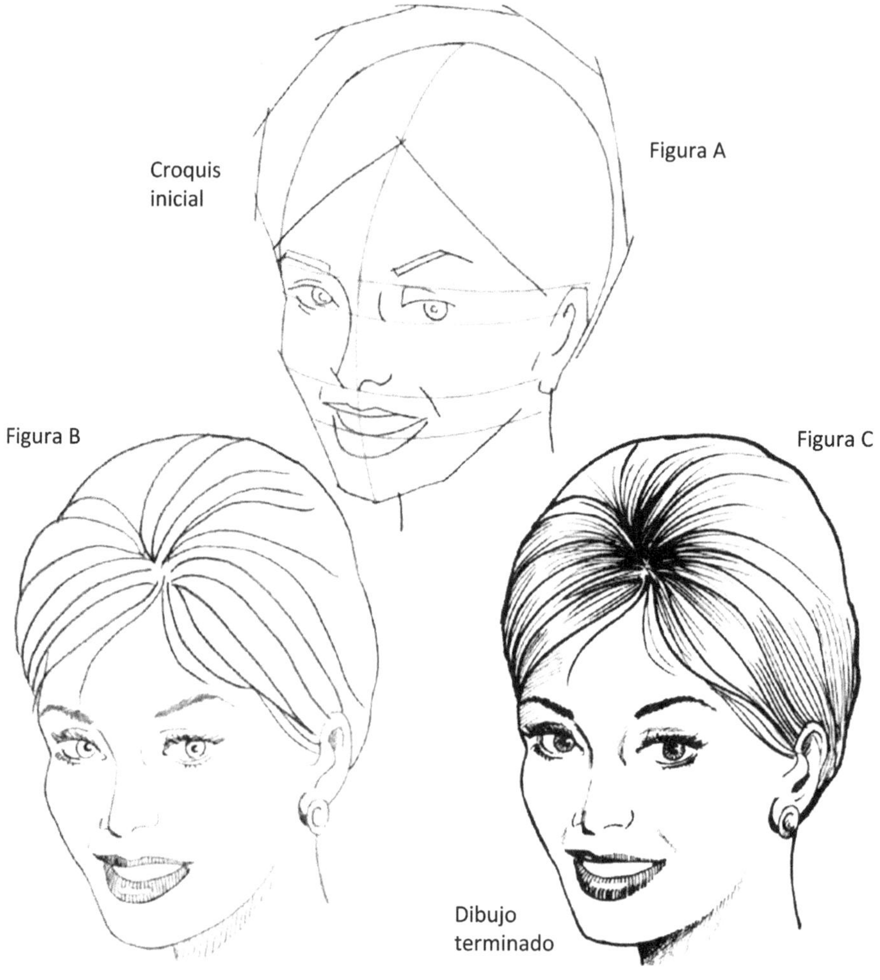

# Dibujo de rostro con lápiz carboncillo

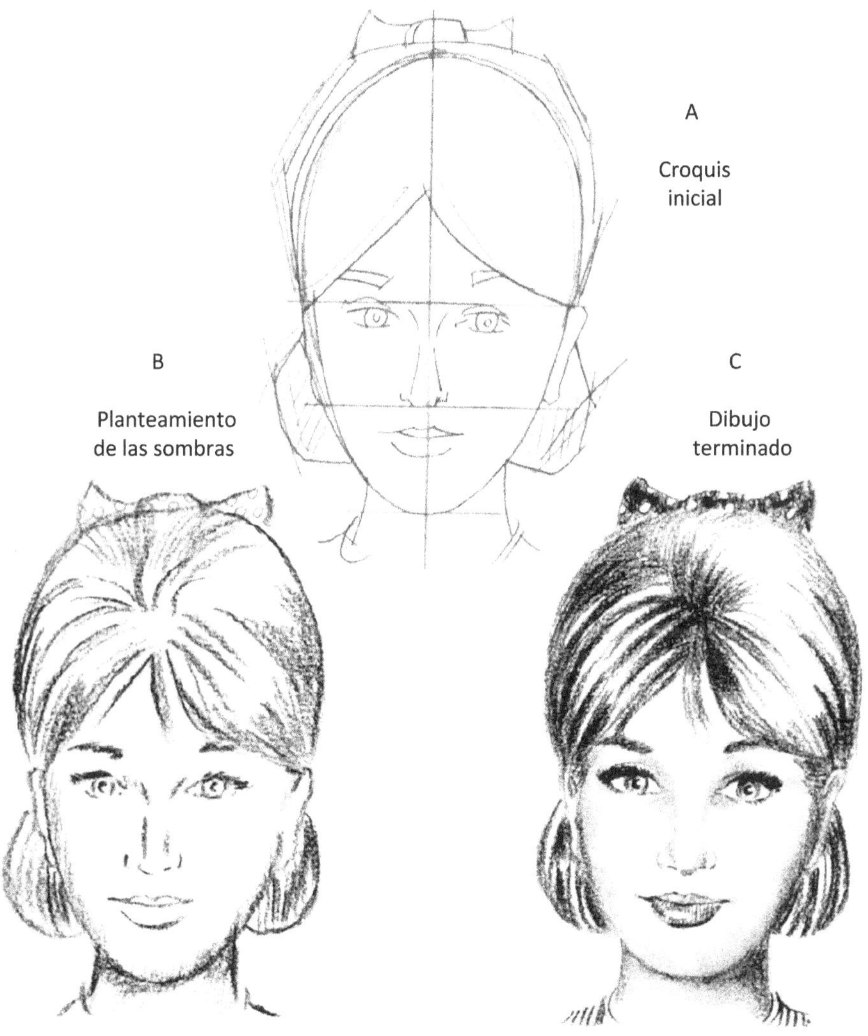



El lápiz carboncillo permite dar una buena valoración a la figura del rostro femenino, porque permite difuminar algunas zonas con el dedo, o con un pedazo de algodón, para ayudar a darle ese aire de suavidad al rostro. Observe cada paso y practíquelo hasta lograr su dominio.

## Dibujo de rostro con pincel

Con el pincel redondo de pelo de marta, número 2 y tinta china negra, se ha resuelto el rostro femenino que aparece en esta página. El trazo del cabello debe hacerse rápido y firme para que se vea suelto y con vida. Recuerde que el pincel permite obtener líneas gruesas y delgadas y fondos oscuros según lo deseado. No basta recordar que el croquis inicial se ha elaborado con lápiz de mina negra blanda.

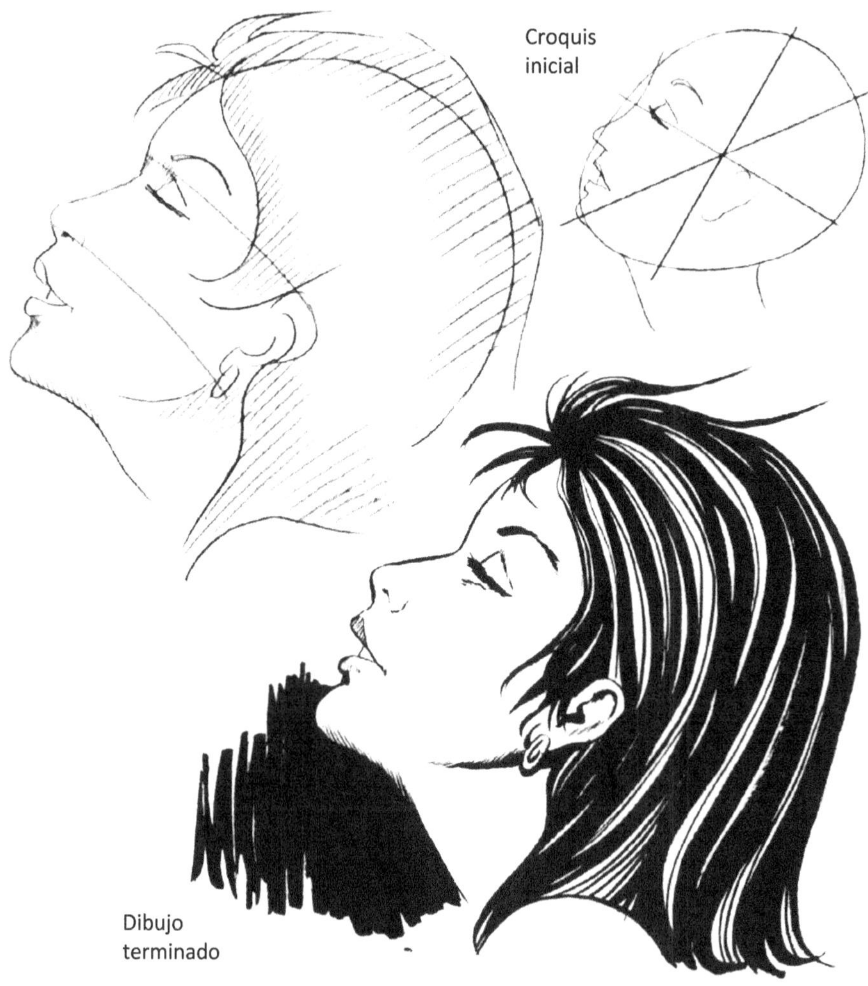

## Rostro sobre composición tonal

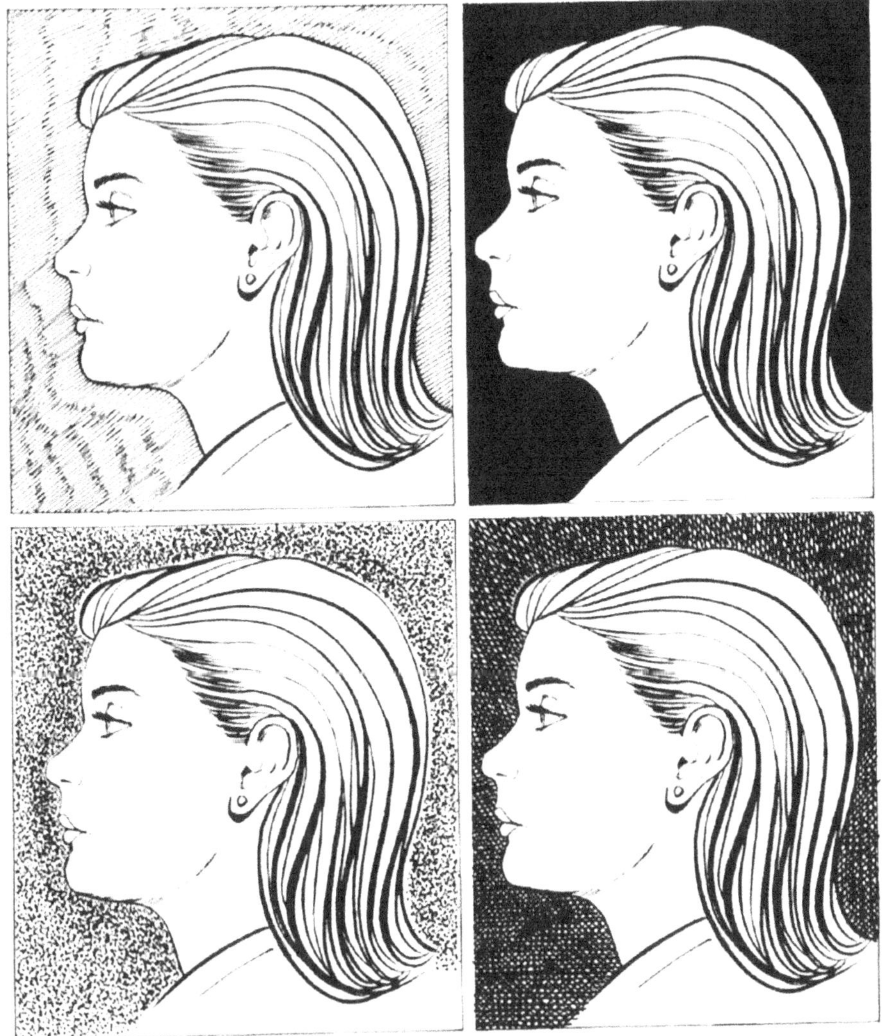

La intensidad tonal que se aplica a los diferentes fondos sobre los que
cae el dibujo de este rostro femenino, permite valorar los cambios de
iluminación y producir efectos diferentes de vigor y realce en unos,
y definición básica de sus formas en otros. Usted puede hacer otras
prácticas aplicando e inventando nuevos fondos para lograr nuevas
intensidades tonales. Recuerde que los fondos ayudan a resaltar las
figuras.

## Expresiones

Todo rostro manifiesta alegría, tristeza, dolor. Estas expresiones se deben de tener en cuenta en el momento de practicar el dibujo de los rostros femeninos, para no caer en la uniformidad de rostros estáticos, inexpresivos. Para esto se requiere de buena observación, para transmitir al dibujo esos detalles que caracterizan cada tipo de expresión en los rostros femeninos. Con la aplicación de tres técnicas diferentes, se han resuelto varias de las expresiones que se aprecian en esta página.

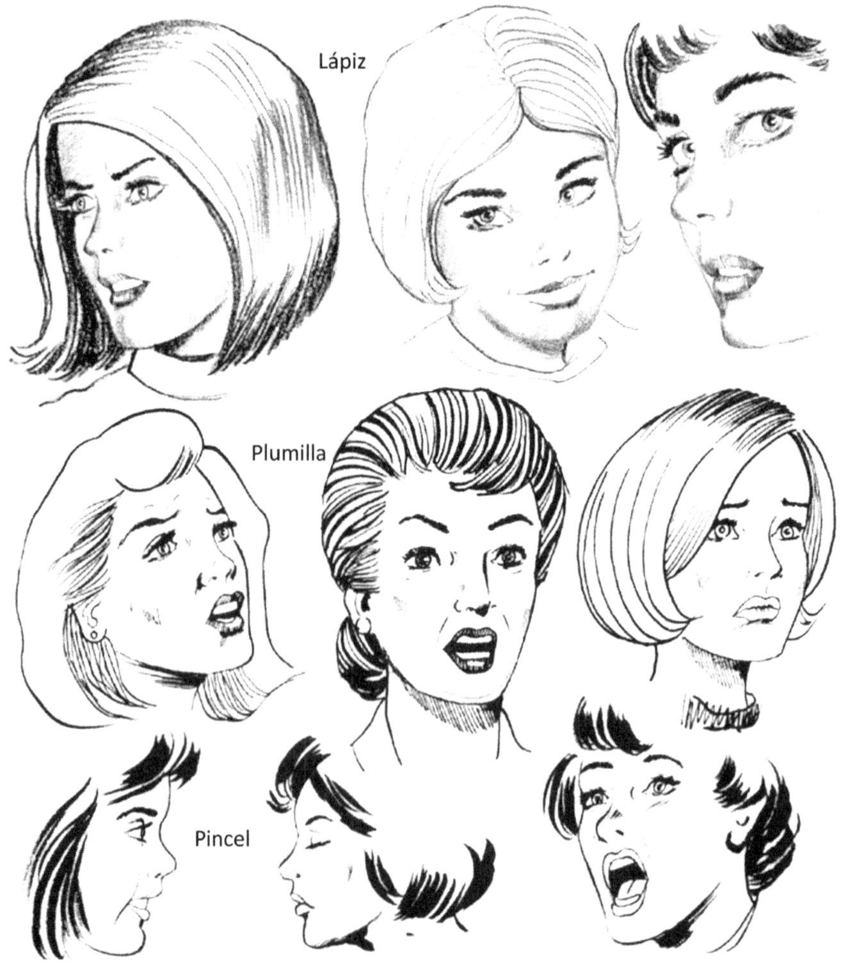

# Manos

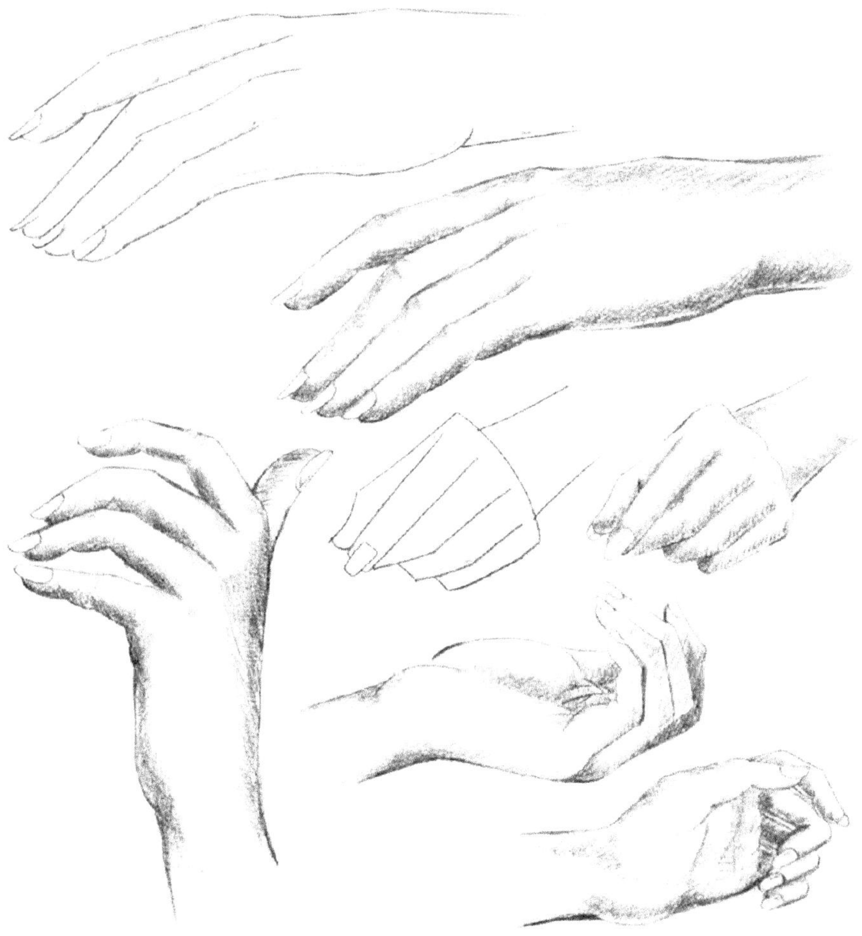

En el dibujo de las manos femeninas, su trazo es más fino y delicado; sus dedos tienden a ser más largos y delgados y sus uñas bien cuidadas. Con la técnica del lápiz se han dibujado las diferentes poses de manos femeninas, definiendo los efectos de luz y sombra por medio de un sombreado con trazo suave y fino. Para que el dibujo de las manos quede perfectamente definido, radica en la estructura y colocación correcta de cada uno de sus trazos en el momento de elaborar el croquis inicial. Haciendo varias prácticas con el croquis, y cada vez dibujando mas suelto el trazo, se logra dominar y perfeccionar el dibujo de las manos.

## Pies

El tratamiento en el dibujo de los pies femeninos debe ser de trazo y sombreados suaves, para enfatizar, también, su delicadeza. No deben recargarse demasiado con líneas en diferentes direcciones, para evitar confundirlos con los pies del hombre en su parte musculosa. Los ejercicios que se pueden observar de los pies femeninos en diferentes poses, se resolvieron con lápiz de mina negra blanda.

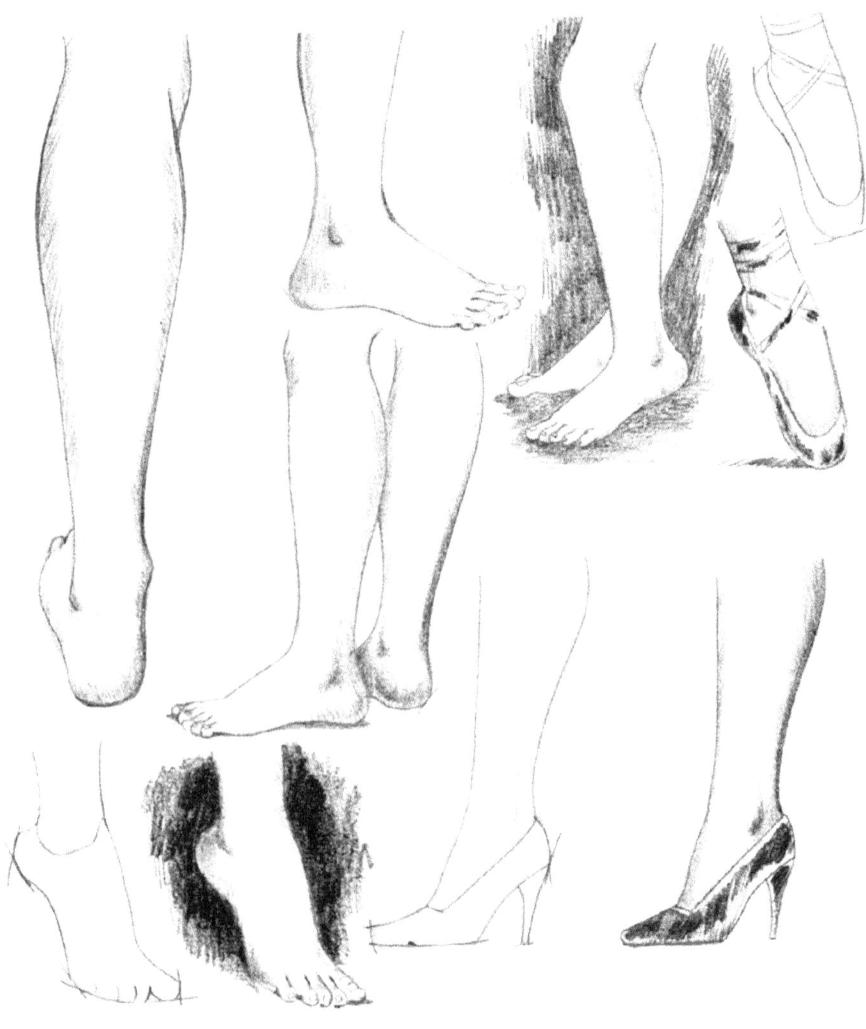

# Estudio de pliegues en los ropajes

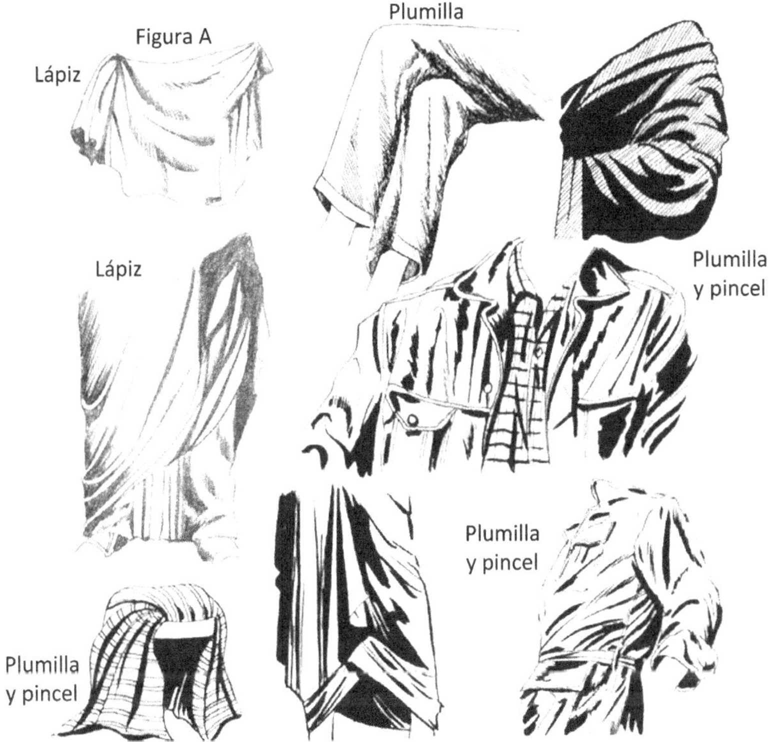


Después de haber comprendido y practicado el dibujo de la Figura Humana en varias de sus facetas, se entra a un factor importante como es el de la figura vestida. Antes de iniciar el dibujo de cualquier traje, es importante analizar con detenimiento los diferentes pliegues que se forman en éstos. Para no incurrir en errores de colocación, teniendo en cuenta que los pliegues siguen el movimiento del cuerpo y de los miembros, determinando ángulos, líneas curvas, diagonales, u oblicuas. Las partes anatómicas que se destacan como los hombros, codos, rodillas, cadera, se denominan puntos de tensión que hacen que se generen parte de los pliegues en los trajes, tanto del hombre como de la mujer. Como práctica inicial y para entender el estudio de los ropajes, se utiliza como modelo un trozo de tela que se sujeta en uno o dos puntos sobre la pared, dejando que caiga naturalmente y formando pliegues, para observar y dibujar las formas que lo componen. *Figura A*. Elabore estos ejercicios en varias técnicas.

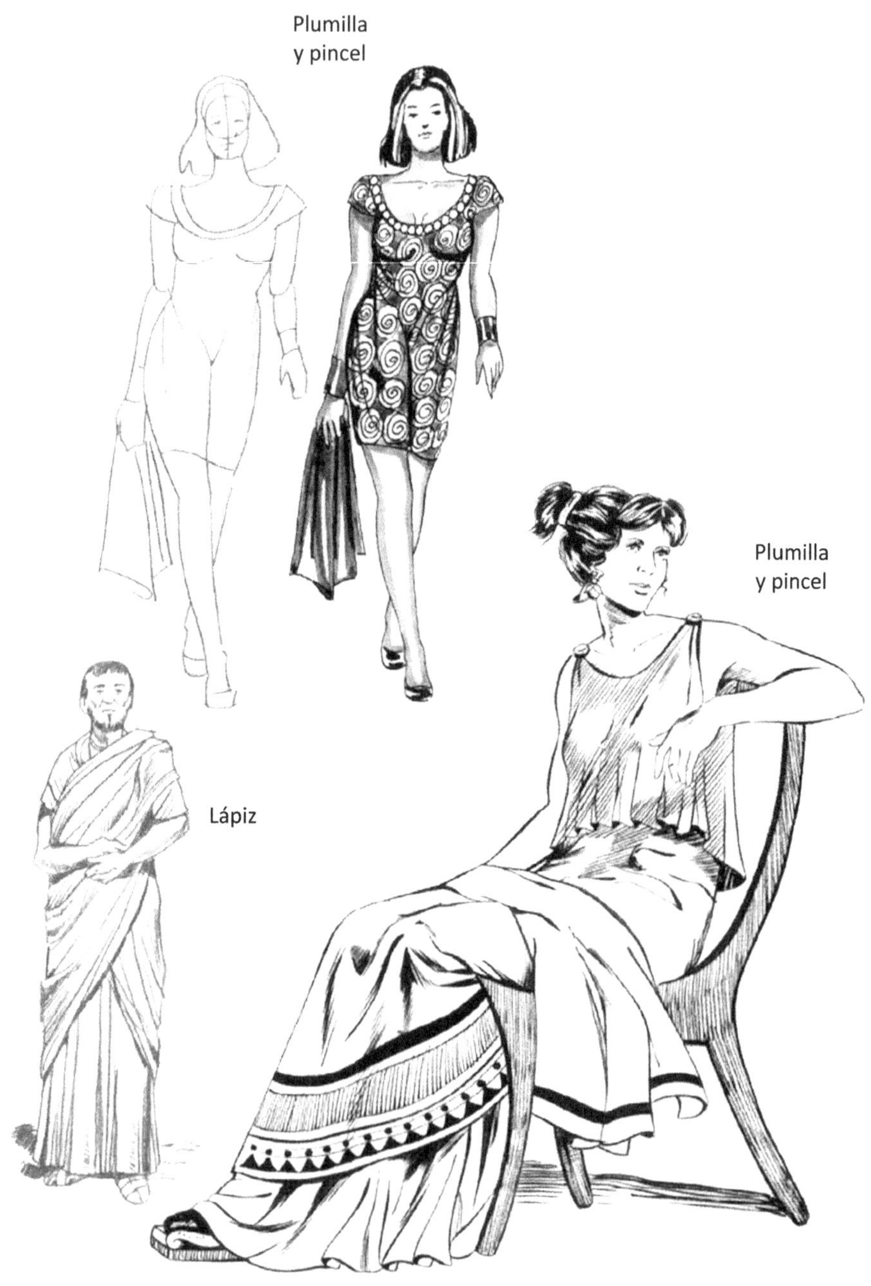


Plumilla
y pincel



Plumilla
y pincel



Lápiz

# Capítulo tercero

# El paisaje

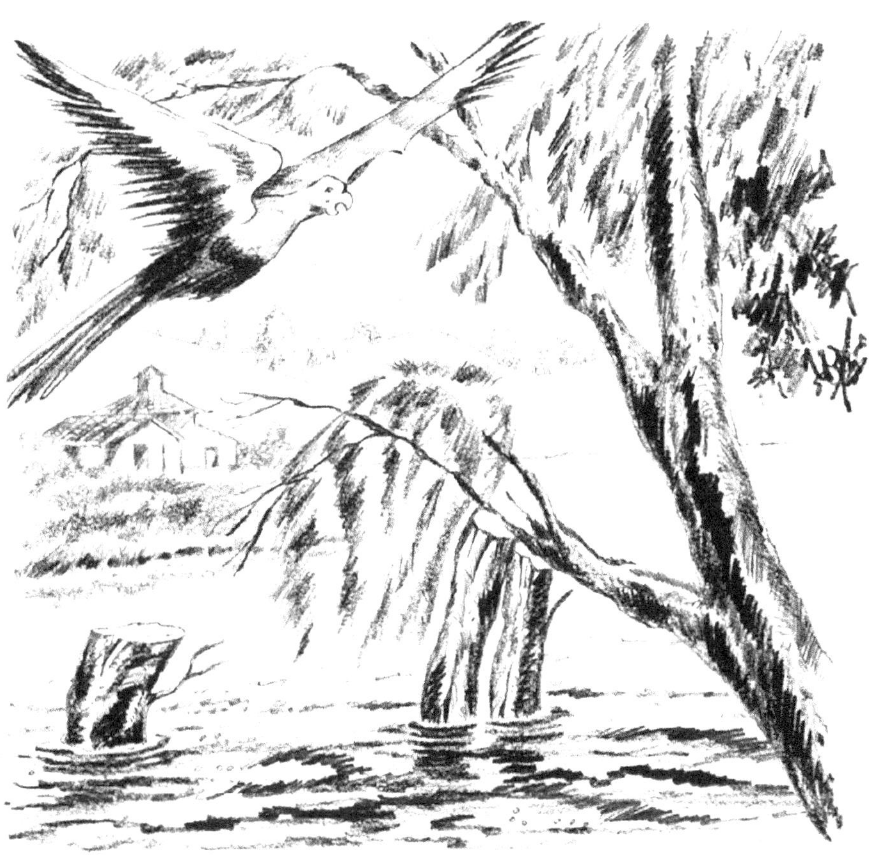

No hay nada tan agradable y placentero, como el dibujo del paisaje. Todo cuanto nos rodea está a nuestra disposición para llevarlo al papel: árboles, ríos, montañas y todo el cielo. Este puede ser realizado en la técnica que se quiera: lápices de mina negra blanda, lápiz carboncillo o barrita de carboncillo, pluma o pincel.

Antes de dibujar paisajes completos, es preciso estudiar aisladamente algunos de sus componentes; como puede ser el árbol, la piedra o roca, la cerca, flores, etc.

Un paisaje se define por diferentes planos. Primer plano, imágenes que se encuentran cerca al observador, su dibujo se manifiesta mas preciso y detallado. El segundo plano o intermedio, aparece el dibujo más debilitado respecto a sus líneas y los valores tonales. El tercer plano su dibujo se funde en sus áreas, perdiendo detalles de valor y dando una sensación de alejamiento. El paisaje que se observa en esta página se elaboró con lápices de mina negra blanda.

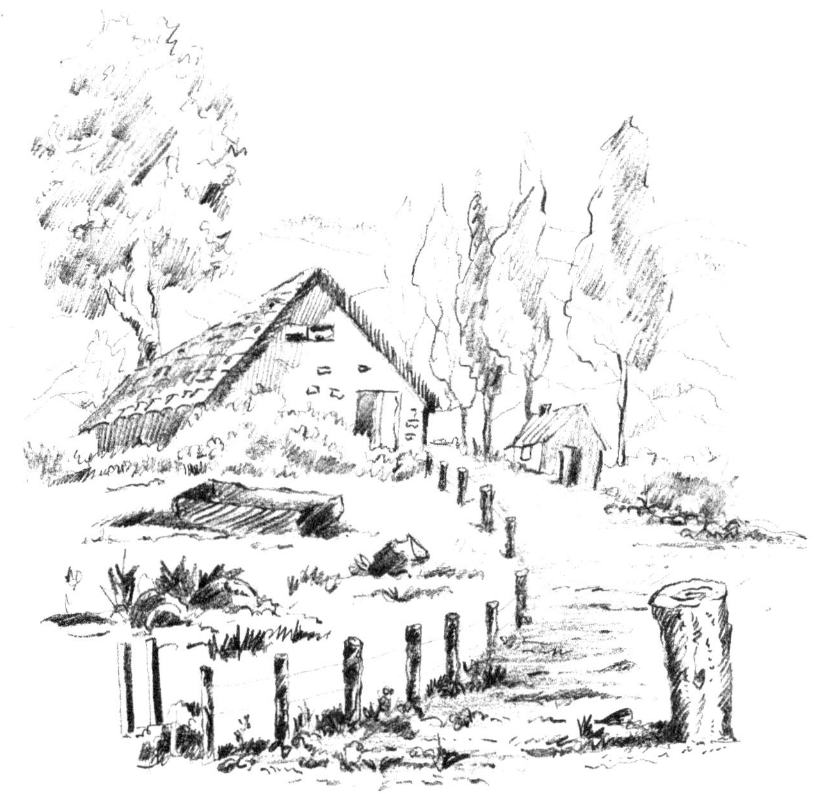

# El árbol en el paisaje

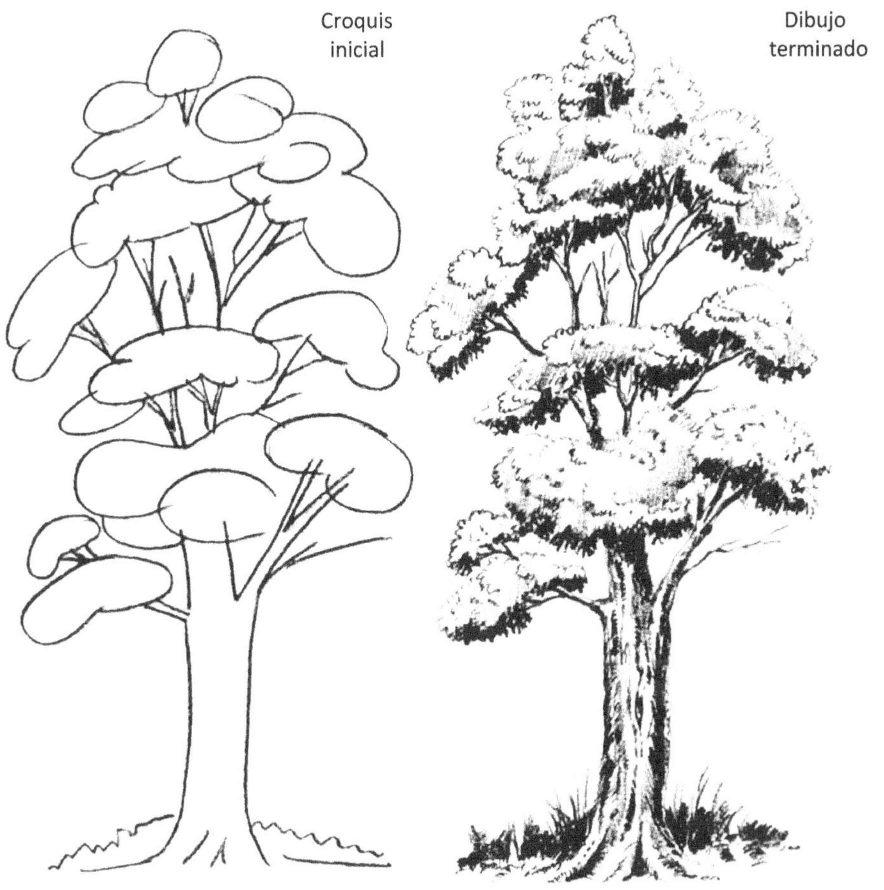


El árbol, elemento fundamental del paisaje rústico. Cada árbol tiene una forma característica de estructura que le son propias. La textura del tronco, la dirección de las ramas y el follaje, hacen parte de las diferencias que hay entre los árboles. No se inicie dibujando un detalle del árbol, esbócese su silueta y las masas generales y luego sí las sombras y luces del follaje. El dibujo del árbol que se aprecia en esta página, se resolvió con el lápiz de mina negra blanda, en donde la textura del tronco y su follaje, se han tratado con tonos claros y oscuros para lograr expresar bien la forma del volumen. Si lo desea, puede dibujar también este árbol en la técnica de la plumilla.

## Follajes y texturas

Es importante hacer estudios aislados de follajes, para entender la diferencia visual que hay de un árbol con otro, en cuanto al tratamiento de líneas y manchas. El estudio de la textura de los troncos, de las piedras y demás elementos que hay en el paisaje, permiten, también, comprender lo que es una valoración tonal; para tener en cuenta en el momento de dibujar el paisaje en su totalidad. Analice y practique otro tipo de follajes y texturas que encuentre en el paisaje.

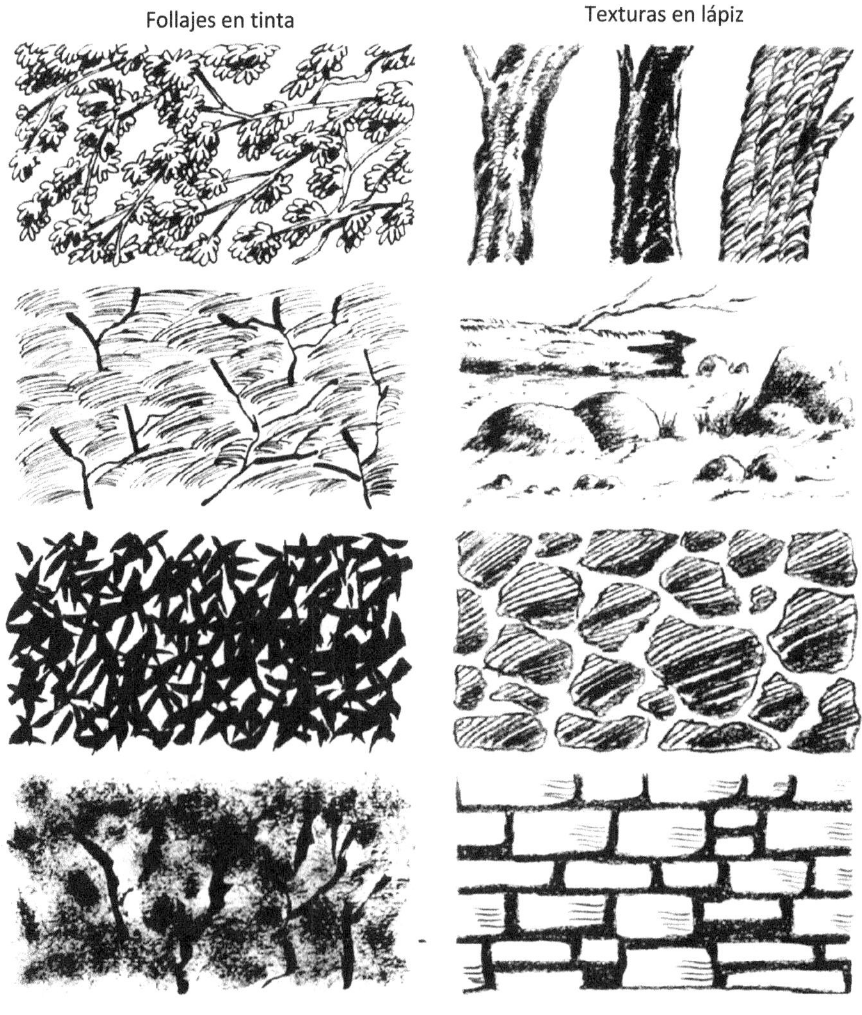

## Siluetas de árboles

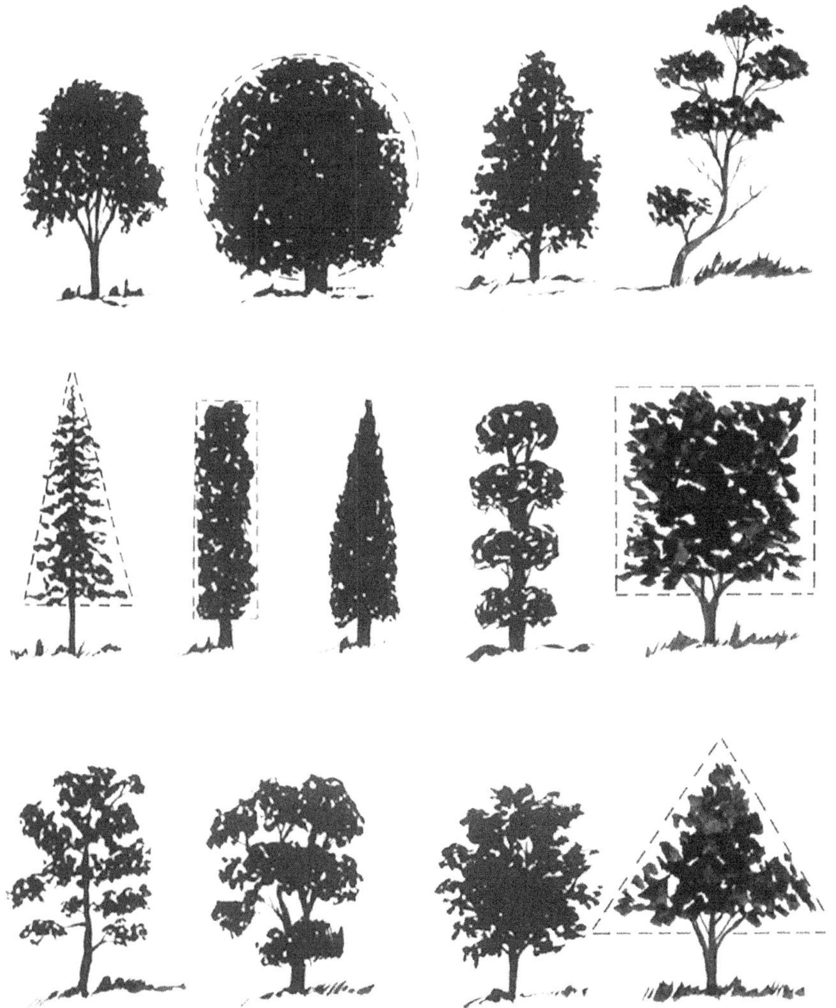

La mayoría de las siluetas de los árboles están basadas en formas geométricas, que permiten comprender con mayor claridad, el volumen del follaje de cada árbol. Se pueden apreciar árboles con siluetas redondas, triangulares, cuadradas, etc. Por eso es muy importante observar bien cada árbol, antes de empezar su dibujo. En cuanto al dibujo de detalles de cada árbol, ya toca mirar con mucho detenimiento cada forma y su contenido, como son las ramas y sus hojas para lograr un dibujo perfecto y su diferencia con respecto a los demás árboles.

## Dibujo de detalles

Otro elemento importante, también, a tener en cuenta en el dibujo del paisaje son las edificaciones, porque ayudan a complementar su conjunto y a enriquecerlo visualmente.

Para comprender esta parte del paisaje, se inicia primero con el estudio y dibujo de detalles, por separado, de las diferentes partes de las edificaciones que lo componen para entender como están desarrolladas arquitectónicamente. Estos ejercicios se pueden practicar con las diferentes técnicas ya conocidas.

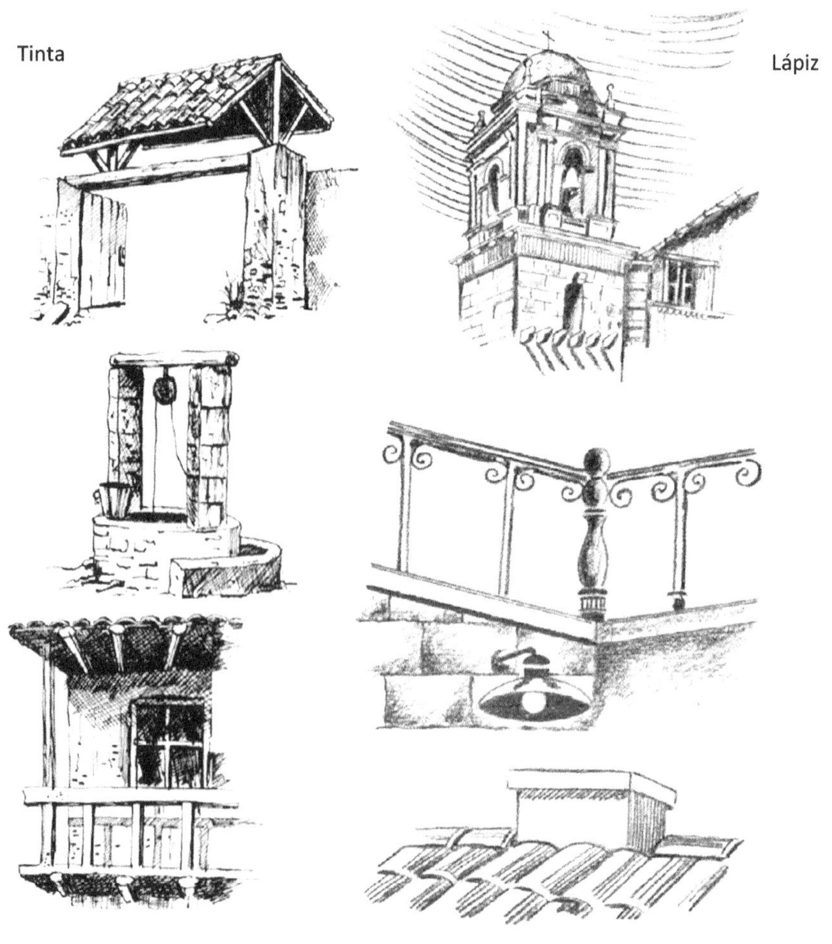

# El marco visor

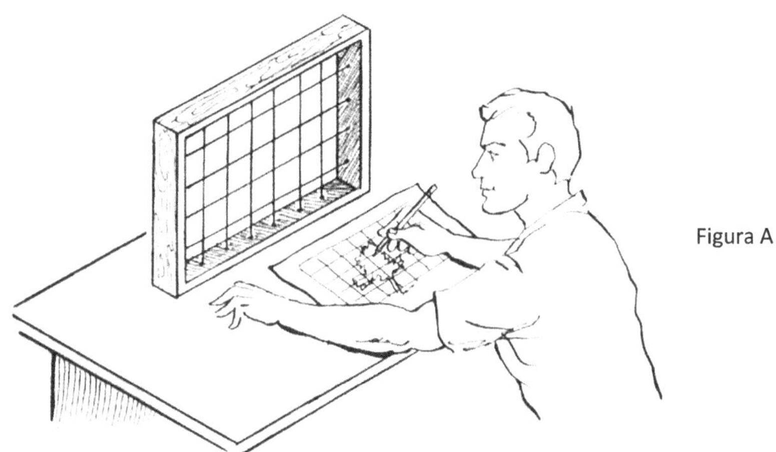

Figura A

Como no todos tenemos la habilidad y la capacidad suficiente de dibujar las cosas que se nos presentan ante los ojos, se puede recurrir a ayudas visuales, como en este caso al marco visor para poder dibujar un paisaje. *Figura A*. El tamaño de este marco es libre, según el limite que se le quiera dar al paisaje. Inicialmente se puede empezar con un marco de área visual de 35 x 25 cm. Este marco se puede elaborar utilizando cartón rígido o madera para que se mantenga firme sobre algún soporte, y para que quede al frente de nuestros ojos. Luego, atravesando hilos de lado alado en sentido horizontal y vertical, generamos una cuadricula de espacios o cuadritos iguales, que pueden ser de 5 x 5 cm.

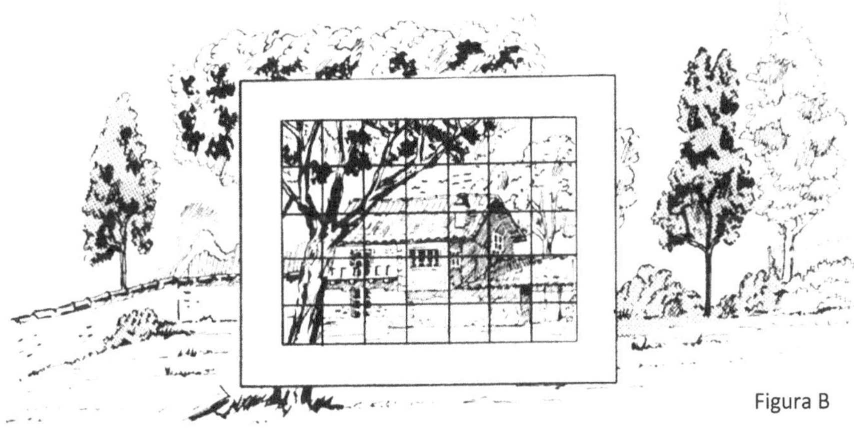

Figura B

La cantidad de cuadritos iguales que contiene el marco visor, se trazan muy suavemente con el lápiz de mina negra HB, sobre el papel en el que vamos a dibujar, si se quiere, estos pueden ser más pequeños o más grandes, según el tamaño que se le vaya a dar al paisaje. De esta forma empezamos a dibujar en cada cuadrito lo que corresponde como parte del paisaje según lo que nos muestra el marco visor Una vez terminado el dibujo, se procede a borrar con mucho cuidado, las líneas que quedan de la cuadricula.

Se muestra un paisaje en su totalidad, en donde por medio del marco visor seleccionamos la parte que nos interesa. *Figura B*. Después de la selección procedemos a dibujar cuidadosamente cada detalle hasta terminar por completo todo el paisaje. *Figura C*.

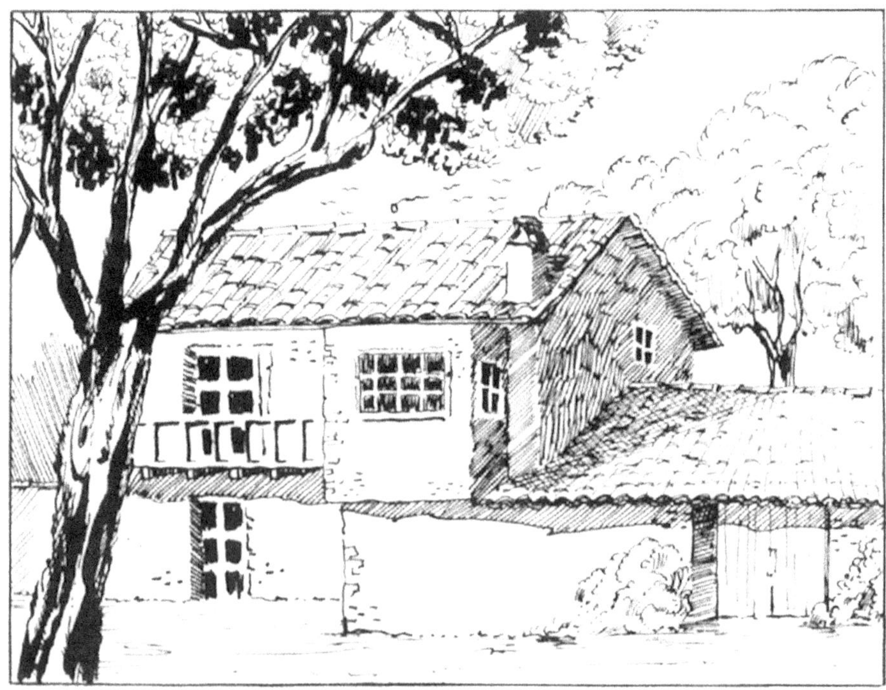

Figura C

# Diferentes efectos y resoluciones

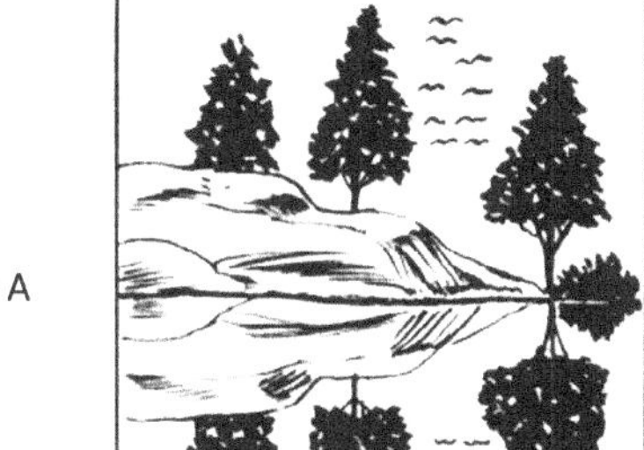

Figura A

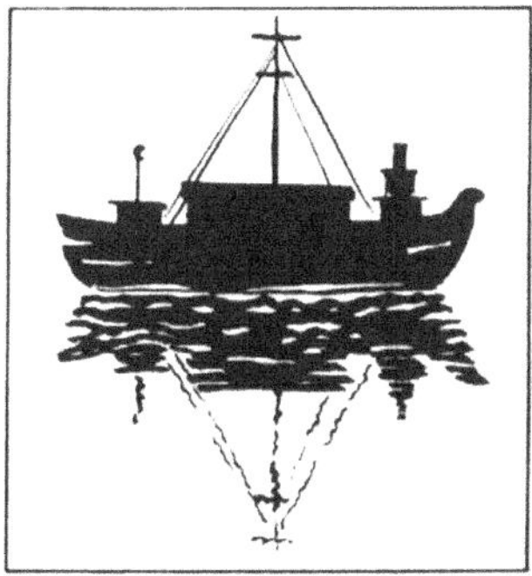

Figura B

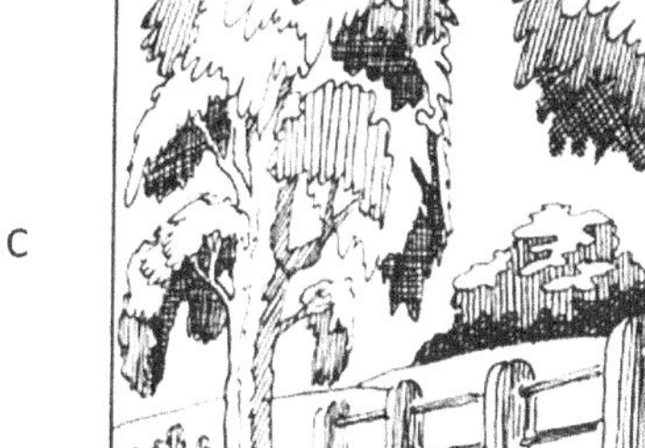

Figura C

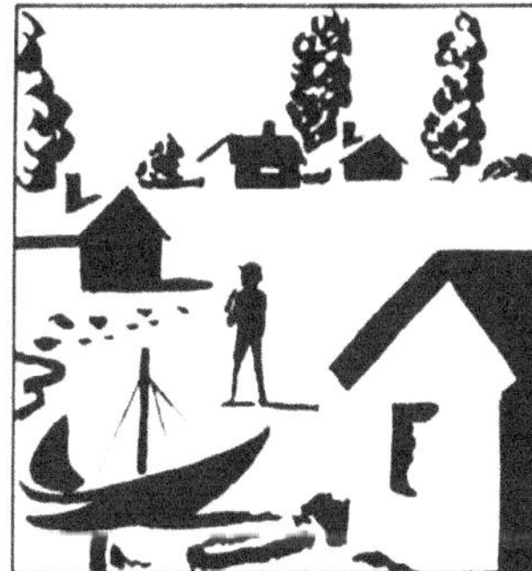

Figura D

La buena observación que se haga sobre un paisaje, se manifiesta en el acabado del mismo. Aplicándole efectos o resoluciones, de líneas, tramas y sombras, se conseguirá interpretar lo deseado.

El agua tranquila es como un espejo, en el que se reflejan todos los elementos del paisaje al revés. *Figura A.*

El agua en movimiento descompone los reflejos de las imágenes que se proyectan en ella. *Figura B.*

El dibujo del paisaje con definición de valores de líneas, permite comprender, elementalmente, los efectos de luz y sombra. *Figura C.*

El blanco y el negro en el paisaje, sin contemplar líneas, tramas o efectos tonales, permite dar una sensación agradable a la vista. *Figura D.*

## Apuntes rápidos de paisajes

Cuando salgamos de paseo al campo no olvidemos de llevar consigo una libreta de papel y un lápiz de mina negra blanda, para tomar apuntes rápidos o bocetos de todo lo que se nos presente por el camino. Estos apuntes nos permiten soltar la mano y definir sin vacilación, la idea del paisaje. También puede practicarse con otras técnicas para un mejor dominio del trazo en el momento de ejecutarlo.

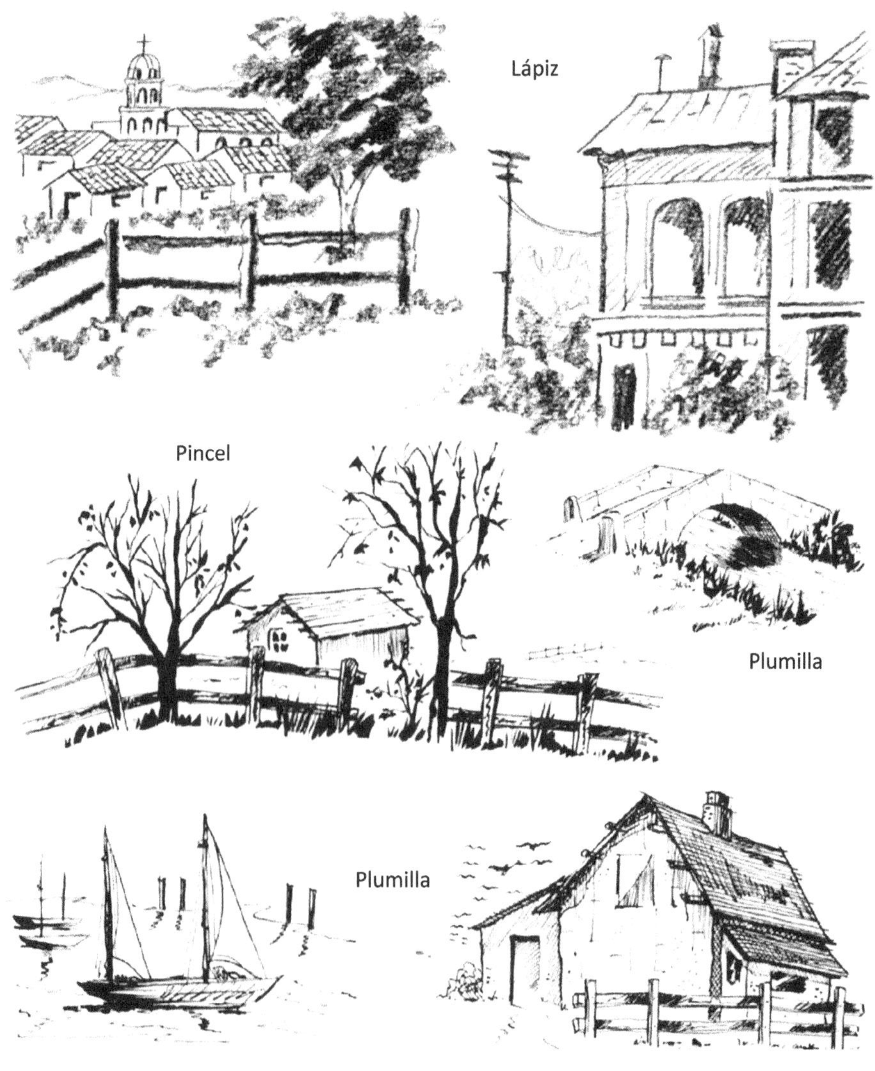

# La perspectiva en el paisaje

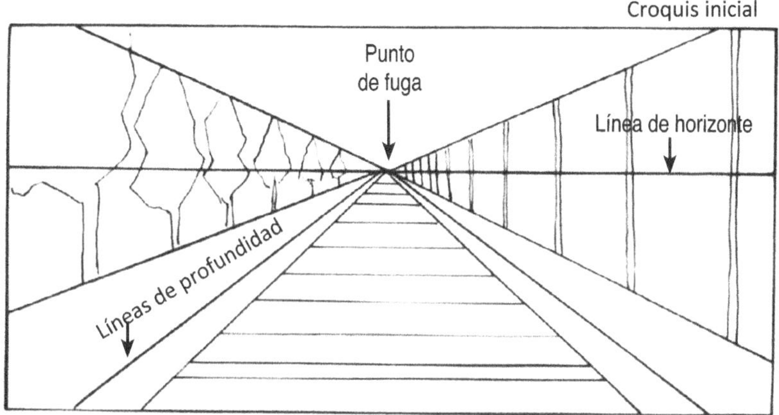


Cuando vayamos por un camino en el campo, o por la carrilera del tren, detengámonos y observemos a la distancia cómo el tamaño de los postes, los árboles y casas parecen disminuir. Debido a la ampliación del ángulo visual del observador a medida que se aleja, el campo visual aumenta. Es por este fenómeno óptico que las cosas parecen disminuir de tamaño. En el croquis inicial se pueden apreciar los componentes básicos de una perspectiva elemental para definir el paisaje. La línea de horizonte, se determina de acuerdo a la altura visual de nuestros ojos, según desde donde estemos observando el paisaje. Líneas de profundidad, son aquellas que parecen "fugarse" hacia un sitio en el horizonte, llamado punto de fuga y que se sitúa siempre sobre la línea de horizonte.

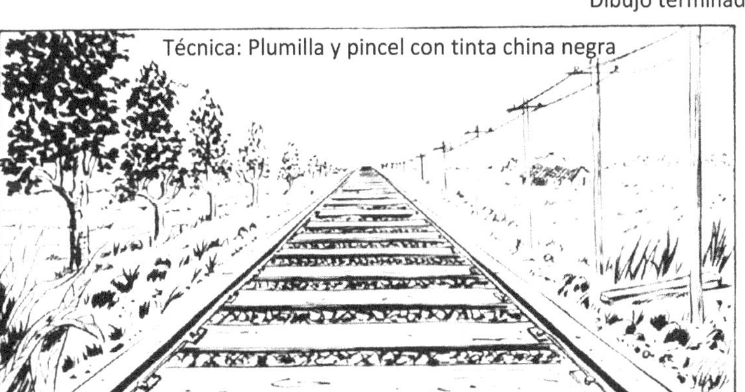

## Dibujo de paisaje con lápiz

La técnica del lápiz de mina negra blanda, aplicada al dibujo del paisaje, permite resolver por medio de las valoraciones tonales diversos planos; que pueden ser claros u oscuros, según la intensidad de luz que reciba cada elemento o lugar del paisaje. Con la ayuda del difumino, también, se logran complementar ciertas partes que queramos resaltar de todo el conjunto del paisaje.

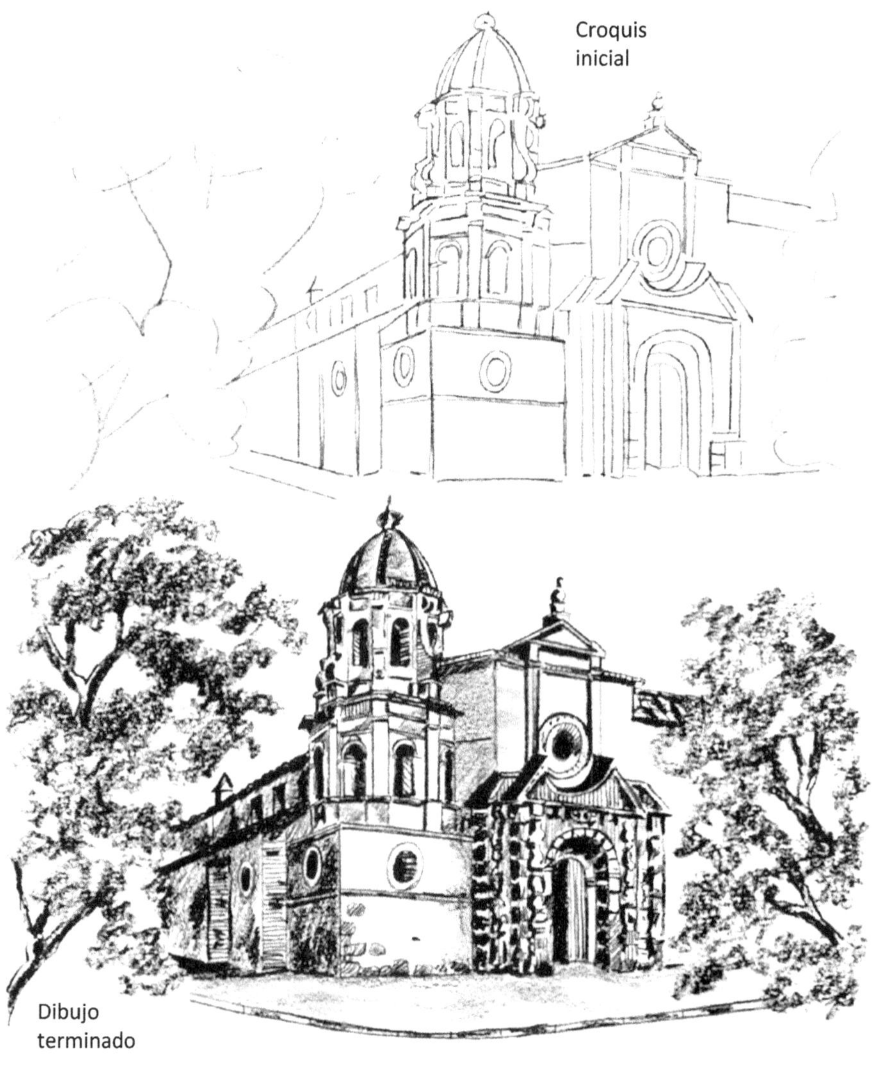

# Dibujo de paisaje con plumilla

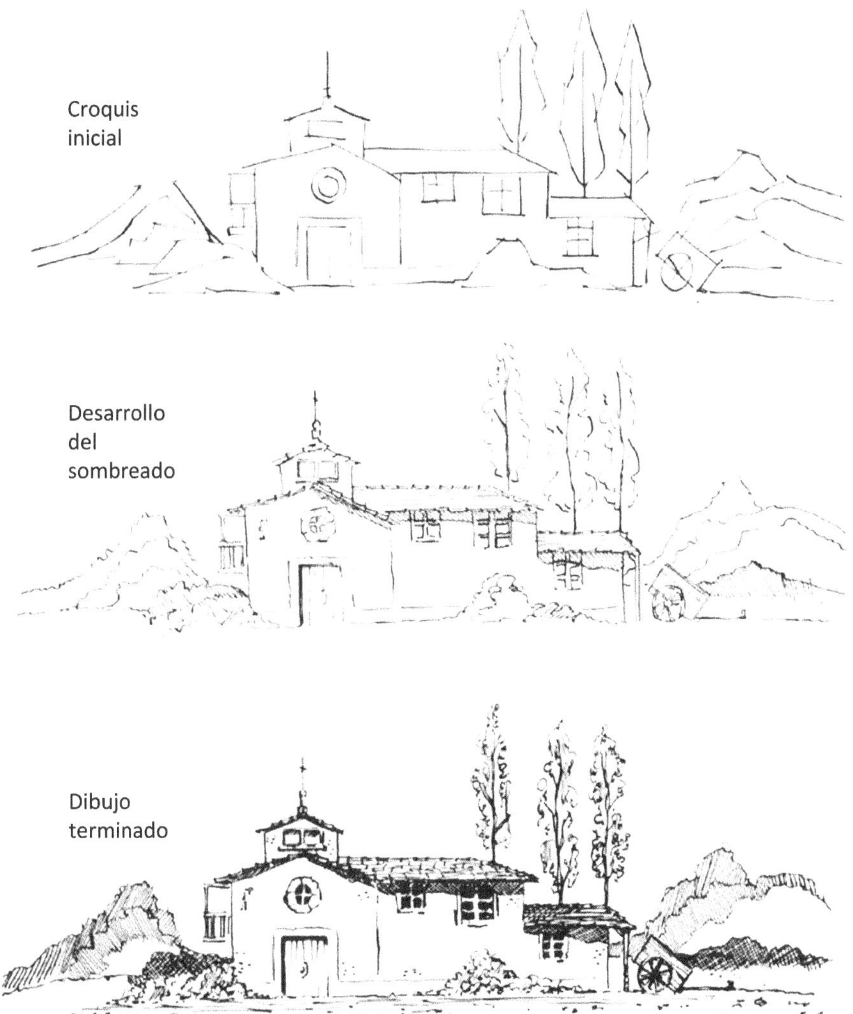

Croquis inicial

Desarrollo del sombreado

Dibujo terminado

Con la técnica de la plumilla, se logran efectos interesantes a nivel del tramado de líneas, que ayudan a definir valores tonales de luz y sombra en el paisaje. El planteamiento del croquis inicial o primeros trazos, se hacen con el lápiz para corregir posibles errores de proporción, y a la vez ir ajustando cada componente del paisaje. Luego, esos primeros trazos dados con el lápiz, se repasan con la plumilla y la tinta china negra para definir cada área en particular con la intensidad requerida de líneas.

# Dibujo de paisaje con pincel

El manejo del pincel dentro de un dibujo de paisaje de formato pequeño, en este caso el pincel de pelo de marta No.2, permite definir líneas delgadas y gruesas al mismo tiempo, haciendo ver un dibujo de calidad en cuanto a la valoración de la línea. El pincel con la ayuda de la tinta china negra, también, nos permite definir las áreas sombreadas que aparecen en el paisaje. Recuerde que el croquis inicial se hace con lápiz de mina negra blanda.

Croquis inicial

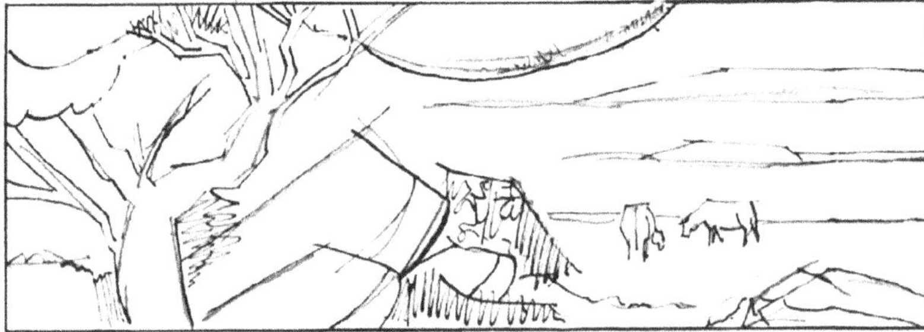

Desarrollo del sombreado

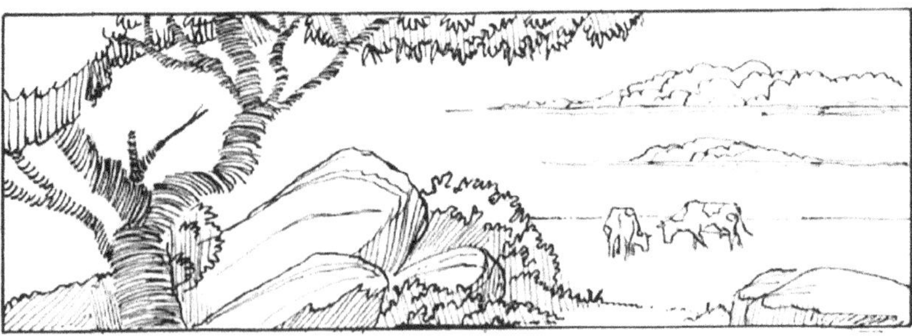

Dibujo terminado

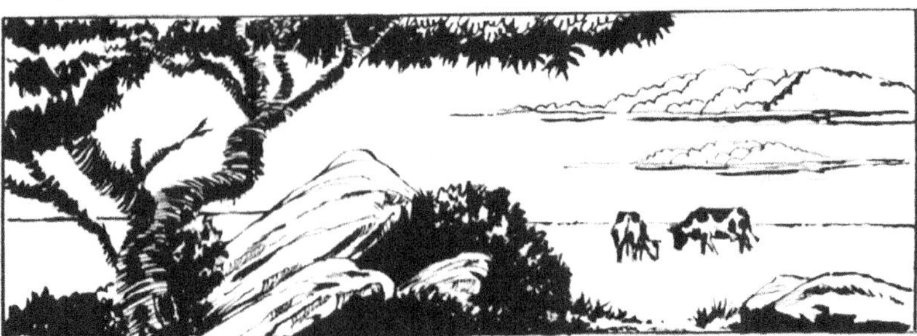

## Dibujo de paisaje con carboncillo

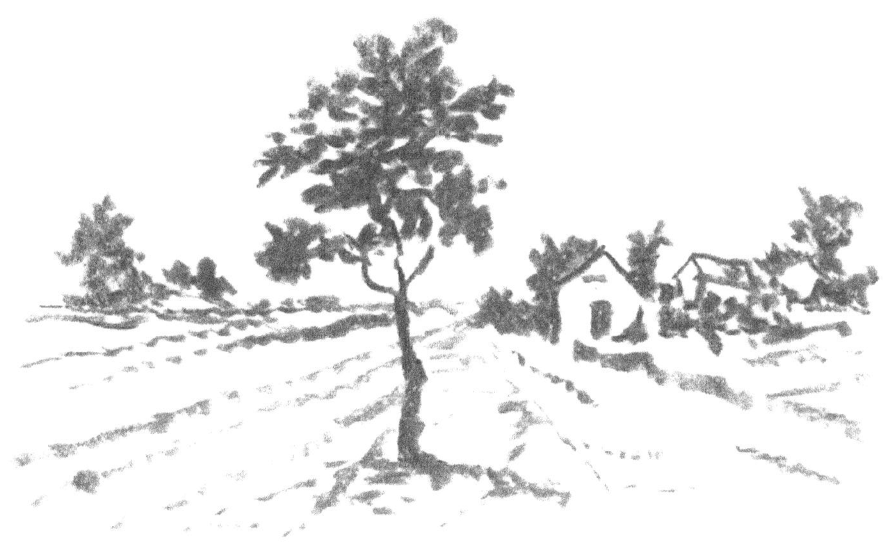

Recuerde que con la barrita de carbón o carboncillo como se le suele denominar, no es fácil definir líneas bien delgadas, o dibujar contornos perfilados lisos, lo que sí se puede hacer es trazar líneas móviles, tenues y anchas. Su fácil comodidad para borrarlo; permite en el dibujo corregirlo o repasarlo hasta lograr lo deseado. La gran soltura del trazo que se da con el carboncillo, hace ver en el dibujo del paisaje un conjunto de formas agradables por su variedad de tonos.

## Variaciones técnicas de un mismo paisaje

Con los cuatro ejemplos de un mismo paisaje, pero con la aplicación de diferentes técnicas, se comprende la diferencia de las líneas y sombras según el instrumento con que se han desarrollado. Lo que si se observa es que el paisaje sigue siendo el mismo, pero con la variedad visual de la técnica.

Plumilla

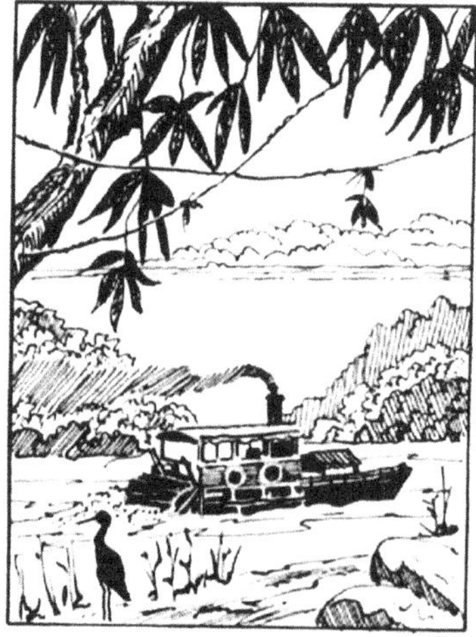

Pincel

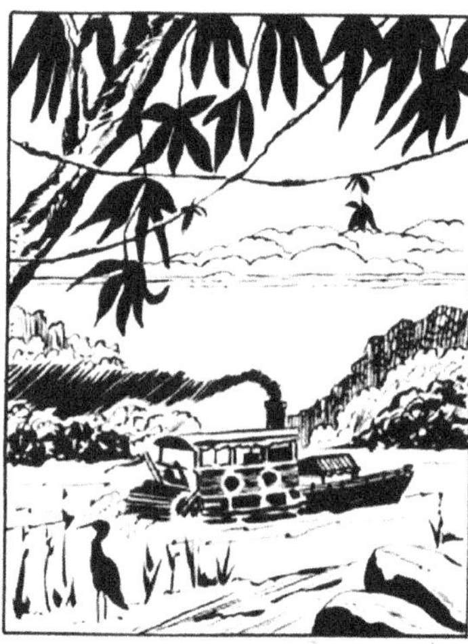

Pincel seco

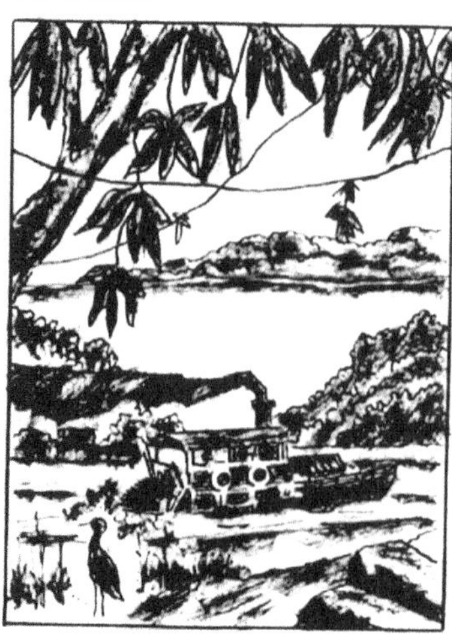

Lápiz

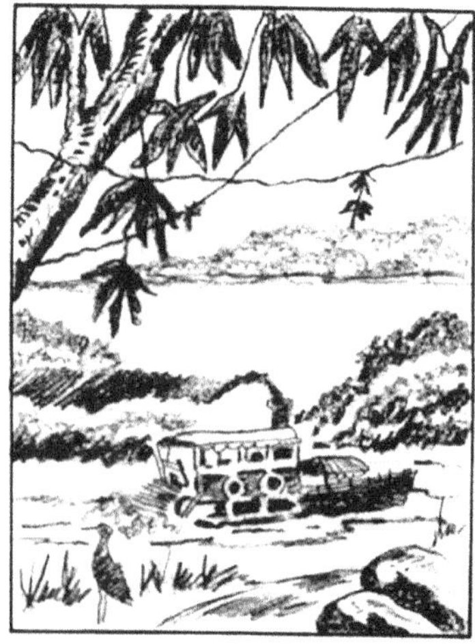

# Capítulo cuarto

## Animales

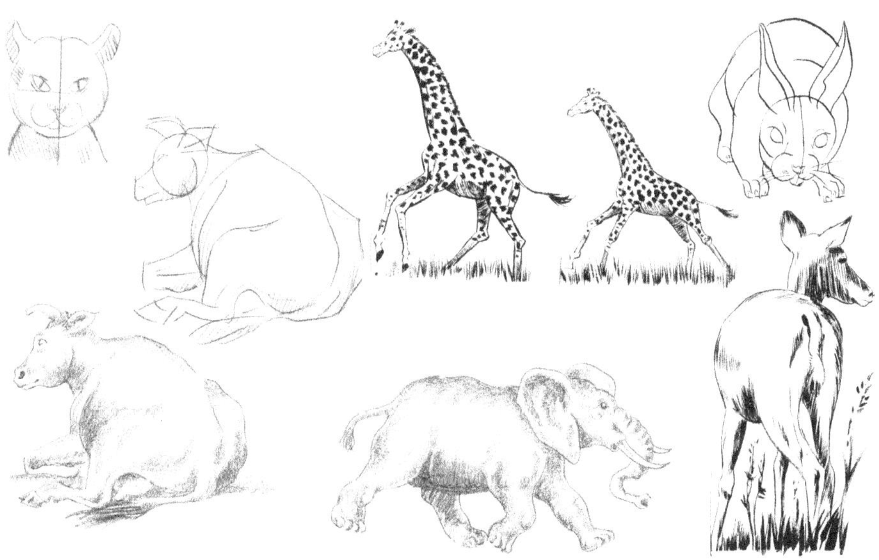

Qué reino tan maravilloso el de los animales, su color, forma, variedad de pelajes, escamas y plumas hacen los mejores modelos para llevarlos al papel. El dibujo de los animales nos permite adentrarnos en un mundo tan variado, que es necesario tener en cuenta, desde un principio, el estudio de su estructura corporal para no incurrir en errores de forma y proporción. Antes de iniciar el primer trazo para el dibujo de un animal, hay que observarlo detenidamente en todo su conjunto, y además, ver por separado cada parte de su cuerpo para comprender la diferencia que hay entre un animal y otro.

## El caballo

El caballo es un animal herbívoro de la familia de los équidos. Tiene una crin larga y colgante. El caballo de hoy es el eslabón final de una larga evolución. En un principio era muy pequeño pero, con el tiempo, se desarrolló hasta llegar a la altura que tiene hoy.

Amigo y colaborador del hombre desde tiempos remotos. Para lograr un dibujo bien definido del caballo, es importante conocer toda su estructura ósea y sus componentes. Este dibujo anatómico del caballo, es un gran referente para el manejo de una proporción perfecta.

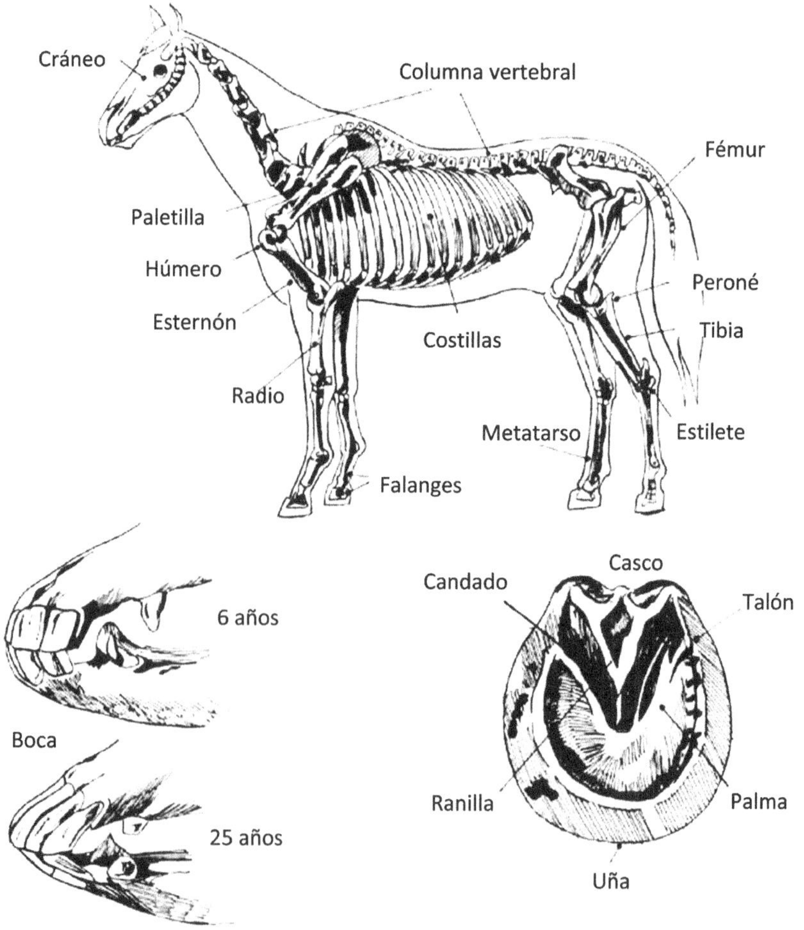

## Croquis con trazos rápidos

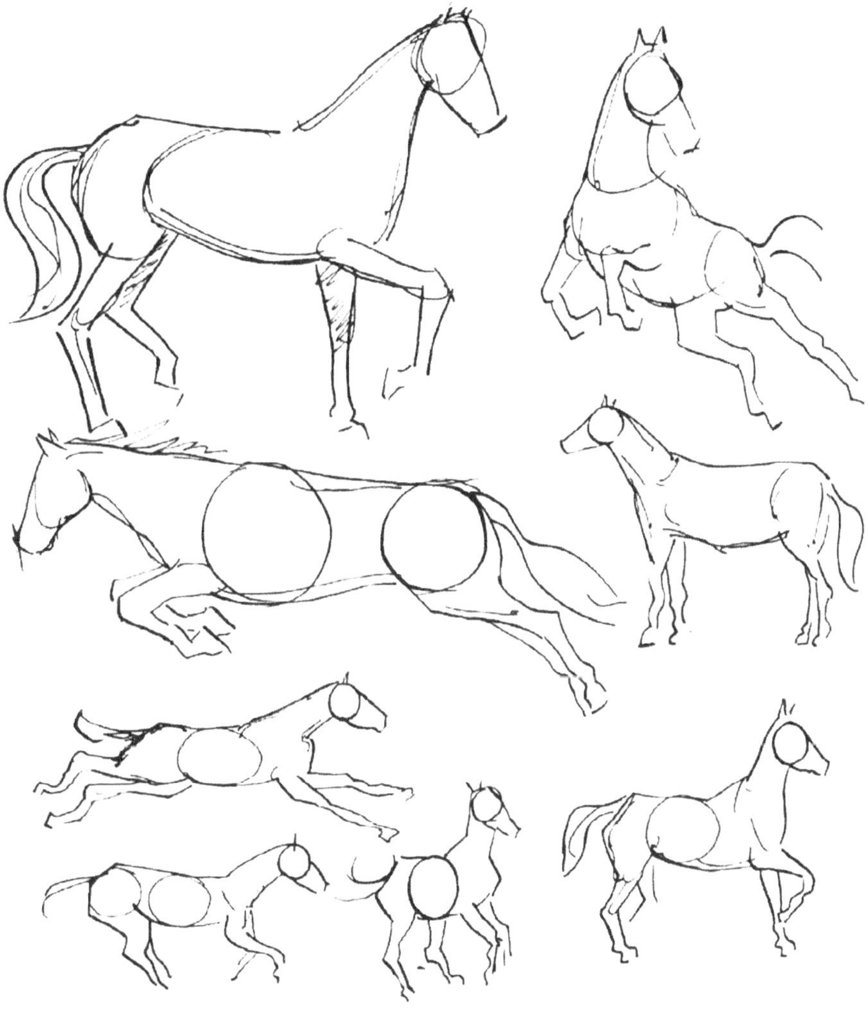

Para comprender la estructura y movimiento del caballo, antes de hacer un dibujo bien elaborado, se deben hacer practicas dibujando sólo el croquis, en diferentes poses. Aquí en estos primeros dibujos no importa el cuidado de los detalles, lo que se busca es la comprensión del conjunto y la seguridad en el trazo. Estas practicas pueden hacerse con lápiz de mina negra blanda o directamente, si se quiere y tiene seguridad en el trazo, con plumilla y tinta china negra.

# Razas de caballos

Importante para el dibujo de caballos tener en cuenta el tipo de razas. Aquí se muestran tres tipos de razas, como son el Percherón, el Arabe y el Pura sangre. Observe cada uno con detenimiento para encontrarles sus diferencias, para luego si dibujarlos con gran exactitud en cuanto a su parecido. Puede dibujarlos inicialmente con lápiz de mina negra blanda y después aplicarles tinta china negra con la plumilla.

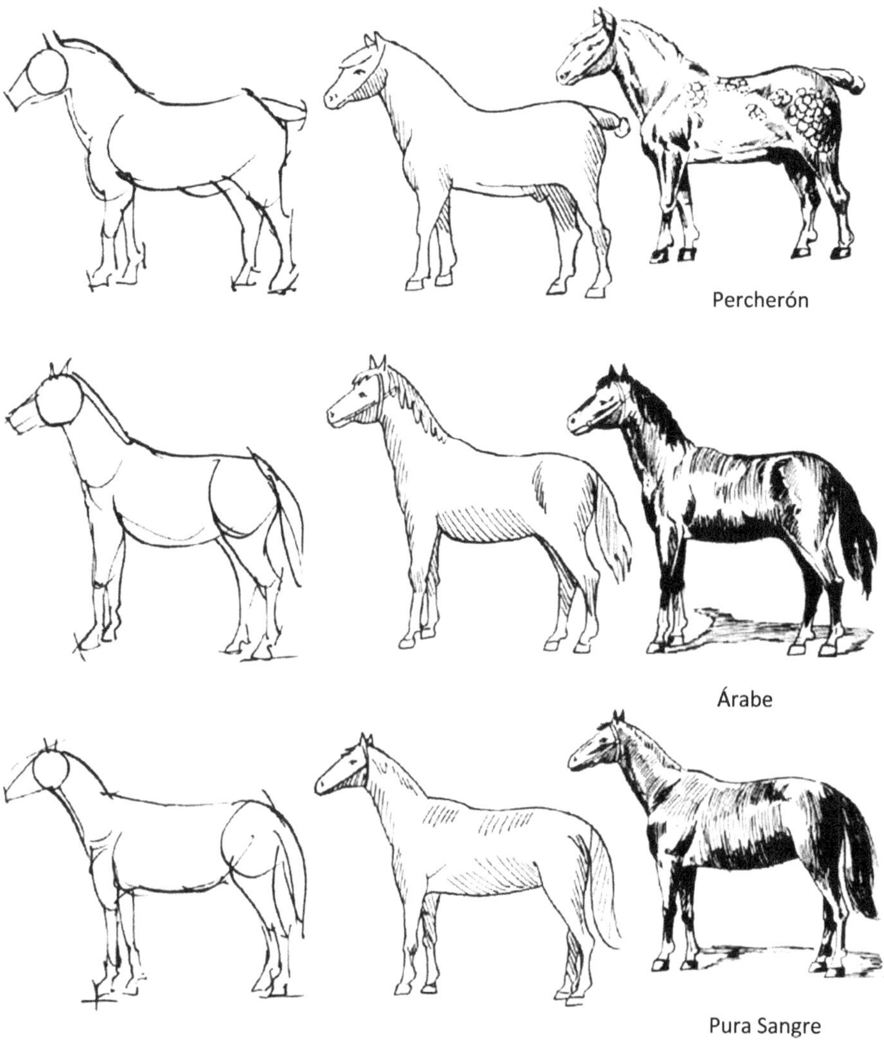

Percherón

Árabe

Pura Sangre

## Posición de las extremidades

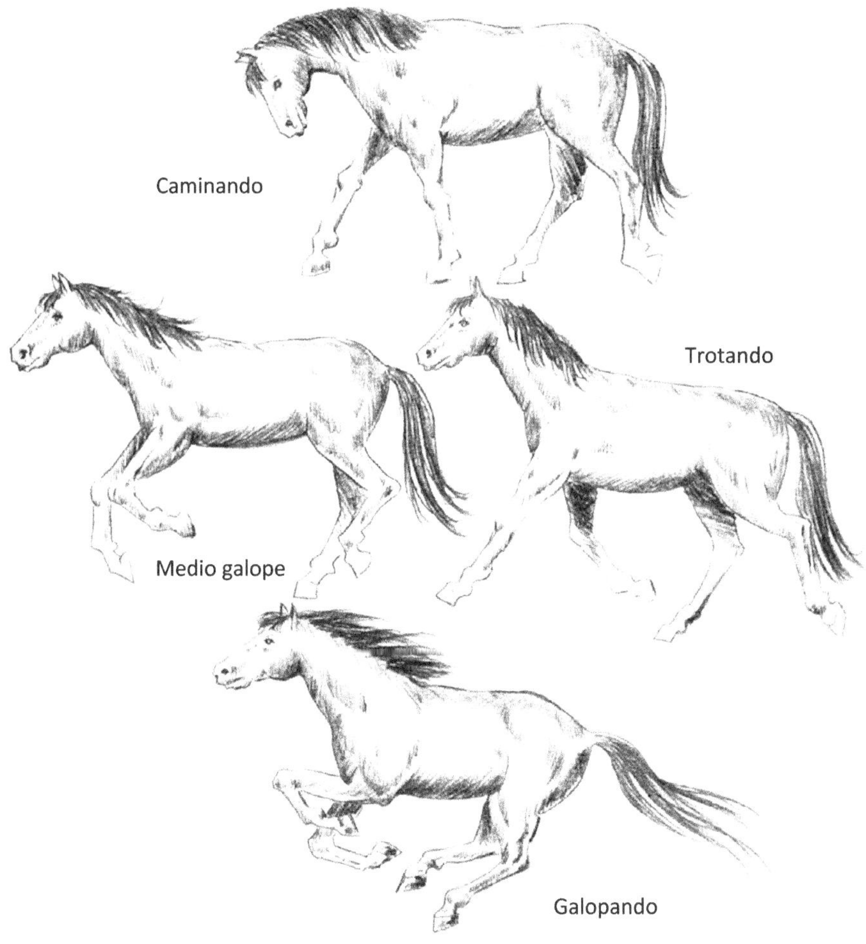


Cuando un caballo está en actividad, es importante observar cómo coloca sus patas o extremidades. Cada posición que tome determina una forma que hay que tener en cuenta en el momento de desarrollar el dibujo. Las poses como caminando, trotando, medio galope y galopando permiten ver la variedad de formas que toman sus extremidades en el momento de ejercer una acción. Estos dibujos se resolvieron con lápiz de mina negra blanda número 2B.

## Tratamiento de las sombras

Este ejercicio se ha resuelto utilizando el pincel redondo de pelo de marta número 2, esto con la finalidad de resolver el tratamiento de las sombras, que son las que ayudan a determinar el efecto de volumen en el cuerpo del caballo.

Para entender cómo dar con el pincel el diferente sombreado sobre el dibujo, lo primero que se hace es cargar el pincel de tinta para aplicarlo, con cuidado, en las zonas más oscuras. Después de resolver estas zonas, se carga de nuevo el pincel con tinta y sobre un trapo cualquiera, se descarga hasta dejarlo casi seco para aplicarlo en las zonas menos oscuras. *Figura A.*

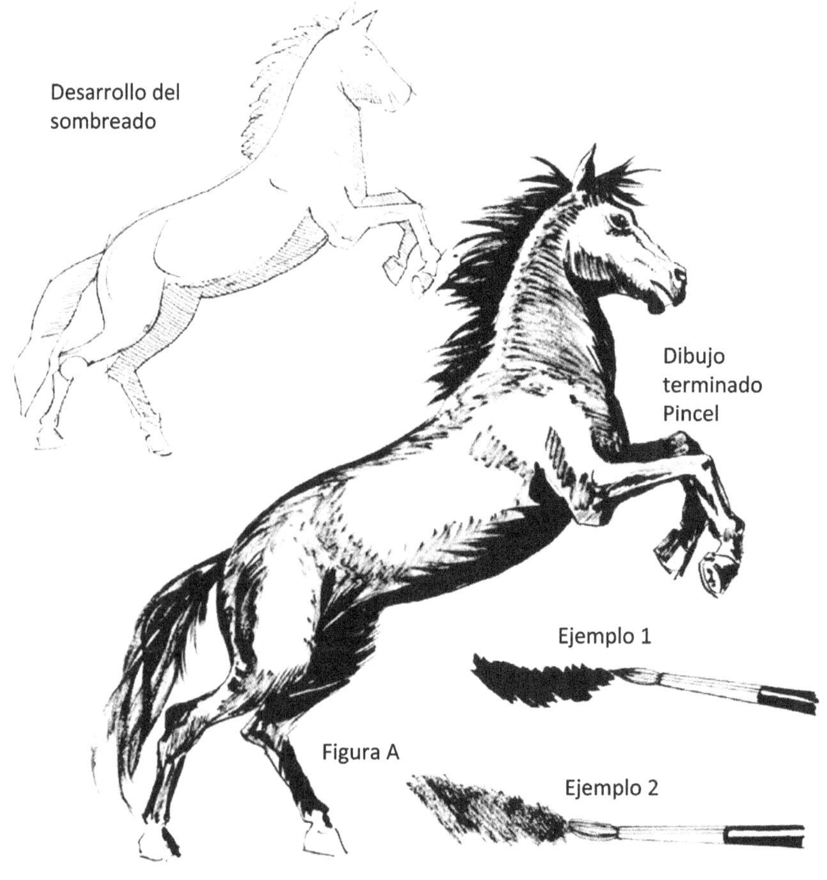

## Cabeza

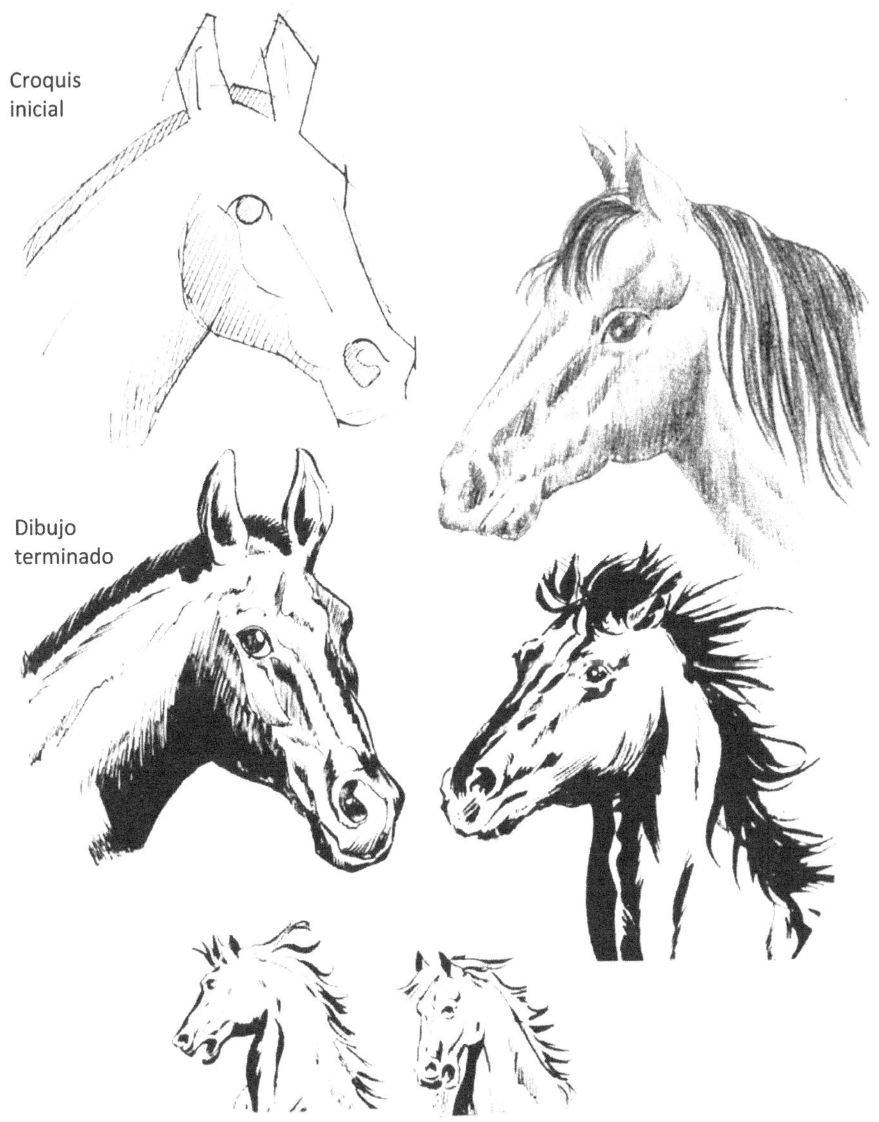



Un buen dibujo depende de la máxima observación que se haga del modelo, en este caso la cabeza del caballo. Observe y practique con varias técnicas el dibujo de los diferentes modelos de cabezas que se han resuelto en esta página.

## Caballos en grupo

El dibujo de caballos en grupo permite comprender qué es una composición, donde se definen tamaños y tonos de densidad en los trazos aplicados a cada uno de ellos. Si miramos esta composición, puede observarse cómo los dos primeros caballos, su línea y tonos de luz y sombra, son más intensos que en los tres caballos restantes. Esto permite determinar en el dibujo la cercanía y la lejanía. Estos efectos se logran aplicando los lápices de mina negra blanda.

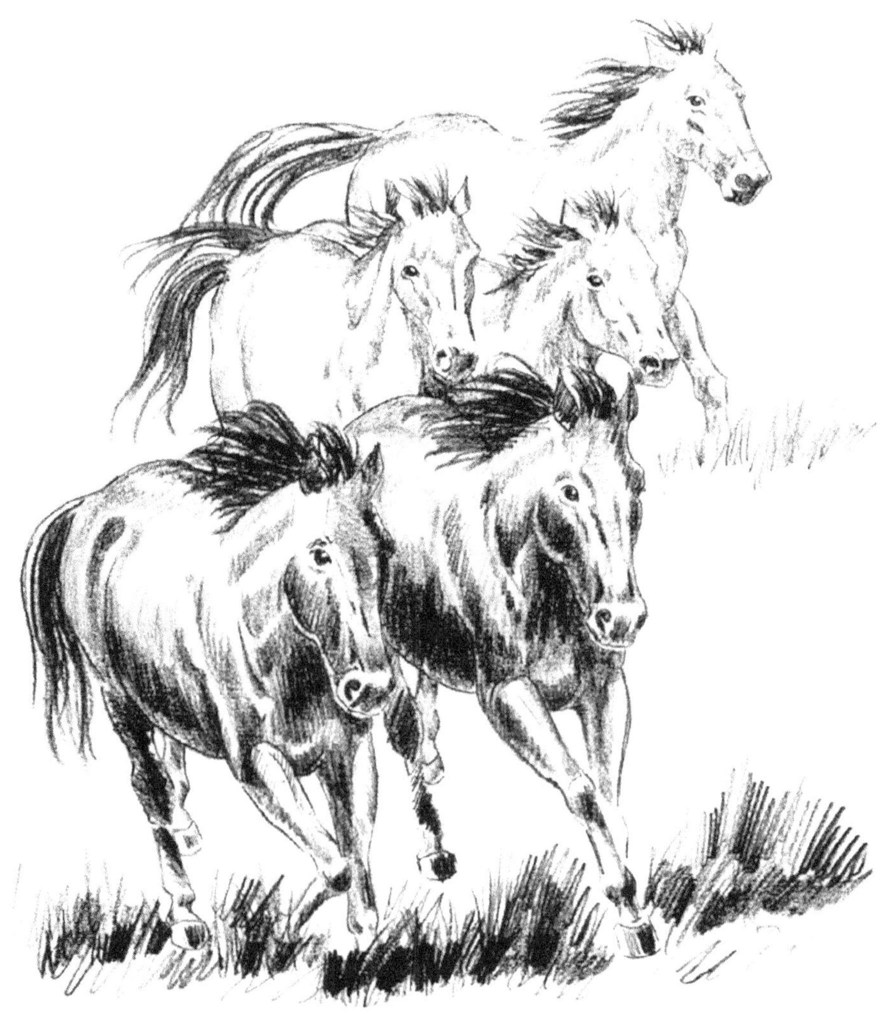

# El perro

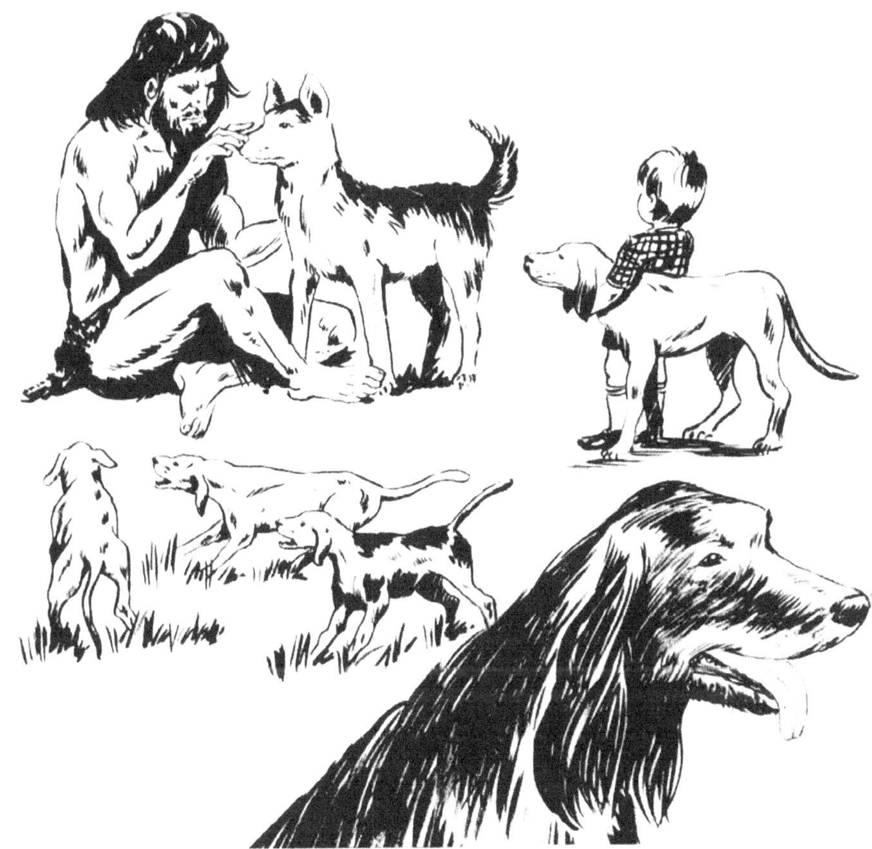

El perro es un mamífero doméstico de la familia de los cánidos, de tamaño, forma y pelaje variados. Su olfato es muy fino; es inteligente y muy fiel al hombre. Desde que empezó a asociarse con él, el perro ya se diferenciaba en varias razas. Las razas caninas que hoy conocemos presentan una diversidad muy acentuada. Aunque originario de Europa, posteriormente evolucionó en América. El actual perro doméstico desciende de una única especie primitiva.

El mejor modelo con que contamos para empezar a dibujar, es el perro que tenemos en casa, o el de nuestro amigo o vecino. El perro es nuestro inmejorable compañero.

## Formación anatómica

Es importante conocer donde están ubicadas las partes más sobresalientes que componen el cuerpo del perro. La estructura y tamaño
del cuerpo del perro dependen de la raza. Es interesante comparar la
forma de una raza con otra, para ver sus diferencias y características
anatómicas más sobresalientes, para que en el momento de dibujarlos
no se incurran en errores de proporción y definición de su raza a la
cual pertenece. El buen dibujo del pelaje y su característica propia,
ayudan también, a definir más la raza de cada perro.

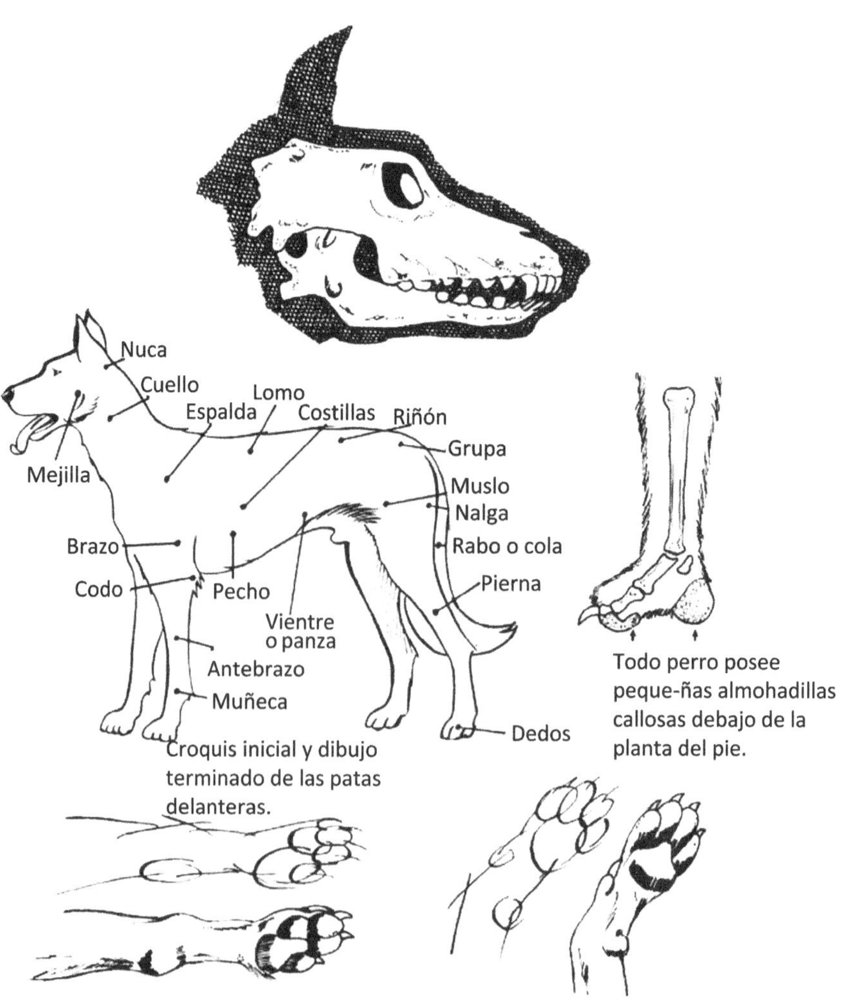

## Dibujo de cabezas

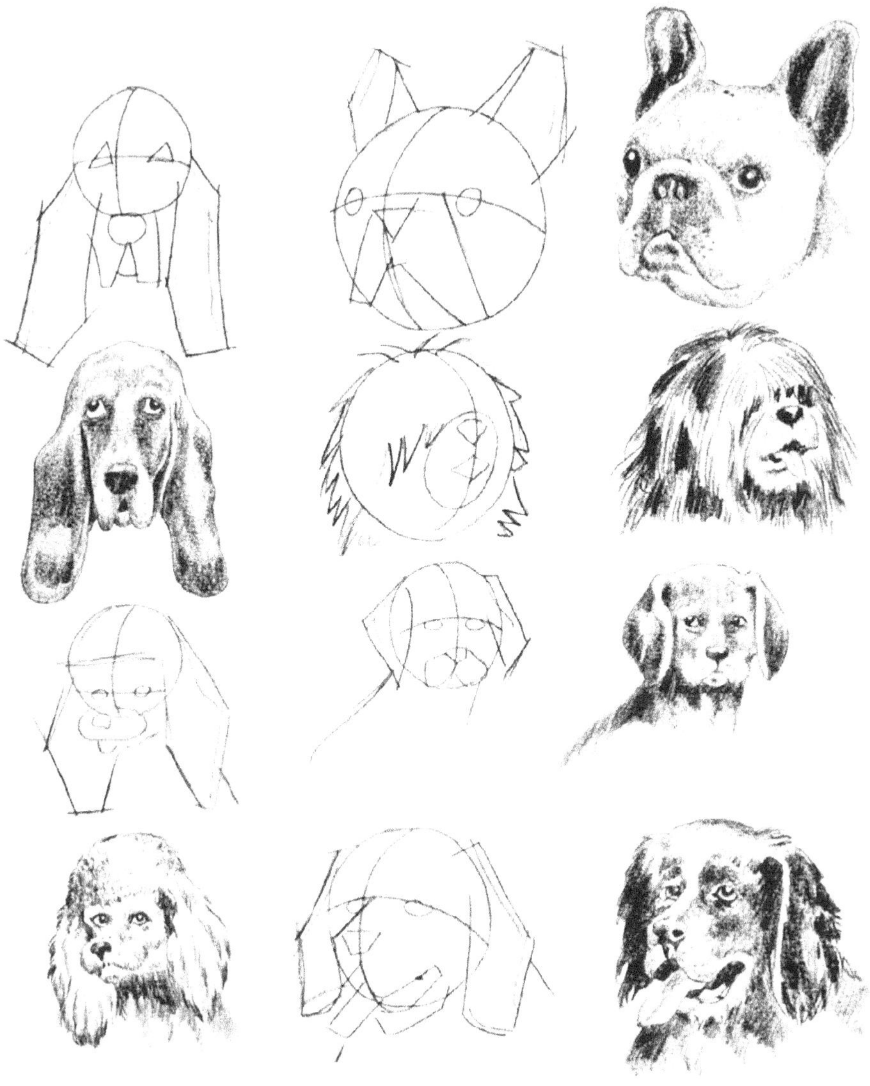

Para no incurrir en errores de caracterización al dibujar las diferentes razas de perros, es importante empezar por dibujar sus cabezas para entender proporciones en cuanto a tamaño y forma. Estos dibujos se han resuelto con el lápiz de mina negra 4B, para lograr una mayor intensidad tonal.

## Perro Gran Danés

Fue adiestrado por los alemanes para la caza del jabalí, pero hoy en día sus aptitudes de guardián son ampliamente aprovechadas; además es un agradable compañero del hogar. Si hay un buen manejo de observación en el croquis inicial, para que todo quede perfectamente encajado dentro del dibujo, los demás pasos a seguir son fáciles de desarrollar. El dibujo de este perro se ha resuelto con el pincel redondo de pelo de marta número 2 y tinta china negra.

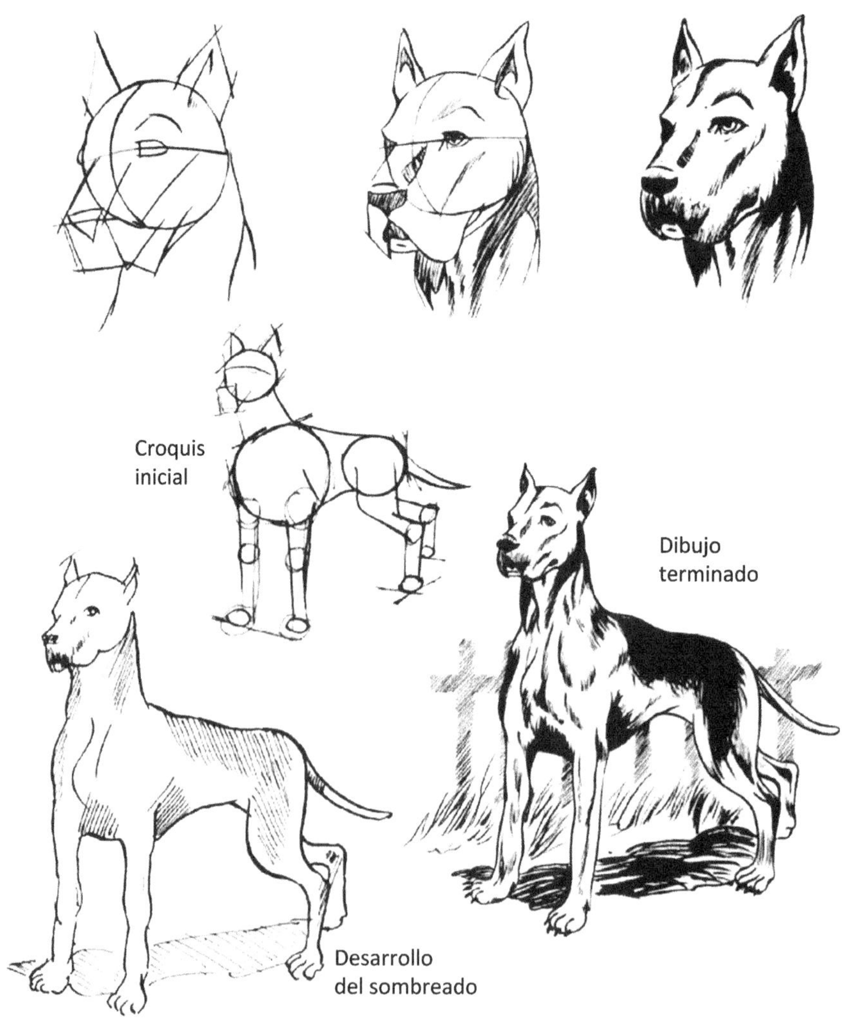

## Perro Cocker Spaniel

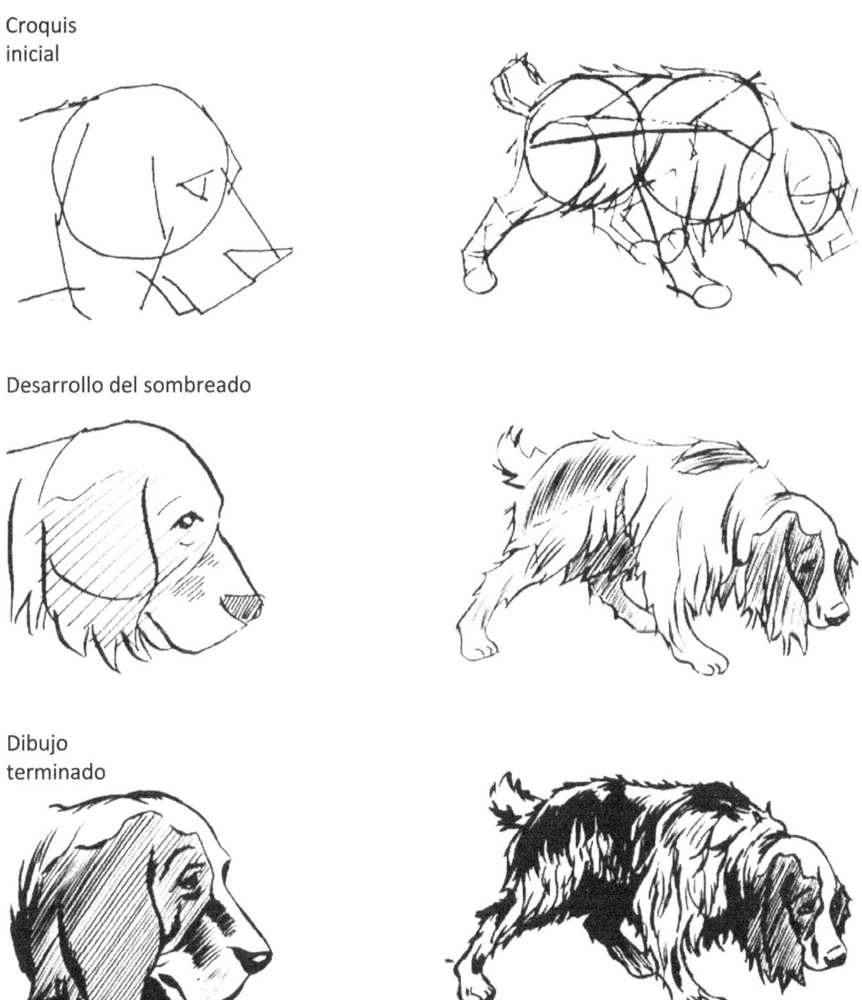



Perro pequeño que muchos denominan "perro de compañía", originario de Inglaterra y es uno de los más populares en el mundo. Es dócil y fiel compañero con su amo. Su pelaje y sus orejas son muy característicos para tener en cuenta al iniciar su dibujo. Su resultado final se ha dado con el pincel y la tinta china.

## Perro Dálmata

Su característica fundamental son sus manchas en el cuerpo, es un perro dócil y gran compañero. Este perro, debido a su inteligencia y sus extraordinarias "virtudes artísticas", ha sido popularizado en casi todo el mundo gracias al cine. Las manchas de su cuerpo deben dibujarse muy sueltas y sin seguir un orden. Su dibujo se resolvió con la aplicación del lápiz de mina negra blanda 4B.

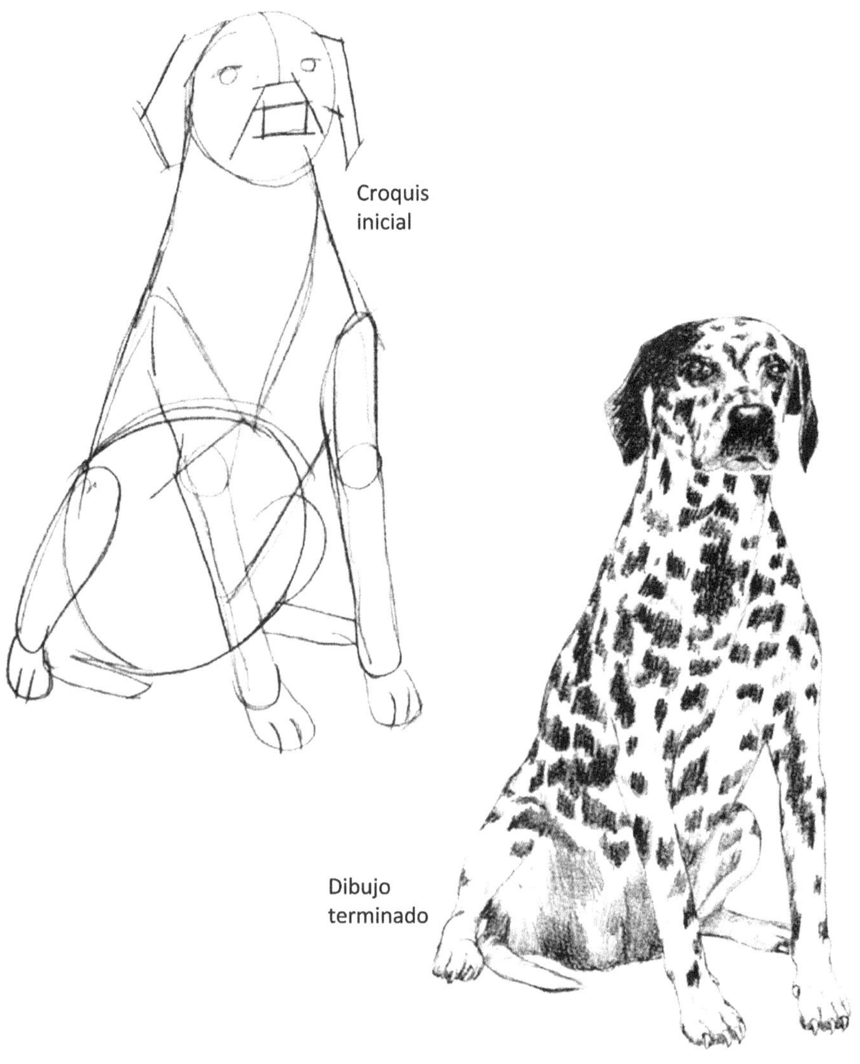

## Perro Alaskan Malamute

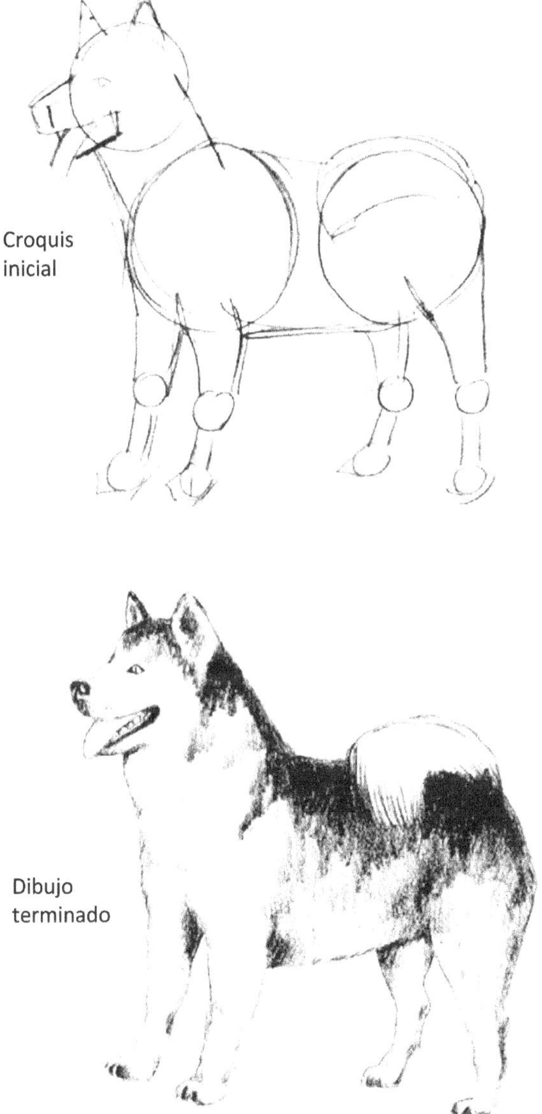


Perro de trineo Artico, su nombre viene de la tribu de los Mahlemuts, que se establecieron arriba de la parte oeste de Alaska. Su pelaje es muy bello, característica que lo hace sobresalir ampliamente. Este dibujo se resolvió con lápiz de mina negra blanda. Observe con cuidado cómo se trataron sus sombras en sus diferentes tonos.

## Perro Pastor Escocés

En Escocia e Inglaterra se le utiliza como custodio de ovejas. Es de una majestuosidad incomparable. Hoy en día, pese a su tamaño, se ha convertido en un perro de lujo. Su pelaje es abundante y de conformación muy especial. El dibujo terminado se resolvió con la aplicación del pincel y la tinta china. Su pelaje se debe hacer con trazos muy sueltos y rápidos, para que no queden con la sensación de dureza o rígidos. No olvide que el boceto o croquis inicial se resuelve con el lápiz de mina negra blanda.

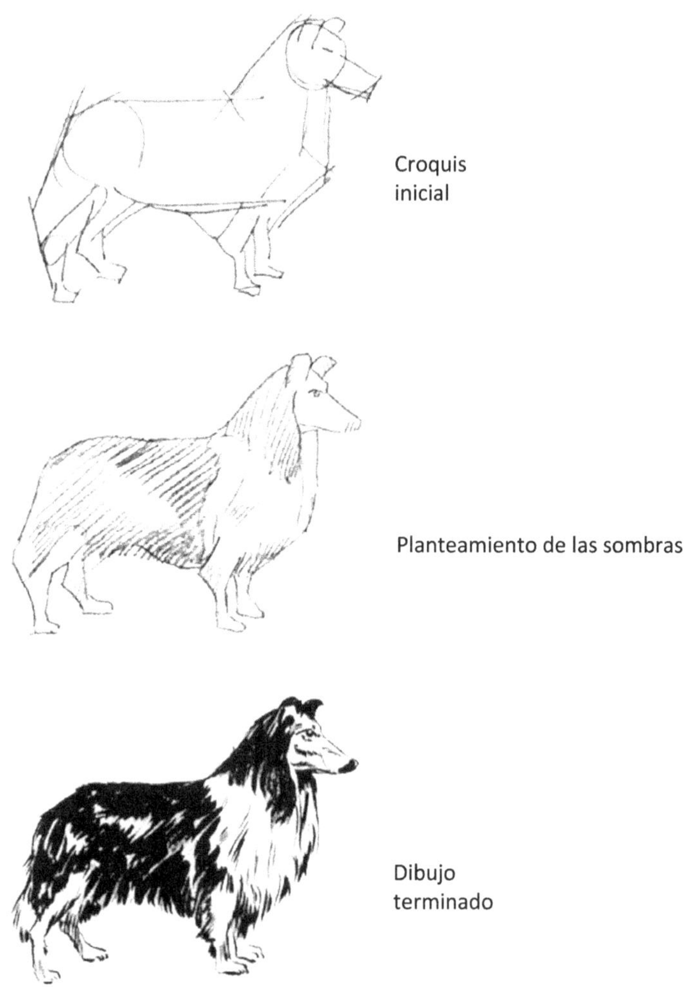

Croquis inicial

Planteamiento de las sombras

Dibujo terminado

# Perro Basset Hound y Welsh Corgi

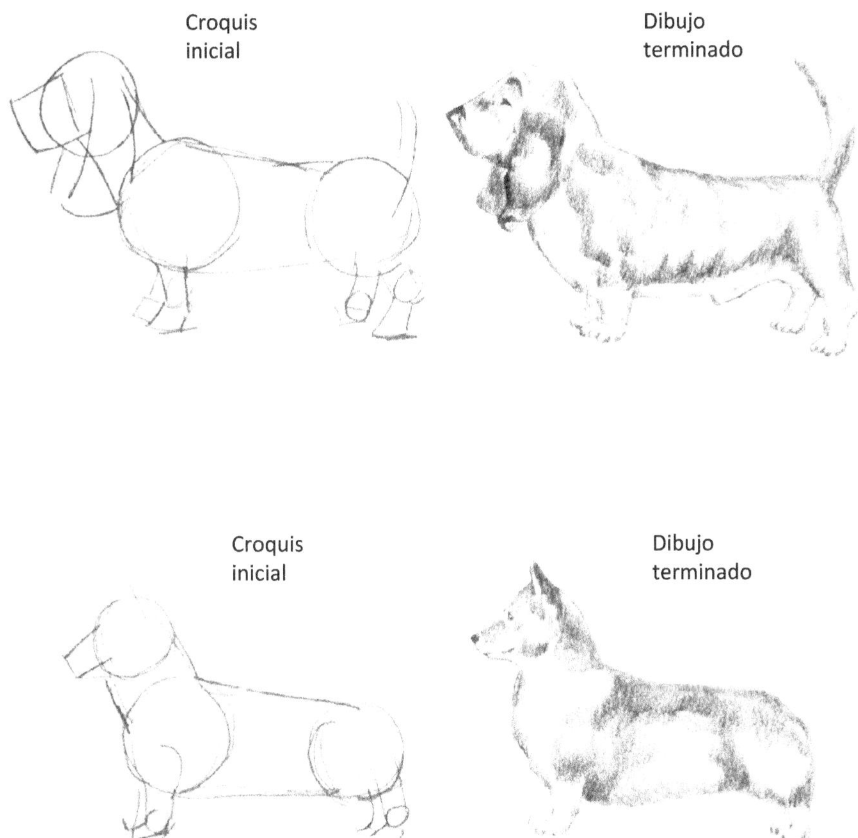



El basset hound, aunque originario de Francia, es popular en Bélgica y Rusia. Actualmente goza de gran aprecio en los Estados Unidos. El perro welsh corgi de orejas puntiagudas, rabo corto y pelo fino, procede de las Islas Británicas, donde se le emplea como ayudante para llevar ganado a pastar. Con la aplicación del lápiz de mina negra blanda, se resolvieron los dibujos de estos dos perros. La definición de las sombras se hicieron muy suavemente al aplicar el lápiz, para lograr dar esa sensación fina del pelaje.

## La vaca

Cuadrúpedo doméstico y productor de leche. La vaca como modelo, es ideal para dibujarla, puesto que permanece quieta durante períodos largos. Esto puede comprobarlo cuando vaya de paseo por el campo. Analice bien su forma y pelaje, antes de hacer los primeros trazos. Inicialmente haga varias prácticas muy rápidas a nivel de bocetos con el lápiz, hasta lograr definir bien su forma. Para el dibujo terminado, se puede recrear aplicando la técnica de la plumilla el pincel o el lápiz carboncillo.

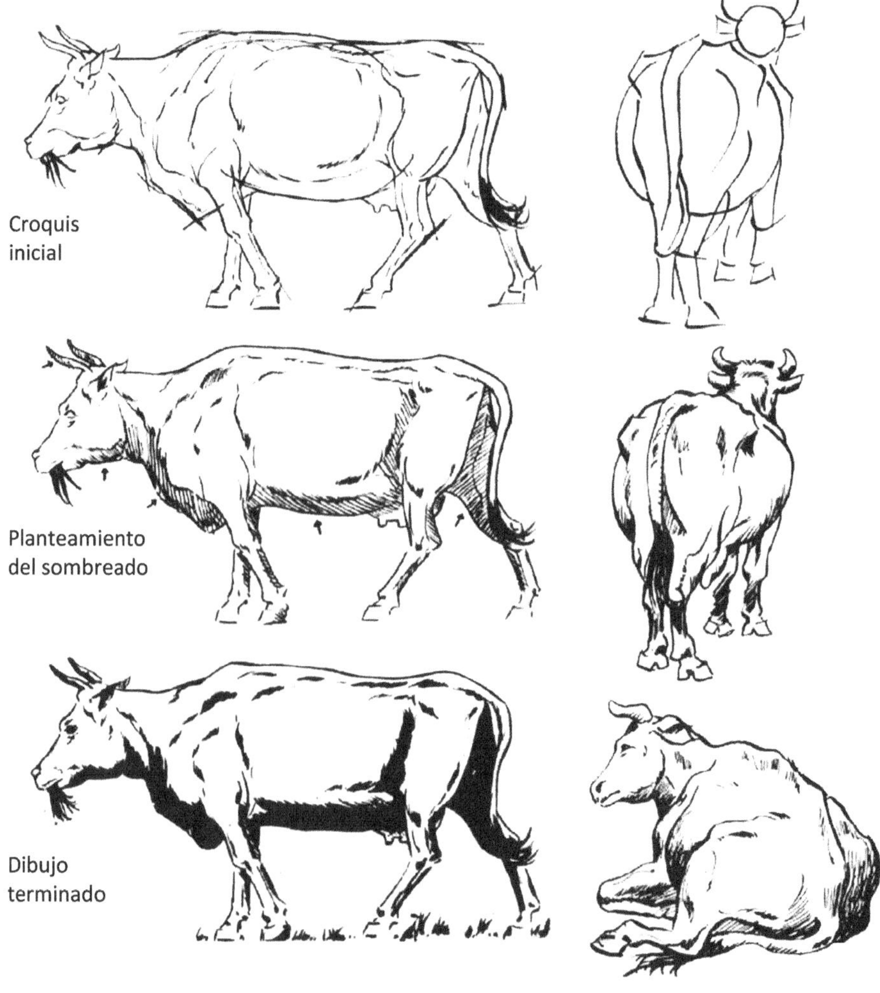

## La jirafa

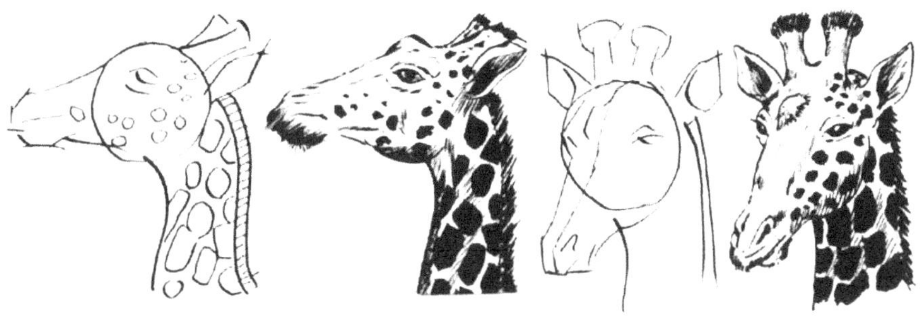

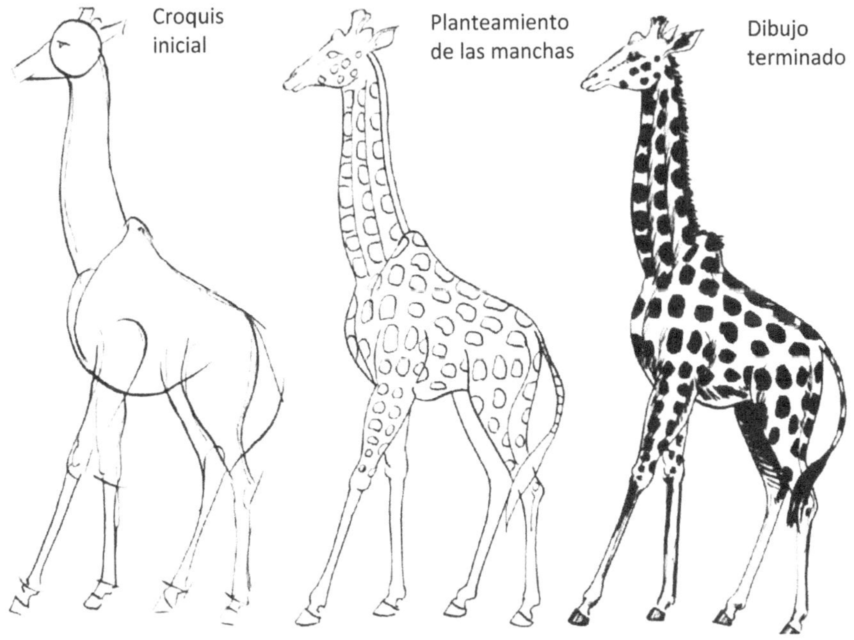


Es el animal mamífero más alto del mundo. En la cabeza tiene casi siempre dos protuberancias cubiertas por piel. Su pelambre de color rojo oscuro parece envuelta por una retícula que le proporciona un aspecto sumamente atractivo. Tiene una proporción característica que hay que tener en cuenta en el momento de la ejecución de los primeros trazos. Las manchas y el dibujo terminado en general de la jirafa, se resolvieron con el pincel redondo de pelo de marta número 2 y tinta china negra.

## El canguro

Pertenece al orden de los marsupiales, pues sus crías completan todo su desarrollo vital en la bolsa o "marsupia". Su conformación anatómica es muy característica, sobre todo en sus patas traseras que son de gran tamaño que le sirven para desplazarse, ejecutando grandes brincos. Aquí se muestran dos ejemplos de dibujos de canguros, uno desarrollado con la técnica de la plumilla y el otro con la técnica del lápiz de mina negra blanda.

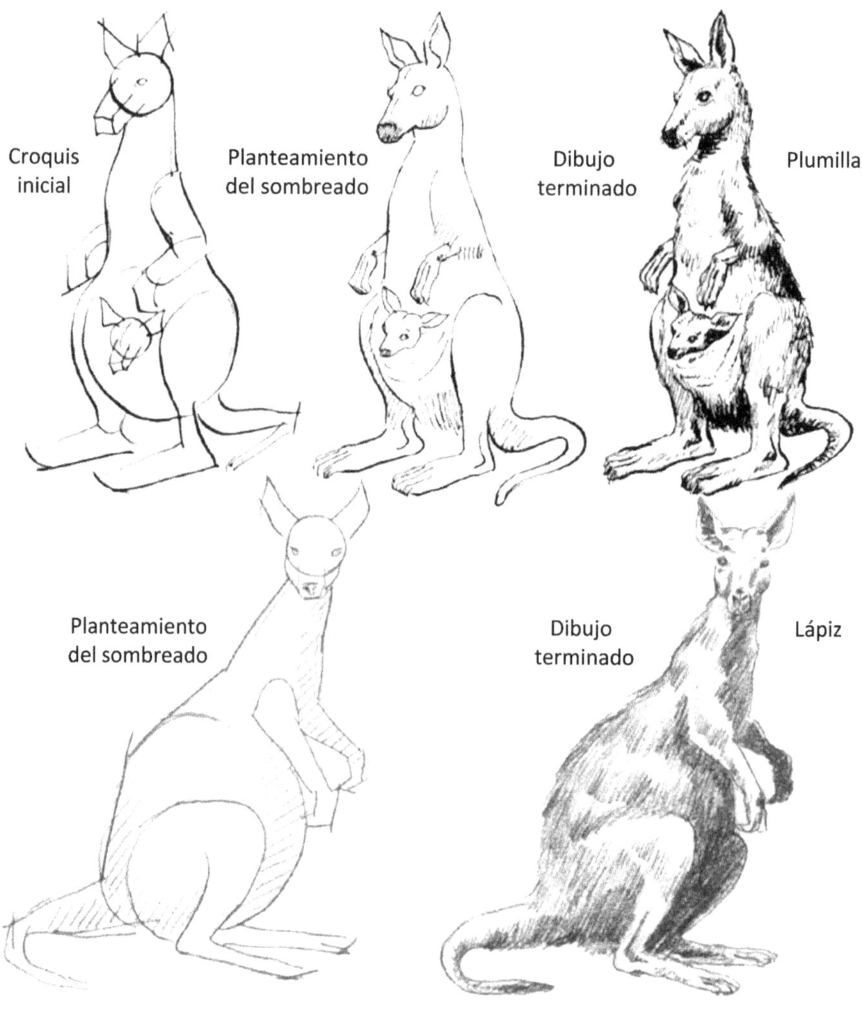

## La oveja

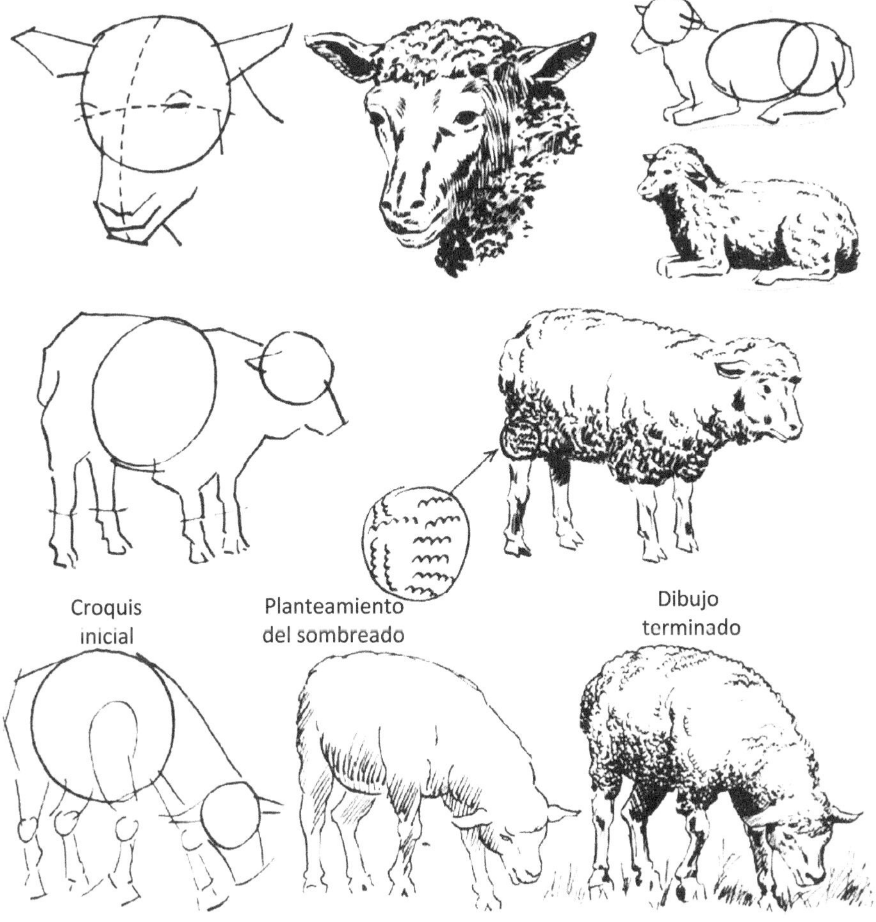



Es la hembra del carnero. Como característica principal en su dibujo es lograr dar la sensación de lana, con cualquiera de las técnicas a utilizar. El trazo para producir este efecto tiene que ser suave y con ligeras aplicaciones de tonos para definir el volumen del cuerpo. Con el trazo de pequeñas líneas onduladas y en forma repetitiva se puede producir la idea de lana en el dibujo de la oveja.

## El oso

Mamífero plantígrado, de cuerpo pesado, espeso pelaje y patas recias con grandes uñas ganchudas; vive en los países fríos. El dibujo de osos con lápices de mina negra blanda, en sus varias denominaciones, permiten definir la suavidad en sus trazos y la facilidad de lograr diferentes tonos, además, dar un buen efecto en su cuerpo del pelaje que lo cubre. Haga varias prácticas de estos dibujos hasta lograr el dominio del lápiz.

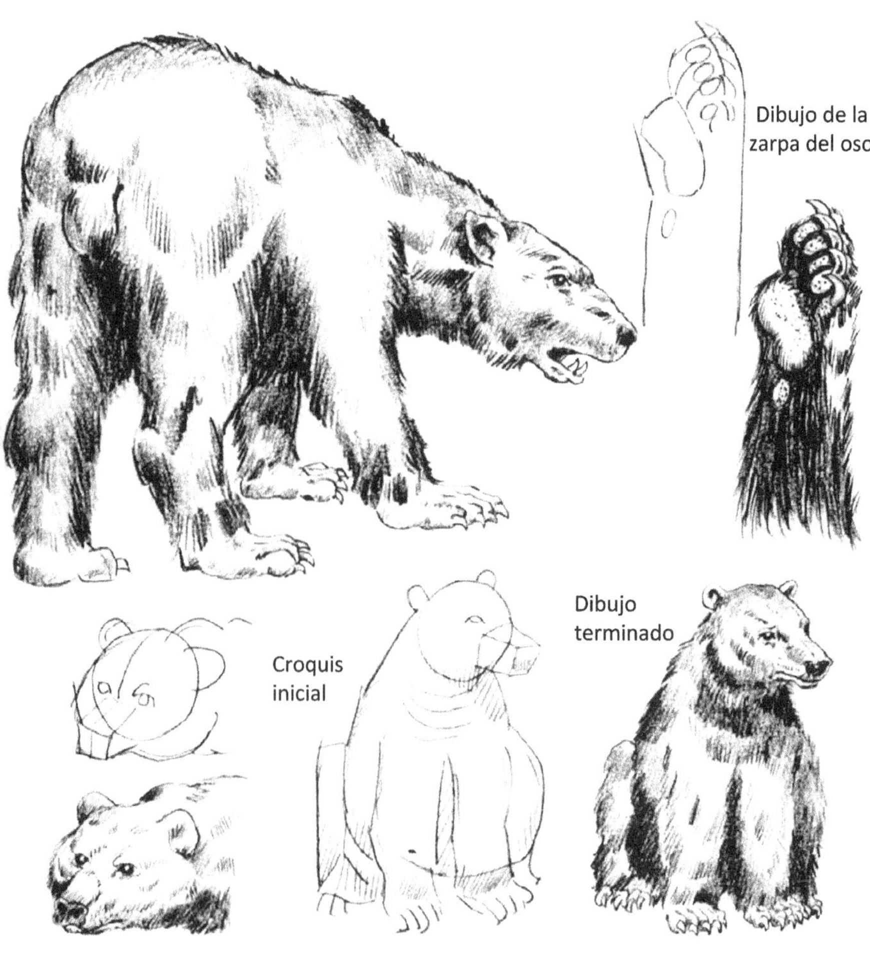

# La cebra

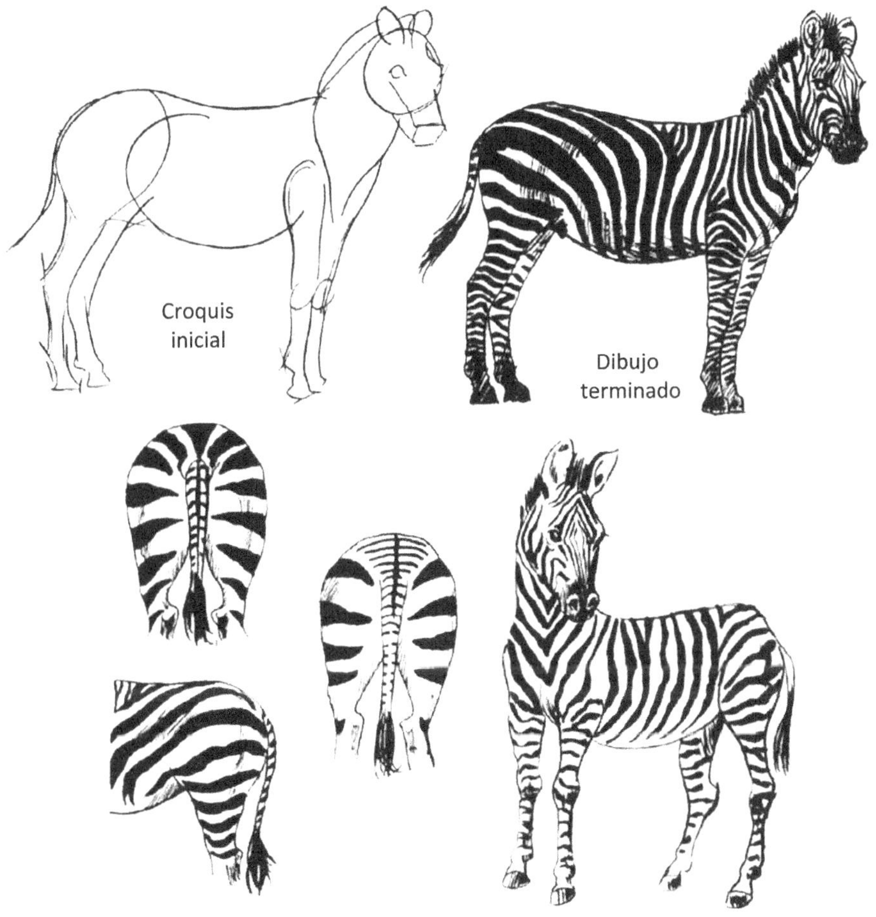



Caballo rayado africano, de pelaje amarillento y estructura muy parecida al asno. El dibujo de la cebra es de cuidado en lo que respecta al trazado de sus rayas, pues tienen un orden, grosor y dirección muy definidos, que son las que le confieren su característica distintiva. En este dibujo se puede aplicar la técnica de la plumilla para las líneas delgadas y el pincel para el trazado del rayado del cuerpo.

# El conejo

Mamífero, rápido corredor, ágil saltador y diestro excavador. Se alimenta de toda clase de hierbas y frutos. Con la aplicación de varias técnicas, se han resuelto los dibujos de estos conejos. Para definir un buen dibujo, todo radica en la máxima observación del animal, así como en el perfecto desarrollo y encaje de sus partes en el croquis inicial.

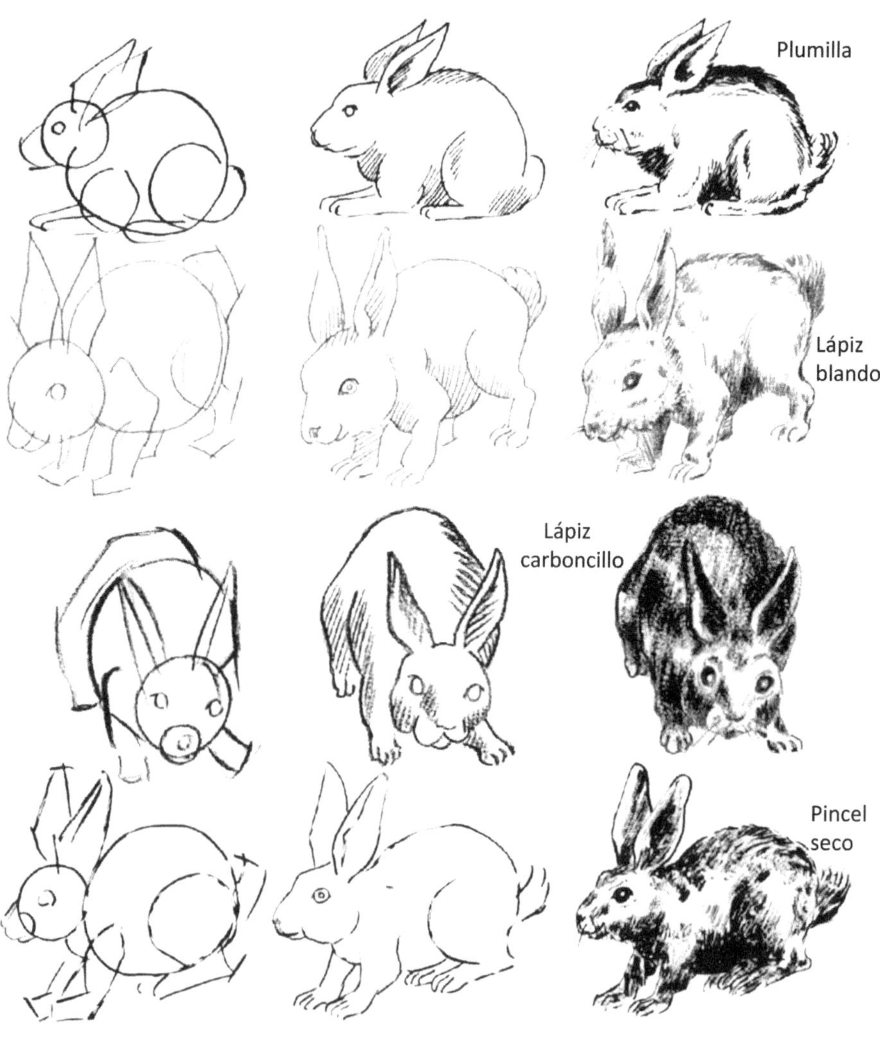

# El león

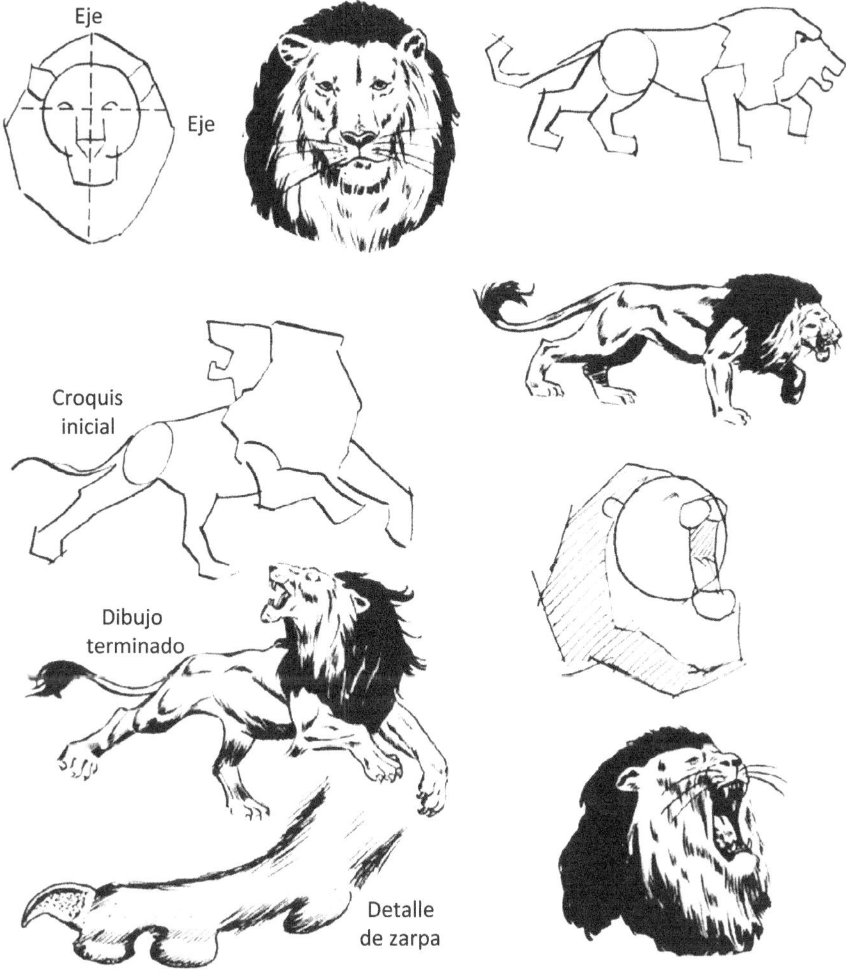


Llamado el rey de la selva, mamífero carnicero de pelaje entre amarillo y rojo, de un metro de altura aproximadamente. El macho se distingue por una larga melena que le cubre la nuca y el cuello, y que crece con los años. Su cabeza es grande, los dientes y las uñas muy fuertes y la cola larga. Dibuje los bocetos con el lápiz de mina negra blanda. Su acabado o dibujo terminado defínalo en su totalidad con el pincel redondo de pelo de marta número 2. Si se le dificulta definir el acabado de las líneas delgadas con el pincel, hágalo con la plumilla; lo importante es que quede un dibujo agradable a la vista.

## El gato

El compañero ideal de la familia, mamífero carnicero doméstico. Ese gato que tenemos en casa, el del vecino o amigo, nos sirve como modelo para practicar su dibujo y poderlo ver desde diferentes ángulos. Si lo observamos cómo duerme y cómo camina, nos va a permitir comprender mejor su forma y sus movimientos felinos, para tenerlos en cuenta en el momento de dibujarlo. Con el lápiz de mina negra practique estos dibujos.

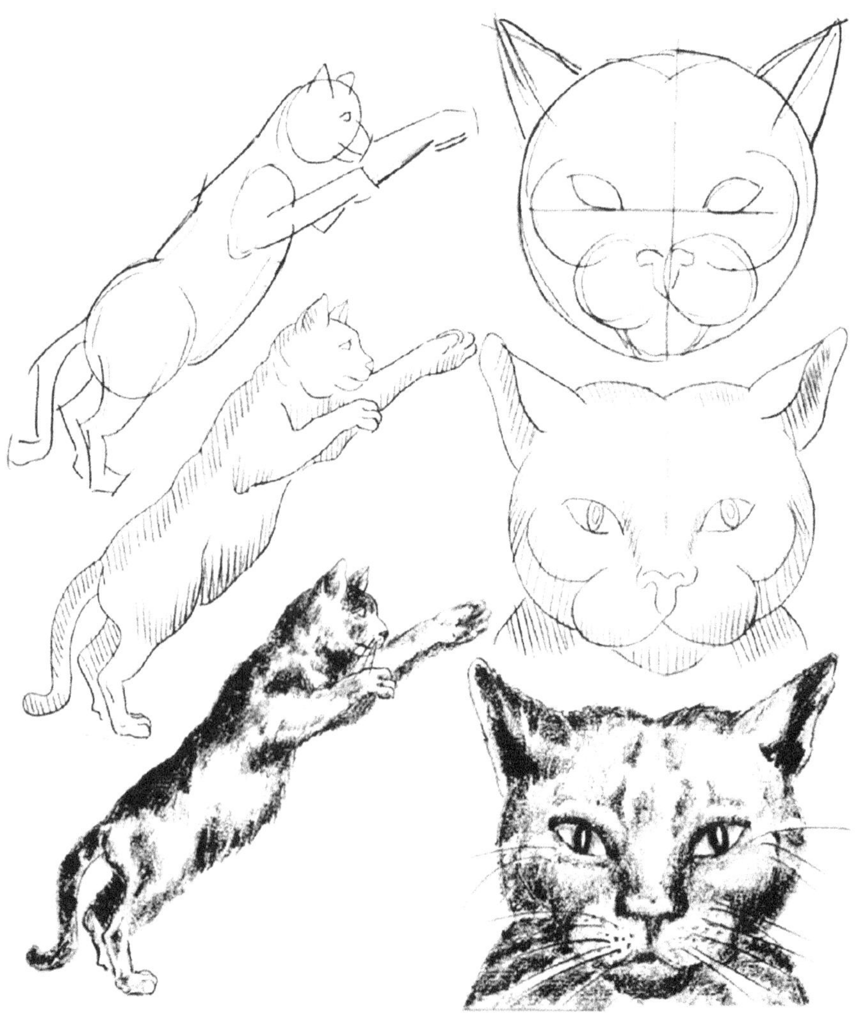

# El lince

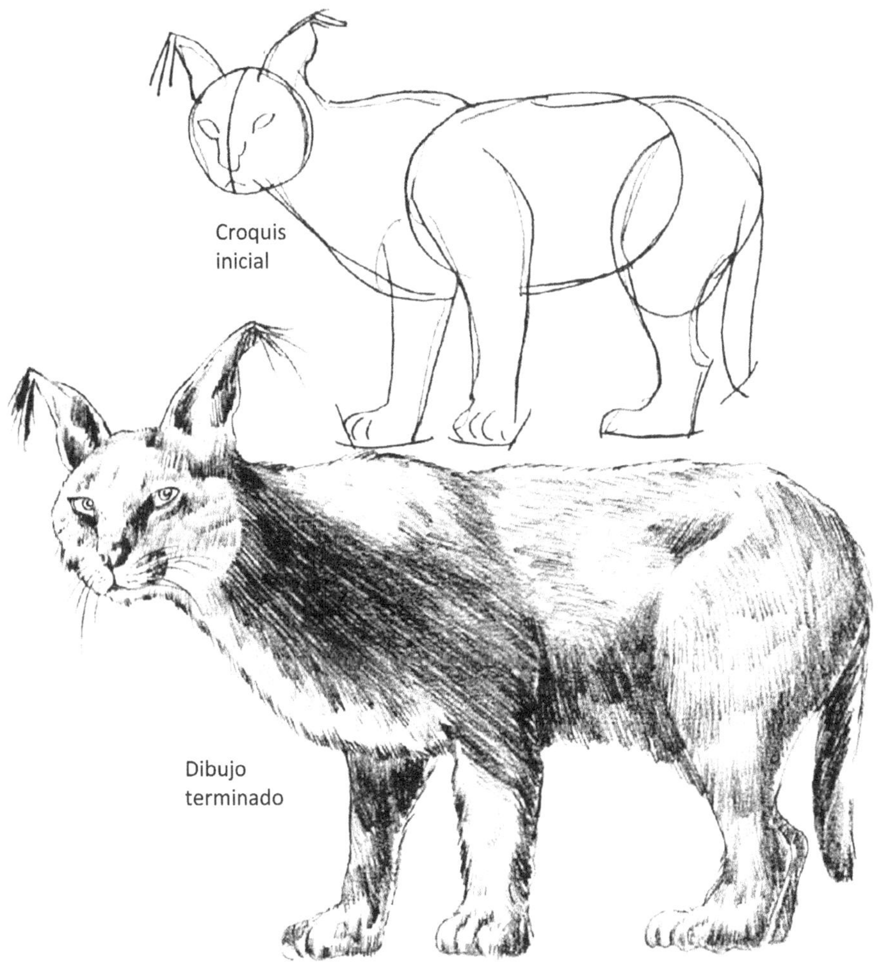



Los linces son animales de aspecto muy particular; a pesar de pertenecer a la familia de los félidos, se distinguen por sus orejas largas, afiladas y adornadas en sus extremos por un mechón de pelo largo y espeso. El aspecto de este animal es interesante para dibujarlo. Con el lápiz de mina negra blanda, que bien puede ser 2B o 3B, se trató todo el dibujo de su cuerpo. Mire con el máximo cuidado cómo se resolvió la forma de su piel, su trazo debe ser muy suave, fino y bien ubicado.

# Las aves

Existe gran variedad de aves en el mundo. Su trinar, su colorido del plumaje y su vuelo, permiten al hombre gozar de esta maravilla de la naturaleza. Las aves son los únicos seres vivientes que han nacido para volar, de ahí la inspiración por parte del hombre, para conquistar el espacio con aviones. Las aves en general tienen el cráneo pequeño, tronco cubierto de plumas, miembros anteriores transformados en alas. Sus huesos están atravesados en parte por conductos aéreos que contribuyen a aliviar su peso. Es importante conocer ciertas partes del esqueleto de un ave, para entender su estructura y ubicación de sus huesos.

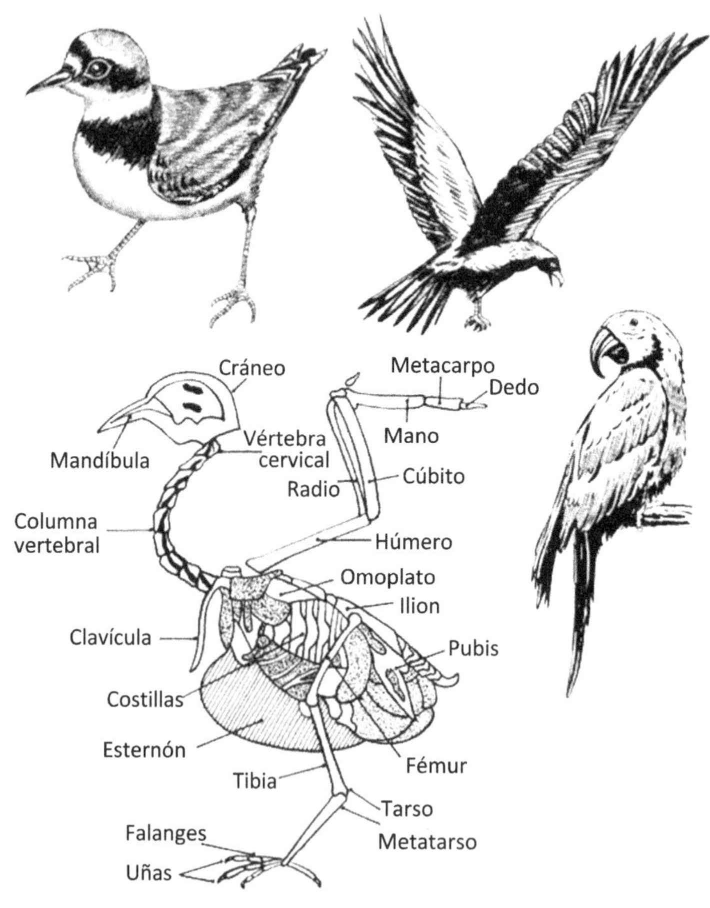

## Picos y patas

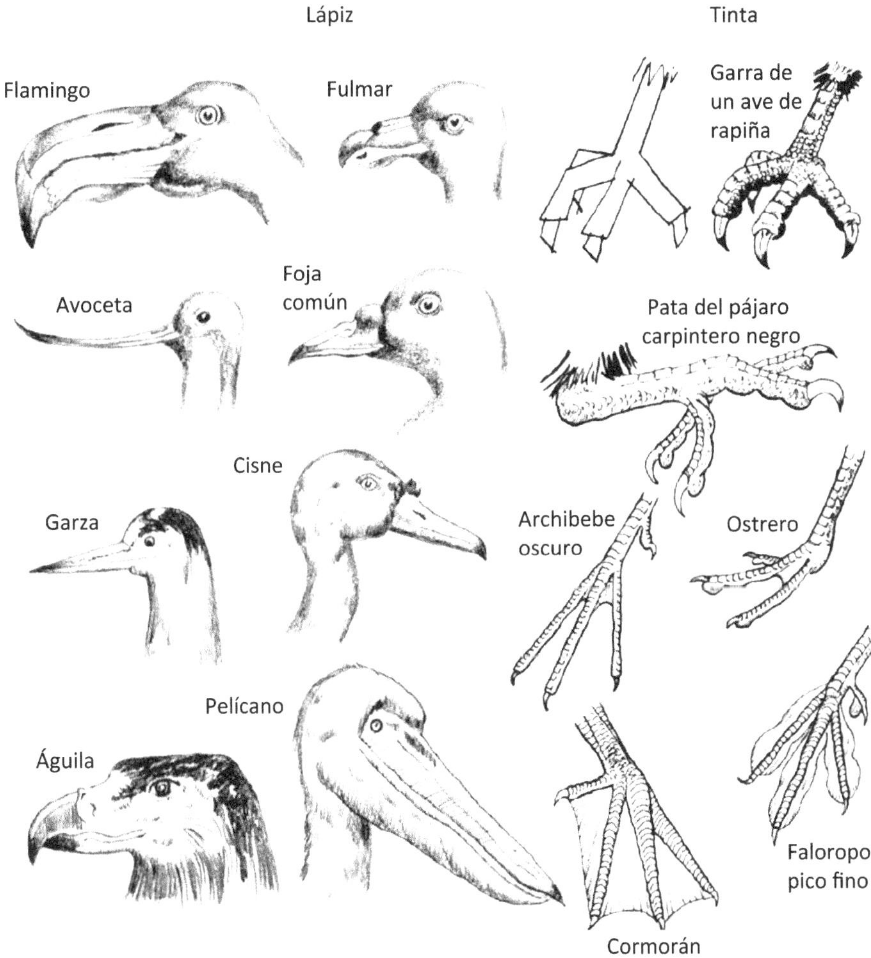



No todas las aves poseen picos y patas iguales. Los grupos de aves se diferencian por su forma de pico, dependiendo de la comida que ingieran. Sus patas tienen diferentes formas, según el modo de vida de cada especie. Practique estos ejercicios con el lápiz de mina negra blanda y con la plumilla y tinta china negra.

# El vuelo

Es importante analizar cómo vuelan las aves. Gracias a la cobertura de sus plumas, permite formar una capa termoaislante, que ayuda a regular la temperatura del cuerpo, y apoyarse en el aire durante el vuelo. La forma de las alas varía en cada ave según su uso. En las planeadoras son largas y estrechas, en cambio, en las que se elevan con las corrientes de aire son anchas y ranuradas. Observe y dibuje con detenimiento estos vuelos, el de una paloma y el de un pato, vistos desde diferentes ángulos.

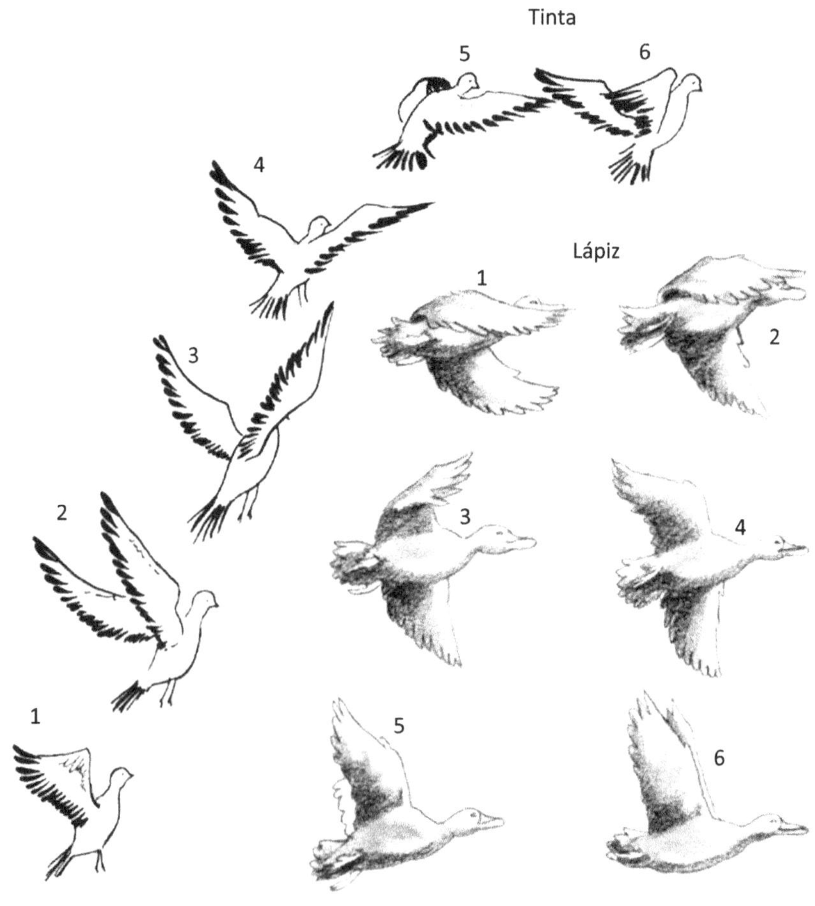

# El pato

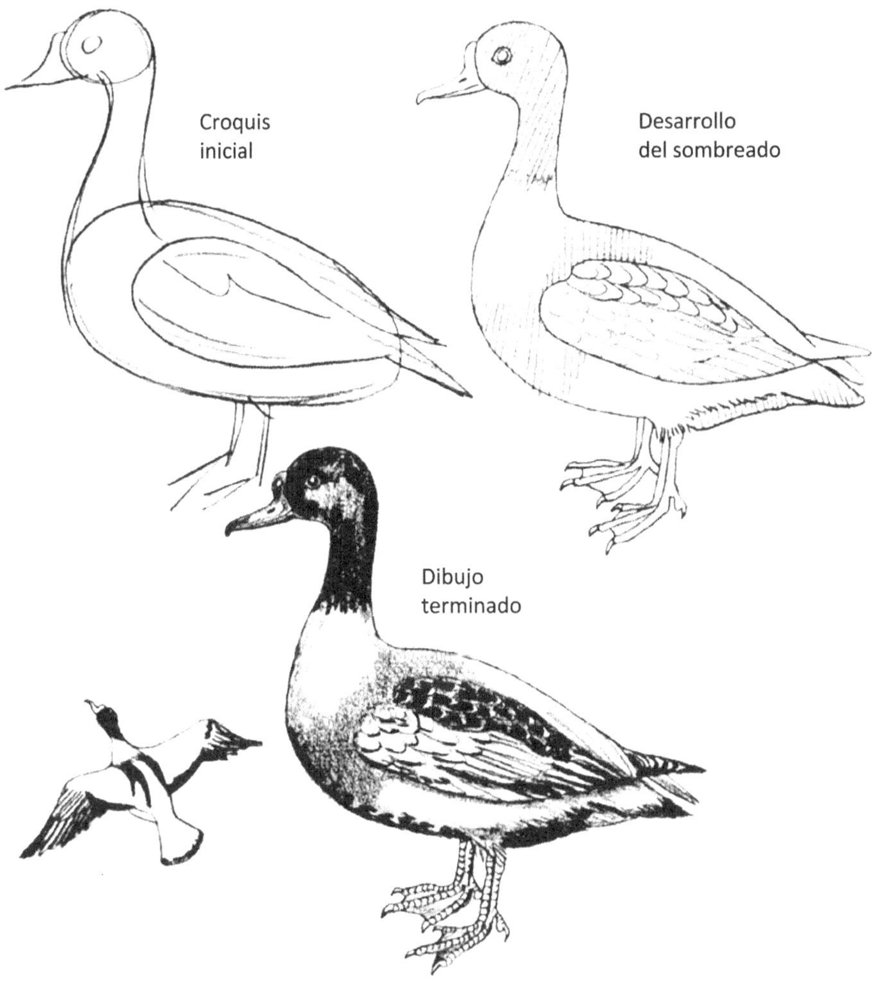


Este tipo de pato habita en costas de Europa, especialmente con Inglaterra, Dinamarca y Alemania. Hace su nido en madrigueras de zonas rocosas. Desde el planteamiento del croquis inicial hasta su dibujo terminado, se han resuelto con lápiz de mina negra blanda. Lo vistoso de su plumaje se debe tratar con una buena variación de tonos, así mismo tener en cuenta cómo se dibujan y con qué intensidad sus partes más oscuras y las más claras.

## La Cigüeña Blanca

Ave de gran tamaño que habita en el centro, norte y sur de Europa. Usualmente se alimenta de pequeños roedores así como de pescados y lagartos. Elabora su nido con ramas sobre árboles a gran altura. El dibujo se resolvió utilizando y mezclando dos intensidades de lápices de mina negra el HB y el 2B. Las tonalidades de los lápices y el manejo correcto de las sombras, hacen que la imagen de esta cigüeña sea bien realista.

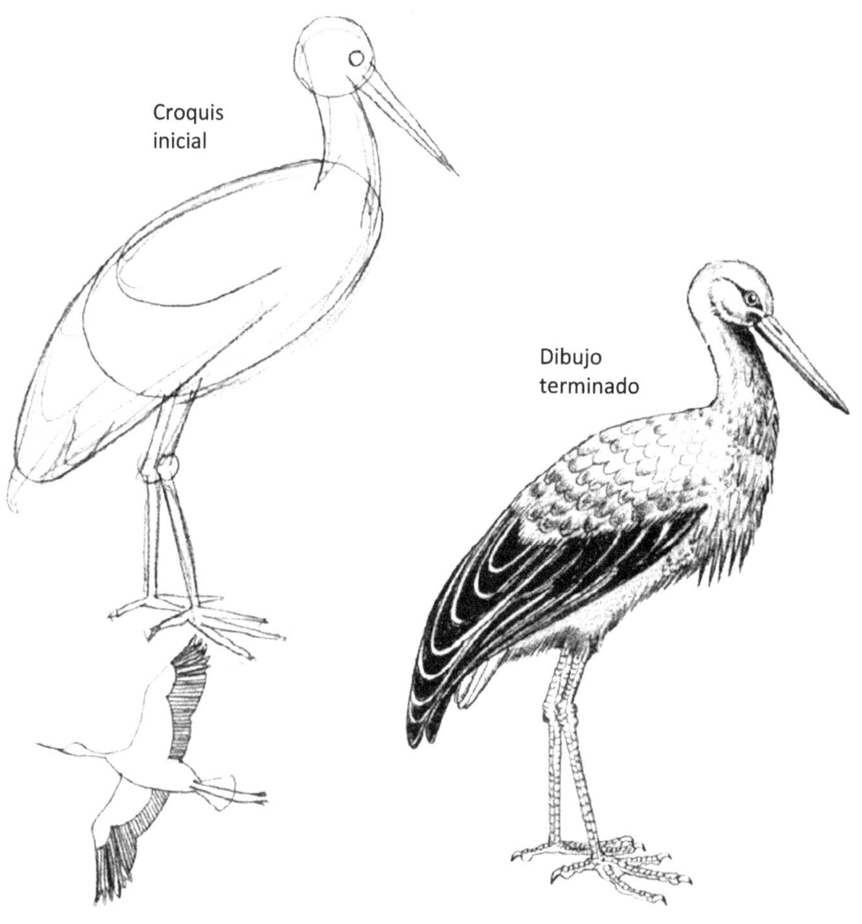

# El Águila Dorada

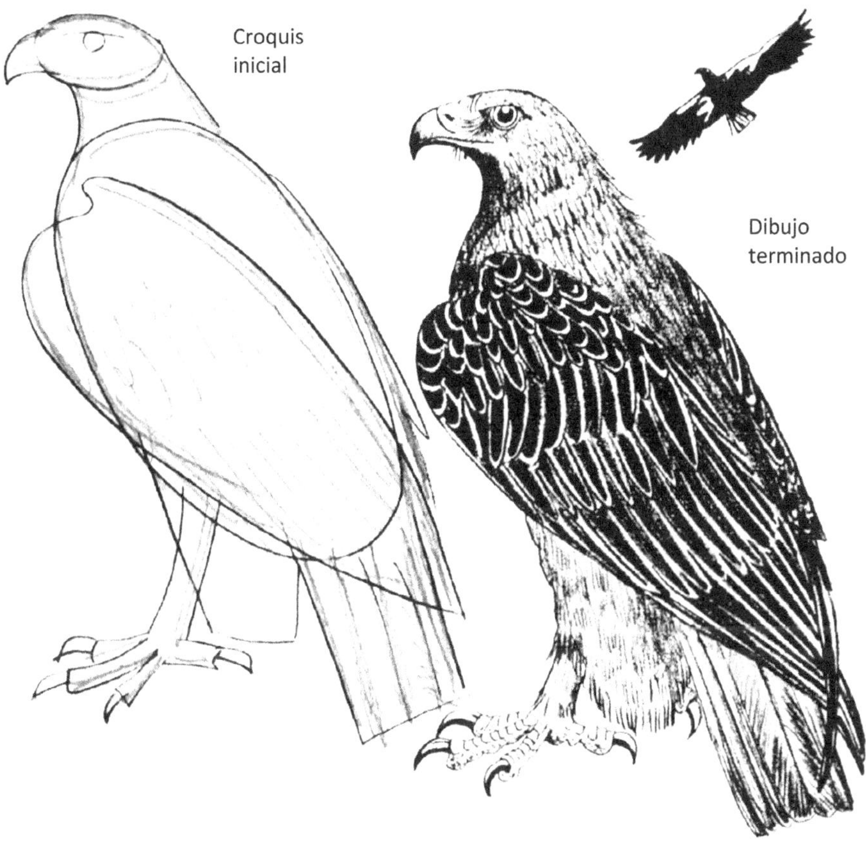



Ave rapaz diurna que habita en los lugares más altos y rocosos de Escocia, España y los Alpes. Construye varios nidos por determinados períodos, para ocuparlos sucesivamente. Es de vuelo rápido y fuerte musculatura. En el dibujo se puede apreciar el tratamiento que se le ha dado con los lápices HB para las áreas más claras, y el 4B o 5B, para aplicarlo en su plumaje más oscuro. Este dibujo hay que desarrollarlo con mucha paciencia para definir correctamente la variedad de su plumaje. Si se practica con constancia, se logrará lo deseado.

## La Upupa

Se le encuentra prácticamente en toda Europa. Llama su atención por la cresta de plumas que lleva en su cabeza. Construye su nido en los árboles y se alimenta de pequeños insectos. Su dibujo se resolvió con lápices de mina negra blanda, en donde los trazos con intensidades suaves y fuertes, hacen ver la variedad de su bello plumaje. No olvide que para el buen encaje de las partes que le dan la forma a esta ave, está en lograr un buen planteamiento en el croquis inicial.

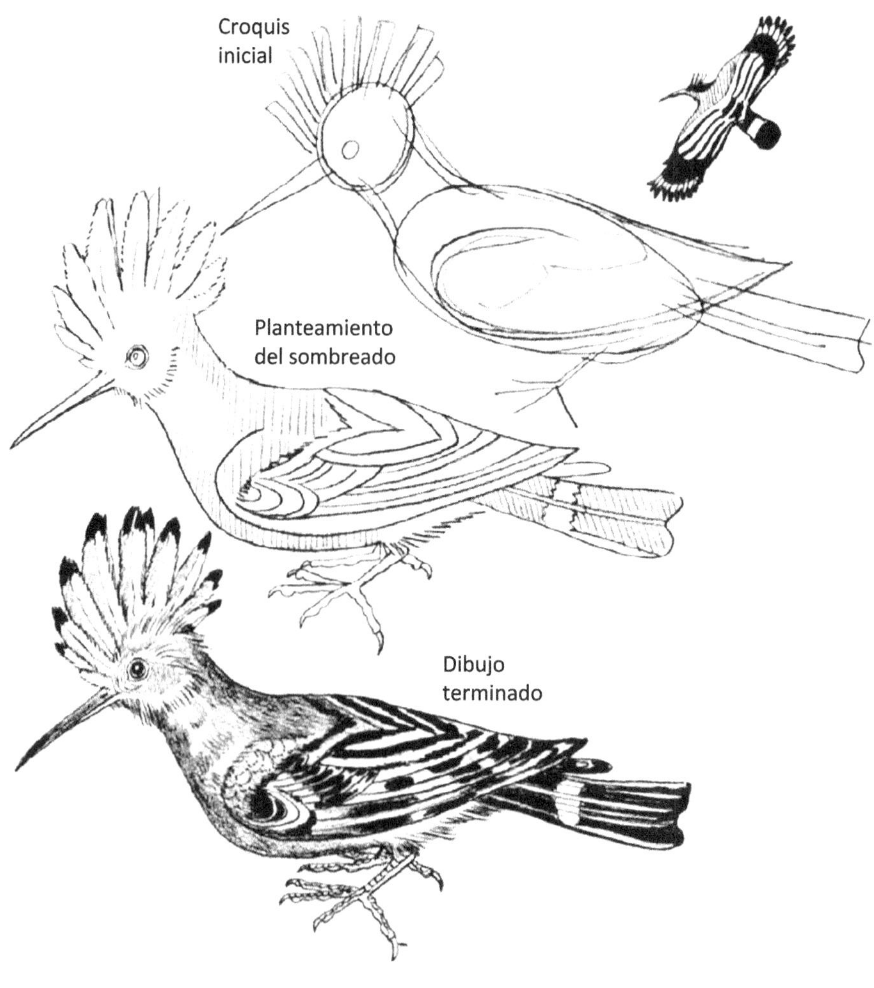

## El Faisán

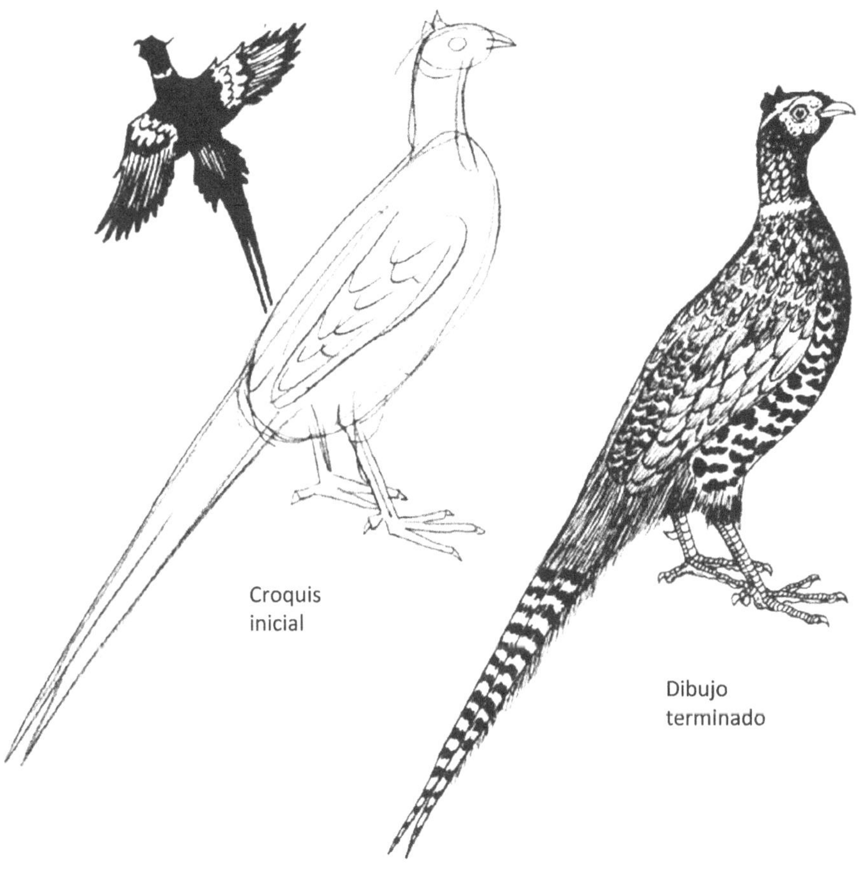


En los tiempos romanos, esta ave se adaptó muy rápido al hombre, convirtiéndose en animal de juego. Se encuentra en bosques y en grandes parques, donde se alimenta de semillas, plantas e insectos. El dibujo terminado se ha elaborado con plumilla, pincel delgado de punta redonda y tinta china negra. Observe cada tratamiento y aplique el instrumento conveniente.

## Pájaro Cantor de Cañuela

Se encuentra distribuido en toda Europa y se alimenta de semillas e insectos. Sus guaridas favoritas son los estanques, lagos y deltas de los ríos. El dibujo de este pájaro permite ver su expresión cuando emite su canto, haciéndolo aparecer muy realista. Con los lápices de mina negra blanda, se resolvieron los diferentes tonos que forman su cuerpo. Con trazos muy finos y con pocas líneas se produce un efecto de suavidad en su plumaje.

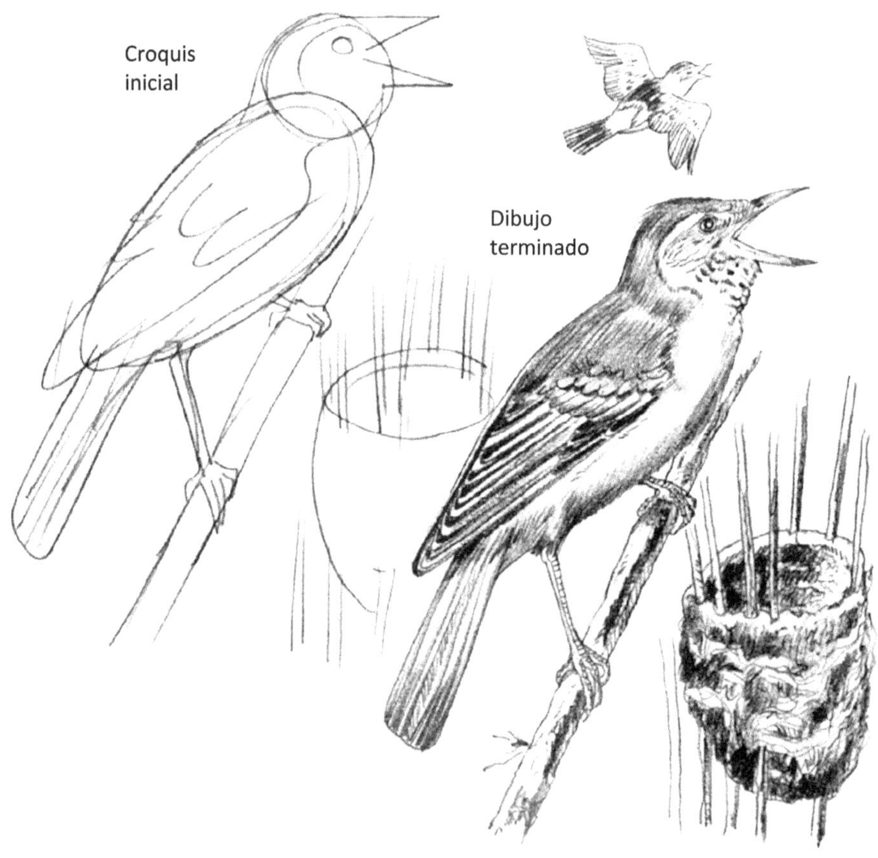

## El Búho

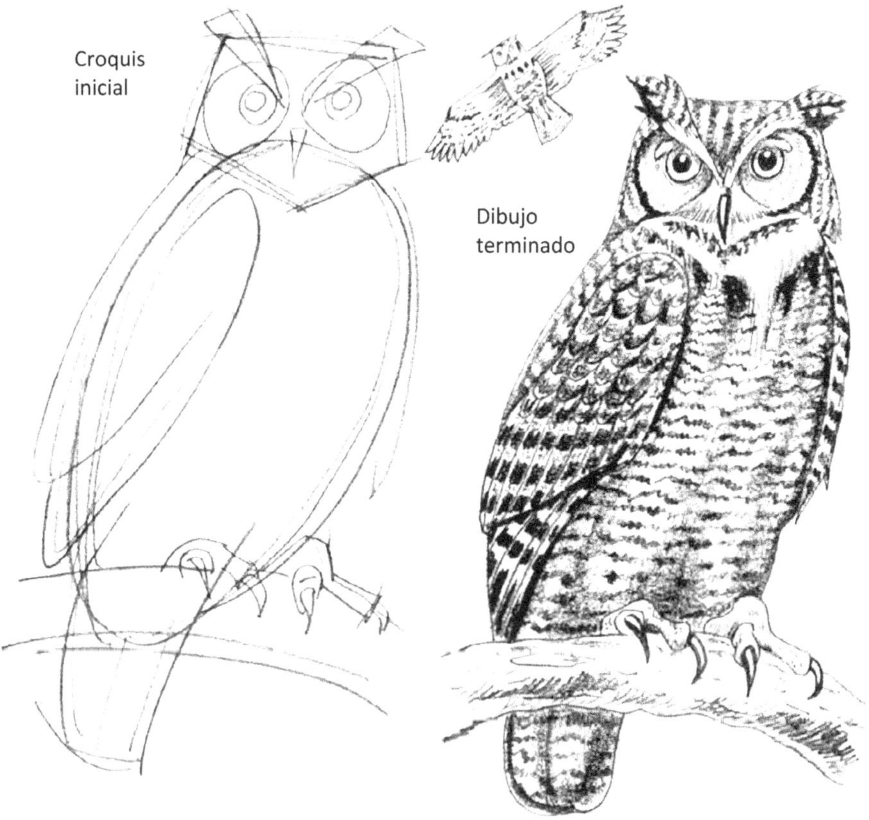


Vive en la Europa central y meridional, Asia y América, prefiere los bosques donde se instala en los nidos abandonados por otras aves. En regiones abiertas anida también en el suelo. El dibujo de esta ave es interesante y de cuidado, por cuanto se requiere de una buena observación, en el tratamiento que se le ha dado con el lápiz, para lograr dar el efecto de plumas en todo su cuerpo. Con el dibujo de los tonos claros y oscuros y con la ayuda de ciertas áreas dejadas en blanco, se define el volumen del cuerpo del búho. Para ser un buen dibujante de aves, se requiere de una práctica constante. Recuerde: la práctica hace al maestro.

## Peces

Hay todo un mundo de vida debajo del mar y de los ríos. Los peces, habitantes permanentes, se caracterizan por tener escamas, aletas y agallas. A veces se dificulta decir lo que es y lo que no es un pez. Un delfín parece un pez, pero no lo es, es un mamífero. Un caballito de mar no parece un pez, pero sí lo es.

Las escamas en los peces son láminas pequeñas de materia ósea que recubren todo su cuerpo. Generalmente los peces tienen una aleta en la espalda, una en el estómago, dos a cada lado y una ancha que le sirve de cola. Todos los peces tienen agallas, respiran por ahí y se encuentran en la cabeza, detrás de la boca. Hay variedad de especies, que hacen que cada una, se observe con cuidado para realizar el dibujo con sus características propias y para no incurrir en errores.

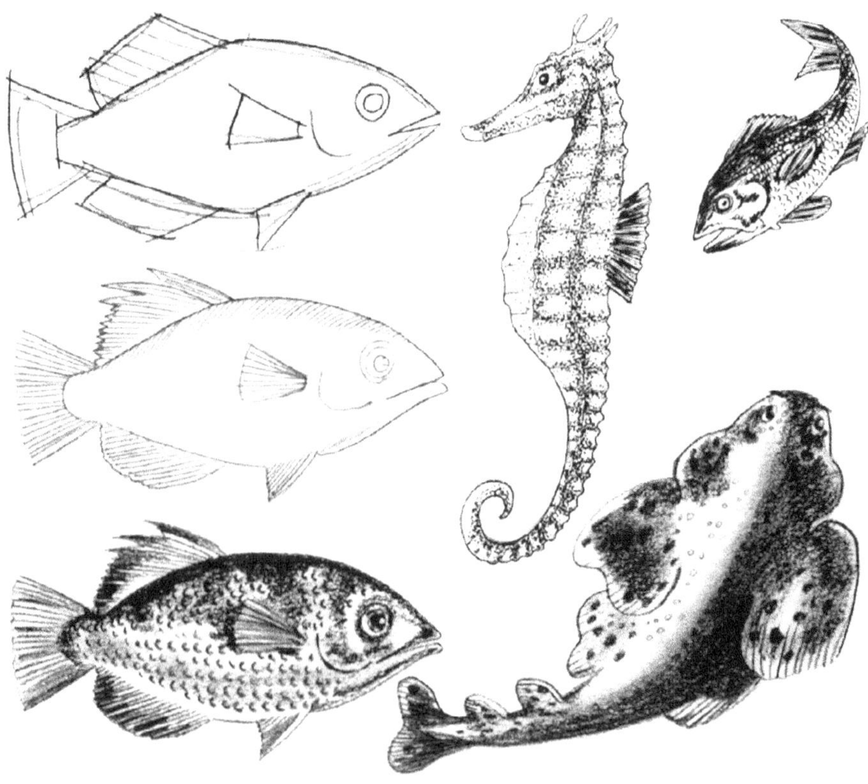

# El Delfín

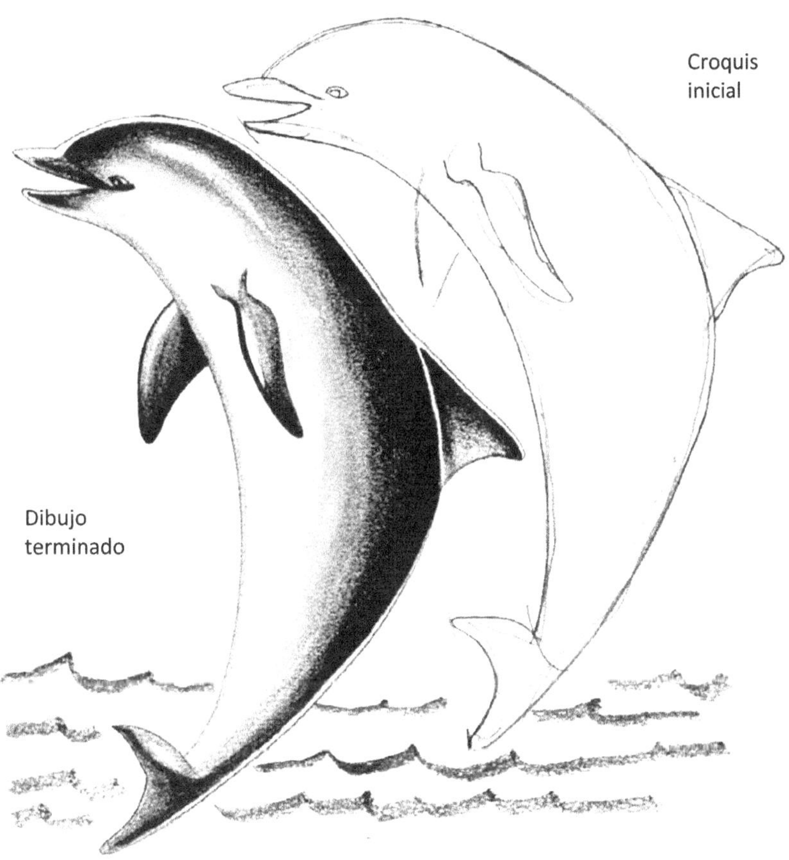


Es un mamífero que puede alcanzar hasta tres metros de largo, es negro por encima, blanquecino por debajo, de cabeza voluminosa y ojos pequeños. Estos detalles son importantes tenerlos en cuenta en el momento de iniciar el dibujo, hay que analizar su piel ya que posee características muy definidas como son su suavidad y brillo. Con la aplicación del lápiz 2B o 4B, se definió las tonalidades del cuerpo del delfín. Con la ayuda de la técnica del difumino y utilizando uno de los dedos de la mano, se pasa éste con presión sobre los trazos dados con el lápiz, para producir la variedad de tonos deseados. Utilizando la plastilina o limpiatipos para borrar ciertas áreas del difumino, se logra dar la sensación de brillos necesarios que aparecen en el cuerpo del delfín.

## Mariposa de Mar

La "mariposa de mar" o henioco es una joya de los mares cálidos. Retoza entre las algas y los macizos coralinos, aprovecha el contraste entre la zona clara y la oscura de su piel, para escapar de sus depredadores. El contraste de la piel de este pez, permite hacer una buena práctica con el lápiz de mina negra blanda, para al final obtener un dibujo bien detallado con todos sus efectos tonales de luz y sombra. La buena aplicación del lápiz es clave en el dibujo, por eso se requiere de prácticas anteriores para llegar a un perfecto dominio.

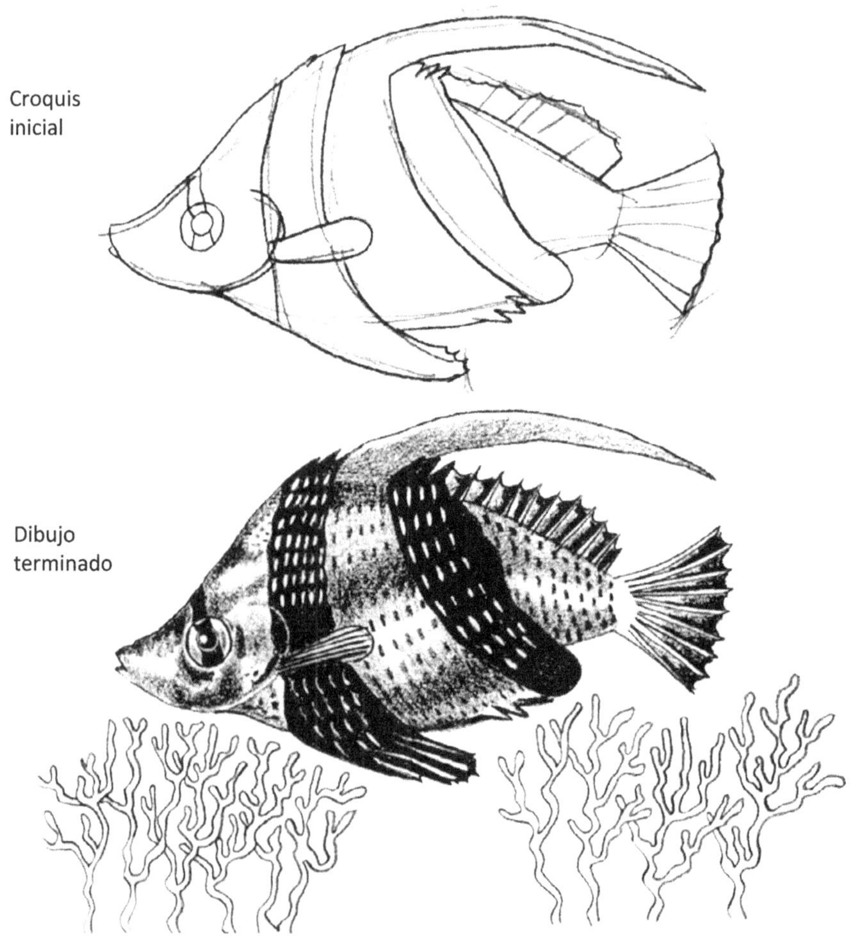

## Sierra y Martillo

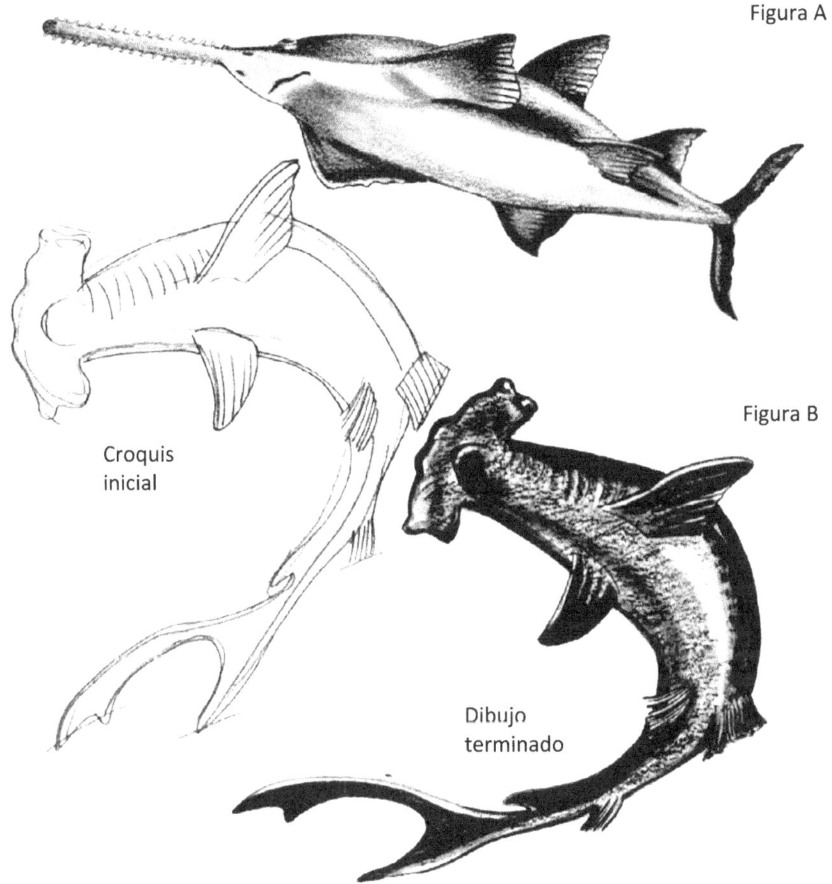



Debido a su conformación son dos tipos de peces bien exóticos, pero interesantes para dibujarlos por poseer esas características tan particulares. El pez sierra, se ha dibujado con la técnica del lápiz blando y la aplicación del difumino. *Figura A*. En el pez martillo, su dibujo se resolvió con la técnica del pincel redondo de pelo de marta número 2 y tinta china negra. Para definir ciertas áreas un poco más claras, se aplicó sobre el dibujo de este pez la técnica del pincel seco, para que ayude a conformar más la sensación del volumen del cuerpo. *Figura B*. Con la práctica y el deseo de querer ser un buen dibujante, se llegará a la meta deseada.

# Tiburón

El tiburón, también llamado escualo, vive en el mar. Algunas de sus especies son muy voraces pero otras son inofensivas. Su boca, en la parte inferior de la cabeza, tiene forma de media luna y está provista de varias filas de dientes cortantes. Estos dos dibujos de tiburones se han resuelto en técnicas diferentes. El tiburón jaspeado, se ha dibujado con la técnica del lápiz de mina negra blanda 2B y aplicando el difumino. Las áreas más oscuras del dibujo de este tiburón, se reforzaron con la aplicación del lápiz carboncillo. *Figura A.*

El tiburón llamado ballena, por su gran tamaño, el dibujo se resolvió con la técnica de la plumilla y la tinta china negra. Aplicando una trama fina y constante en varias direcciones, hasta producir un negro intenso, sobre el área más oscura del cuerpo de este tiburón, se logra definir una muy buena sensación de volumen. *Figura B.*

Antes de iniciar este dibujo, es importante practicar por separado con la plumilla, el manejo y efecto que se consiguen con las tramas. *Figura C.*

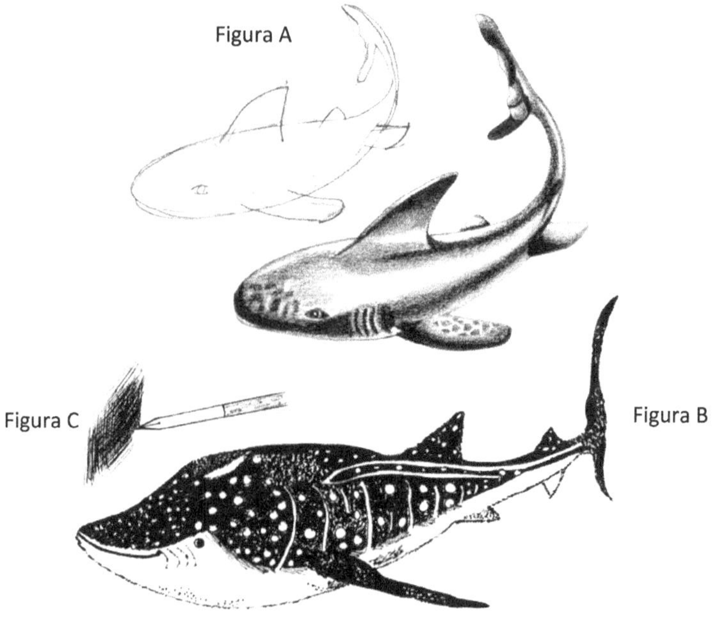

## Peces raros

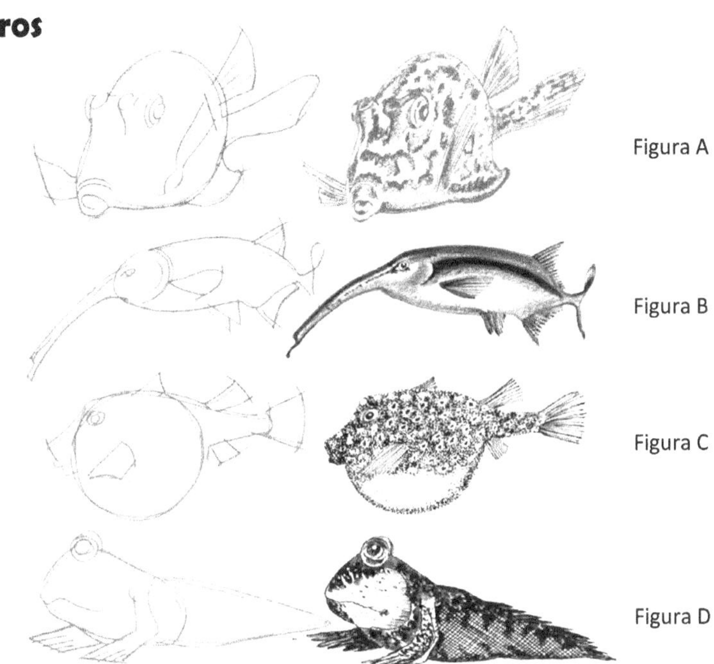



Hay miles de clases de peces. Entre los más curiosos y raros, se han escogido éstos por ser los más llamativos y porque se prestan para dibujarlos en varias técnicas. El pez vaca se ha resuelto con la técnica del lápiz de mina negra blanda. *Figura A*. El pez hocico de elefante, su dibujo se resolvió con la técnica del pincel y la tinta china negra, con la aplicación en ciertas áreas del pincel seco, para definir su volumen. *Figura B*.

El pez globo, su dibujo se resolvió con la técnica del punteado, dado con la plumilla y la tinta china negra, teniendo en cuenta que tiene áreas claras y oscuras en su cuerpo. *Figura C*. El pez saltarín del fango, su dibujo se resolvió aplicando el tramado con la técnica de la plumilla y tinta china negra. *Figura D*.

*Ahora lo que me resta decirle, amigo lector, sobre este curso de dibujo que usted acaba de terminar, es que si es constante con las prácticas de los diferentes ejercicios que aparecen en este libro, usted llegará muy lejos porque empieza a comprender ese mundo que lo rodea desde su punto de vista sensible: como ser un buen dibujante y un excelente observador.*

# Jorge Peña R.

Realizó sus estudios en la Universidad Nacional de Colombia, donde obtuvo el título de Diseñador Gráfico, fue Profesor Asociado de la Facultad de Artes en la carrera de Diseño Gráfico, de la Universidad Nacional de Colombia, además se desempeñó como Director Curricular de la carrera de Diseño Gráfico en la misma universidad. Profesor de Humor Gráfico y Caricatura para el programa de Educación Continuada en la Facultad de Artes y profesor de Expresión Gráfica en la carrera de Diseño Industrial de la Universidad Nacional de Colombia. Director de la Revista de *Los Monos* del periódico El Espectador, creador y director del primer periódico para niños titulado *Amigo*. Su trabajo como creador e ilustrador de varios personajes de historietas, como también, sus dibujos de caricaturas y humor gráfico, han sido publicados en varios periódicos y revistas del país.

Ha publicado *Fácil dibujar*, Enciclopedia de 3 tomos. Coautor y diseñador de la obra sobre informática, *PC fácil,* Enciclopedia de 5 tomos. *Compendio de caricaturas* y *Fácil dibujar, expresión artística.*

Ha participado en eventos y exposiciones nacionales e internacionales de humor gráfico y caricatura. Obtuvo mención de mérito por la IX muestra internacional de Diseño Gráfico Humoristico Deportivo en Ancona, Italia. 1987.